U0450377

本书的出版受山东师范大学经济学院学科振兴计划、
山东省高等学校青年创新团队发展计划资助

诉讼法学新兴领域研究创新文库

法经济学在中国的本土化及应用

宁静波 著

Localization and Application of Law and Economics in China

中国社会科学出版社

图书在版编目(CIP)数据

法经济学在中国的本土化及应用/宁静波著.—北京：中国社会科学出版社，2020.11

(诉讼法学新兴领域研究创新文库)
ISBN 978-7-5203-7444-6

Ⅰ.①法… Ⅱ.①宁… Ⅲ.①法学—经济学—研究—中国 Ⅳ.①D90-059

中国版本图书馆 CIP 数据核字(2020)第210082号

出 版 人	赵剑英
责任编辑	刘 艳
责任校对	陈 晨
责任印制	戴 宽

出　　版	中国社会科学出版社
社　　址	北京鼓楼西大街甲158号
邮　　编	100720
网　　址	http://www.csspw.cn
发 行 部	010-84083685
门 市 部	010-84029450
经　　销	新华书店及其他书店
印　　刷	北京明恒达印务有限公司
装　　订	廊坊市广阳区广增装订厂
版　　次	2020年11月第1版
印　　次	2020年11月第1次印刷
开　　本	710×1000　1/16
印　　张	17.25
字　　数	257千字
定　　价	99.00元

凡购买中国社会科学出版社图书，如有质量问题请与本社营销中心联系调换
电话：010-84083683
版权所有　侵权必究

目 录

前 言 ·· (1)

上编　法经济学在中国的本土化：起源与发展

第一章　法经济学的起源与在国外的发展 ···················· (3)
　　第一节　法经济学的起源 ································· (3)
　　第二节　法经济学在美国的产生与发展 ··············· (5)
　　第三节　法经济学在欧洲的传播与发展 ·············· (14)

第二章　法经济学在中国：引入与兴起（1983—2004年）···· (20)
　　第一节　法经济学引入中国的背景 ····················· (21)
　　第二节　法经济学概念的引入 ···························· (22)
　　第三节　代表性法经济学著作的引入 ·················· (26)
　　第四节　法经济学分析范式的提炼与完善 ············ (27)
　　第五节　法经济学理论与方法的初步应用 ············ (29)
　　第六节　作为法学或经济学分支的法经济学：排斥与
　　　　　　试探、融合 ··· (31)

第三章　法经济学在中国：本土化与国际化
　　　　　（2005年至今） ··· (33)
　　第一节　议题的本土化：社会转型中的共同关注 ······ (33)

第二节　应用的本土化：实证量化分析的共同认可 …………（38）
　第三节　分析范式的本土化：中国经验的共同探索 …………（41）
　第四节　中国法经济学的国际化 ………………………………（43）
　第五节　中国法经济学的未来 …………………………………（45）

第四章　法学与经济学研究的交融：基于顶级权威期刊的分析 …………………………………………………（49）
　第一节　引言 ……………………………………………………（49）
　第二节　法经济学论文发表数量和时间趋势的动态考察 ……（52）
　第三节　经济理论和定量分析的使用 …………………………（55）
　第四节　使用脚注、尾注和参考文献情况 ……………………（57）
　第五节　论文作者个体特征 ……………………………………（59）
　第六节　论文著者署名情况：经济学界更注重合作 …………（65）
　第七节　研究主题：理论方法的规范化与实证应用的现实性 ……………………………………………………（67）
　第八节　学科内和学科间论文引用率 …………………………（72）
　第九节　结论及启示 ……………………………………………（73）

第五章　基于裁判文书的实证研究与法经济学范式的应用 ………（75）
　第一节　中国的法学实证研究概况 ……………………………（76）
　第二节　基于裁判文书的实证研究的文献分析 ………………（79）
　第三节　对法学实证研究中经济学范式应用的思考 …………（96）

下编　法经济学的本土化：理论与方法的应用

第六章　民事诉讼的经济学分析 ………………………………（103）
　第一节　诉讼经济学概述 ………………………………………（103）
　第二节　诉讼经济学的核心：诉讼的经济学模型 ……………（105）
　第三节　诉讼成本与程序规则的经济分析 ……………………（112）

第四节　民事诉讼效率的分析 …………………………………（117）

第七章　法官激励因素与激励效果的实证分析 ……………………（130）
　　第一节　基层法官激励因素的理论分析 …………………………（131）
　　第二节　问卷设计与基本信息 ……………………………………（139）
　　第三节　基层法官激励因素的现状分析 …………………………（149）
　　第四节　基层法官激励效果的实证分析 …………………………（182）
　　第五节　基层法官激励效果折射出的问题及其原因分析 ………（190）
　　第六节　提升基层法官激励效果的建议 …………………………（194）

第八章　合同违约金变更问题实证研究 ……………………………（197）
　　第一节　违约金变更问题概述 ……………………………………（198）
　　第二节　合同违约金变更问题的实证分析 ………………………（202）
　　第三节　合同违约金变更实践中存在问题的原因分析 …………（210）
　　第四节　效率违约视角下的违约金变更规则的完善 ……………（215）

第九章　农村土地经营权抵押的现实困境与对策 …………………（221）
　　第一节　问题的提出 ………………………………………………（221）
　　第二节　土地经营权抵押担保的实证分析 ………………………（222）
　　第三节　土地经营权抵押担保问题的反思 ………………………（230）
　　第四节　完善土地经营权抵押问题的建议 ………………………（234）

参考文献 …………………………………………………………………（240）

后　记 ……………………………………………………………………（266）

前　言

法经济学是一门将经济学理论、方法和法学相结合的交叉学科。前人对于法学（法律）与经济学（经济）关系的关注可以追溯久远，而现代所称的法经济学被普遍认为起源于20世纪60年代的美国。20世纪80年代初，法经济学的概念被引入中国，至今已近40年时间。在当今中国的经济学界或法学界，法经济学已不是什么时鲜领域。经历过懵懂与排斥、流行与追捧、沉静和低调，中国的法经济学研究日渐形成了较为清晰的中国特色。

本书分成上下两编，上编将从法经济学的起源谈起，介绍法经济学的历史及当前整体的发展趋势，进而转向对中国法经济学的发展进行研究。通过梳理中国法经济学近40年的发展历程，明晰中国法经济学在法学与经济学界交叉融合过程中的发展路径、核心问题、主要方法、关键结论，探求中国法经济学发展的原动力，寻找中国法经济学未来的发展方向。

第一章主要介绍法经济学的起源及其发展。广义的法经济学范畴比较宽泛，其历史也比较久远。而现代所言的法经济学实际上是指在美国与制度经济学同时兴起的狭义法经济学。在这一章，本书将梳理法经济学在美国及欧洲等国兴起与发展过程中主要成果、观点、方法、知名学者的研究轨迹，让读者了解法经济学在国外是如何兴起与发展的，对比不同的社会与制度背景下，法经济学发展的共性与差异，进而思考中国法经济学已经并将如何从中进行借鉴和学习。

第二章到第五章关注中国法经济学近40年的发展及其本土化的过

程，通过文献的分析对法经济学在中国的发展脉络、法学和经济学的交叉融合发展，以及最新的研究趋势进行梳理研究。第二章首先通过对文章数据的统计，对法经济学在中国近40年的发展进行了一个概括性的梳理，厘清中国法经济学发展的各个阶段。之后从20世纪80年代法经济学被引入中国的理论背景出发进行分析，研究中国法经济学初期的研究特点及贡献，进而关注法经济学在中国的逐步兴起，分析其中的影响因素及发展动力。

第三章研究的是法经济学的本土化问题，法经济学在中国经历过前期的了解与积累后，逐渐生发出本土化的研究特点，为中国的经济发展与法治建设贡献了独有的力量。对法经济学本土化的研究不仅可以了解中国法学与经济学理论的发展的融合路径，更可以触摸中国近些年发展中的热点问题，对未来的研究有着重要的启发意义。同时，在考察本土化研究的基础上，研究中国法经济学与国际的接轨途径，观察中国法经济学的未来。

第四章通过对250篇法学与经济学权威期刊论文中运用经济理论和定量方法的频率、参考文献和注释的使用情况、作者特征、合作情况、研究主题和被引用率等方面进行分析，梳理法学和经济学相互交叉融合的进路、趋势及问题，思考两者融合中存在的障碍和解决之道。第五章通过对文献的分析，梳理法学和经济学研究中法经济学分析范式的应用状况，找寻两大学科的交融路径，并着眼于近些年流行的基于裁判文书的实证研究，分析其中经济学分析范式的应用情况，找寻法经济学在中国司法改革不断推进背景下的发展之路。

下编将在现有本土化的研究基础之上，结合近些年长期关注的民事诉讼、司法改革、裁判文书公开等问题，运用法经济学的理论方法对中国当下的本土化问题进行分析研究。第六章、第七章、第八章、第九章分别对民事诉讼程序与规则、司法改革中法官的激励问题、合同违约金变更问题、农村土地经营权抵押问题等进行了法经济学的分析。

法经济学在中国理论界从萌芽到兴盛经历了几十年的时间，而从理论到实践依然需要一个漫长的过程。法经济学或许不能解决所有的法律问题，但它却能为很多法律问题提供一种崭新的解决思路，特别是司法裁判领域，法官的法经济学思维是非常必要的。很多学者一直致力于推动法经济学的实践化，也有越来越多的法官开始接受法经济学的思想。法治与市场经济的同向并行，需要更多的法经济学理论支撑，希望就在前方，中国法经济学任重而道远！

宁静波

2019 年 7 月

于山东济南长清湖畔

上 编

法经济学在中国的本土化：起源与发展

第一章 法经济学的起源与在国外的发展

第一节 法经济学的起源

法律天然地与经济有着密不可分的联系。法律是规范人类行为的一系列规则,不仅是社会关系的反映,也是经济活动的产物。马克思在《哲学的贫困》一书中写道,"无论是政治的立法或市民的立法,都只是表明和记载经济关系的要求而已"①。经济关系是法律产生的基础,法律是调整经济利益关系的上层建筑。从这个角度上看,"法经济学"就是研究关于法律与经济之间关系的领域。由此,"法经济学"的历史可以追溯到18世纪的亚当·斯密、杰里米·边沁、约翰·穆勒、黑格尔等人。

早在18世纪,亚当·斯密看到了人类社会由狩猎、农耕社会向商业社会的转变,不仅是人们生存技巧的变化,同时也是法律制度的变化,以及语言和思维方式的转变。②亚当·斯密在《国富论》中对近代欧洲的司法体系作了经济学分析,被当代法经济学家视为真正的鼻祖。在《国富论》中,斯密从经济角度对那些妨碍经济自由的法律法规,如学徒法、长男继承法、限嗣继承法、谷物法等作了鞭辟入里的分析。斯密还对近代欧洲的司法体系作了经济学分析。他证明,近代欧洲的司

---

① 全国人大常委会办公厅研究室、中国社会科学院法学研究所编:《马克思恩格斯列宁斯大林论法》,法律出版社1986年版,第17页。
② 黄淳、易定红:《理性选择、历史范畴与中国政治经济学理论的综合建构》,《思想战线》2017年第5期。

法判决体系就是一种利润最大化行为。进而，斯密把经济学视野扩展到法律制度，并且开创了用经济学的目光、以效率为依据检视和评价法律制度的先河。18世纪古典自然法学派重要代表之一——孟德斯鸠也对法律与经济的关系进行过研究。在《论法的精神》中，他讨论了法律与气候、土壤、地理、贸易、货币、人口等之间的关系。[①]

令人遗憾的是，早期的法经济学思想并没有得到不间断的延续。从经济学发展历史来看，社会制度问题（包括法律制度问题）一度受到研究的冷落。比如萨伊就对他的学生们说："为了学习社会财富的性质以及如何增加财富，没有必要知道财产权的起源或者财产权的合法性。"[②] 塞缪尔·纽曼（Samuel P. Newman）也认为，"考察财产权建立在什么原则上，或者解释财产权最能得到充分和有效保护的方法，不属于政治经济学这门学科。这门学科的逻辑是，假定财产权已经存在，并受到尊重"[③]。从大卫·李嘉图之后，政治经济学日益变成了一门成熟的关于商品的科学。尤其是到19世纪末20世纪初，随着以马歇尔为代表的新古典经济学的产生及在欧洲大陆主导地位的确立，经济学取代了政治经济学，资源配置成了经济学研究的核心问题，社会制度问题被作为研究资源配置问题的一个既定前提被搁置在一旁，淡出了经济学的研究视野。

到20世纪初，制度学派的兴起进一步推进了对法律经济作用的研究。制度学派的主要代表凡勃伦对工商企业的性质作了第一次全面的新古典分析。另一个代表人物康芒斯，从其实践的、历史的和以实验为根据的研究中，对法律制度问题的经济分析提出了自己的理论见解。康芒斯不赞成古典经济学那种"重市场、轻制度"的传统做法。康芒斯特别强调法律和经济现象之间不可分割的紧密联系，认为法律制度在社会经济生活中起最主要的作用，积极主张提高国家和法律对经济的干预程

[①] 张乃根：《西方法哲学史纲》，中国政法大学出版社1997年版，第132页。
[②] Heath Pearson, *Origins of Law and Economics: The Economists' New Science of Law, 1830–1930*, Cambridge: Cambridge University Press, 1997, p.7.
[③] Heath Pearson, *Origins of Law and Economics: The Economists' New Science of Law, 1830–1930*, Cambridge: Cambridge University Press, 1997, p.7.

度和作用，主张从制度上改变资本主义的经济法律结构。他对"交易"的理解、对财产和财产权利的划分，对包括科斯在内的新制度主义经济学家产生了影响。

第二节　法经济学在美国的产生与发展

一　现代法经济学的萌生（20世纪30—60年代）

现代意义上的法经济学被普遍认为产生于美国。20世纪30年代，经济学家亨利·西蒙斯（Henry C. Simons）和艾瑞·迪莱克特（Aaron Director）的加盟，不仅为美国芝加哥大学法学院带去了关于公共政策、反垄断法的全新理论视角，也成就了日后芝加哥大学"法经济学出生地"的美誉。[1] 现代法经济学开始萌芽。20世纪40—50年代，微观经济学中的"新古典假说"已经形成，学者们借鉴微观经济学的理论引致出法律经济分析的一般假设，开始对受管制的行业、反垄断和税收等问题进行研究。[2]

1960年，罗纳德·科斯发表了经典论文《社会成本问题》，该文既是新制度经济学的经典文献，又是法经济学的奠基之作。科斯在文中通过案例分析指出，市场交易的前提是权利的初始界定。没有这种权利的初始界定，就不存在产权的转让和重新组合的市场交易。产权的初始界定是指"谁有权做什么"，把权利界定给谁则是无关紧要的。从这个意义上科斯认为："如果交易费用为零，最终的结果（产值最大化）是不受法律状况影响的"[3]。然而，科斯自己也指出，现实世界中存在正交易费用。言外之意，现实世界中的一部分产权制度是不清晰、不明确或不合理的，是需要界定的。这些产权的界定或重新界定必然会对资源的配置效率产生不同的影响。而法律作为一种具有界定权利（法律产品

---

[1] 西蒙斯到芝大法学院讲授"经济分析与公共政策"课程，之后迪莱克特讲授"反托拉斯法"，并于1958年创办了《法与经济学杂志》，为法经济学的发展做出了巨大贡献。

[2] Robert Cooter, "Maturing into Normal Science: The Effect of Empirical Legal Studies on Law and Economics", *University of Illinois Law Review*, Vol. 5, 2011.

[3] 曲振涛：《公司法经济学分析》，中国财政经济出版社2004年版，第13页。

的使用价值)的特殊的制度产品无疑会对产权(也涉及人身权的保护)的界定、划分、保护起到巨大的作用,因而也必然会影响到资源的配置效率,这也正是法经济学研究的价值所在。

科斯通过引入"交易费用(成本)"这一核心概念,将法律制度安排与资源配置效率有机地结合在一起,为分析法律对经济效率的影响提供了理论基础,也为法经济学的建立与发展奠定了基础。科斯的研究展示了对法律进行效率分析的方法,即在理性选择的基础上进行成本收益的分析,他主张对法律制度进行实证的分析而不是进行抽象的概念推演。交易成本的分析因此成为法经济学的基础分析方法。随后,更多的经济学家、法学家沿着科斯的道路,以"科斯定理"为基础,投入到法经济学的研究中来,现代法经济学正式兴起。

20世纪60年代,加里·贝克尔、圭多·卡拉布雷西、科斯、哈罗德·德姆塞茨、威廉·兰德斯等学者一系列的研究向学界展示了经济学是如何在法学各个领域的研究中大展拳脚的。学者们不再局限于与经济有关的法律问题的研究,比如税法、反垄断法、反托拉斯法等,而是逐步扩展到有关人类行为研究上,比如婚姻家庭法、侵权事故法等被认为与经济学相去甚远的领域。这种与生俱来的理论扩展能力,使得法经济学在至今50多年的发展中几乎渗透到了法学领域的每寸疆土。

在法经济学发展初期,研究者主要是一些经济学家,所以并不存有法学研究中部门法的清晰界限,学者时常跨领域、多面向进行研究。比如,贝克尔研究的是种族歧视和刑法;科斯研究的是侵权法和通讯管制。[1]然而,从分析方法的角度看,虽然法经济学已将经济学的实证分析方法引入到法学传统的规范分析当中,但学者们的早期研究还大多是一种规范性分析的理论阐释,实证研究成果可谓凤毛麟角。[2]

---

[1] Richard A. Posner, Gary Becker, "The Future of Law and Economics", *Review of Law and Economics*, Vol. 10, No. 3, 2014.

[2] 20世纪60年代的一些重要文献,包括1960年科斯的《社会成本问题》、1967年德姆塞茨的《关于产权的理论》、1965年亨利·曼尼的《并购与公司控制权市场》、1968年贝克尔的《犯罪与刑罚》等鲜见公式化、模型化的分析。

二 现代法经济学的成长与繁荣（20世纪70—90年代）

（一）数学分析对法经济学的推动

20世纪70年代，以斯蒂文·沙维尔为首的一些经济学家开始建立复杂的数学模型对法律现象进行分析。数学分析的运用要求从事法经济学研究的人必须具有一定的经济学学习背景。在此背景下，法经济学的学理分析和法律实践日渐分离。[①] 很多法学学者或律师因为不具备相应的技术训练，而难以与经济学家们进行合作。从而，试图进行法律经济分析的研究者各行其道，开始把经济分析运用到自己擅长的专业领域。这一态势虽然推动了法经济学在各部门法领域的发展，却无法把法经济分析理论进行整体推进。[②] 不过，这些研究却实实在在地推动了各个法学专业的多元化、纵深发展。同时，法经济学研究开始关注跨国的、国际性法律的研究，特别是一些国别间的实证比较分析。经济学对精确的数学语言的推崇，也推动法经济学的分析向实证的、更广泛的范围扩展。

（二）波斯纳与《法律的经济分析》

这一时期，法经济学的研究内容不断地扩展。尤其是理查德·波斯纳1972年出版的鸿篇巨著《法律的经济分析》，这本教科书兼专著首次全面地勾勒出法经济学分析的蓝图，对之后的法经济学教育与研究产生了巨大的影响。著名学者理查德·爱泼斯坦（Richard A. Epstein）对此书评价说："《法律的经济分析》的问世，最清楚地展示了现代意义上的'经济学帝国主义'的含义：不论哪个法律领域，价格理论的一些基本原理分析将展示出它所隐含的经济结构。"[③] 波斯纳在这本书中，使用成本—收益等微观经济学的分析方法系统分析了各个法学领域的法

[①] Richard A. Posner, Gary Becker, "The Future of Law and Economics", *Review of Law and Economics*, Vol. 10, No. 3, 2014.

[②] Richard A. Posner, Gary Becker, "The Future of Law and Economics", *Review of Law and Economics*, Vol. 10, No. 3, 2014.

[③] Richard A. Epstein, "Law and Economics: Its Glorious Past and Cloudy Future", *University of Chicago Law Review*, Vol. 64, No. 4, 1997.

律效率，建立了法律效率分析的基本范式。波斯纳在书中说道："正义的第二种含义——也许是最普遍的含义——是效率。"① 在资源稀缺的世界中，对效率的追求，便是最大的正义。波斯纳认为，法律本身，不论是法律规范、法律程序还是法律体系，都注重最大化地促进经济效益。按照波斯纳的说法，法律制度设计的目的就在于促进资源的最优配置，而同时法律的运行也应该符合效率的标准。

波斯纳（1992）认为效率最大化即为财富最大化，而财富最大化必然促进效用最大化，从而达到社会福利最大化，因此效率最大化也是正义的标准（资源浪费对于稀缺社会来说即为最大的不正义）。他还指出正义有时牵涉到伦理的、哲学的评价标准，带有很强的主观性，是难以客观衡量的，而用财富最大化至少可以衡量且为人们的社会福利最大化提供了现实的手段，法律对正义的诉求不应以损伤效率最大化和财富最大化为代价。

波斯纳认为对法律的效率分析实际包含两个层次的意义：一是法律制度本身也是以促进经济效率为目标的；二是法律制度自身的设立与完善也应当遵循经济效率的原则。科斯的交易成本、波斯纳的效率分析构成了主流法经济学的分析范式。波斯纳之后，随着经济学理论与方法的不断发展与进步，主流的法经济学分析范式也受到了不少冲击，比如实验经济学、行为经济学对于理性选择理论的冲击。但是，最终的结果并没有取代法经济学的基本范式，而是在其基础上进行了有益的补充。

虽然很多法学界的学者对波斯纳的效率观点嗤之以鼻，但是必须得承认的是，法经济学确立了一种从法律主体行为角度分析法律制度的分析范式。传统法学理论对规范的一种文意的分析，是一种哲学的分析范式。法学家关注的更多是法律制度的"应然性"，追求制度的一般性，而忽略主体行为的差异。法经济学研究关注的是制度运行的"实然"状态，关注个体行为对制度的影响，并且认为法律同其他制度一样具有

---

① ［美］理查德·A. 波斯纳：《法律的经济分析（上）》，蒋兆康译，中国大百科全书出版社1997年版，第31页。

分配社会资源的作用。法经济学评价法律制度的标准在于能否实现社会资源的最优配置，是否能够实现社会福利最大化。这一点是与传统法学思维完全不同的。

（三）经典法经济学教材与著作

在前人开拓的基础上，80年代的美国法经济学研究乘风破浪、空前繁荣，不断填补了很多研究空白。同时法经济学研究的数学化、形式化、公式化的倾向越来越明显，基于大量的统计数据分析的实证研究开始盛行，并越来越受到推崇。1987年，罗伯特·考特和托马斯·尤伦出版了他们的法经济学教材，里面包含了很多简单、清晰的公式和模型。该书"将经济学概念应用到五个法律的核心领域：财产、合同、侵权、法律程序和刑事犯罪，同时对经济学概念作了清晰的阐述。作者对法学和经济学两大学科的交互关系提出了许多新的洞见，阐明了微观经济理论是如何用来批判性地评价公共政策的"①。该书现已出版了第六版，第六版"增加了有关交易责任、委托—代理问题、过失、替代责任、医疗事故、合同违约救济、诉讼人与律师的决策行为、犯罪与惩罚理论的内容，还有案例、数据方面的更新与替换"②。

同时期出版的A.米契尔·波林斯基的法经济学教科书则更多地采用了数字例证的形式。沙维尔在其著作《事故法的经济分析》中整合了事故法经济分析的理论框架。波斯纳和他的合作者兰德斯也采用当时的数据，将计量经济学的方法运用到侵权法的法律分析当中。其他学者的著作有罗宾·保罗·麦乐怡的《法和经济学：理论和实践的比较研究》、朱尔斯·科尔曼的《法和经济学》等。③

（四）法与金融研究

自90年代以后，芝加哥大学法学院又涌现出了侧重于研究公共政

---

① ［美］罗伯特·考特、托马斯·尤伦：《法和经济学》（第六版），史晋川译，格致出版社2012年版，序言。
② ［美］罗伯特·考特、托马斯·尤伦：《法和经济学》（第六版），史晋川译，格致出版社2012年版，序言。
③ 阎云峰：《法律经济学的历史、现状和展望》，《现代经济探讨》2008年第6期。

策和政府行为的凯斯·R. 桑斯坦和以合作的非法律机制为研究主题的埃里克·波斯纳等中青年法经济学家。他们通过研究发现，"即使没有法律，或者法律没有效力，大多数人在大部分时间里也会抑制自己，不会有反社会的行为"。

1998 年四位学者 La Porta、Lopez-de-Silanes、Andrei Shleifer 和 Robert W. Vishny（以下简称 LLSV）发表了《法律和金融》一文，引发了一波法律金融学的浪潮。他们比较研究了普通法系与大陆法系的效率、法律制度对经济发展、金融市场的支持与保护，开辟和形成了法与金融理论。[①]

LLSV（2000）认为法与金融理论是对此前建立的公司金融理论的继承和发展。Modigliani 和 Miller（1958）创造性地提出股票和债券都是对公司现金流的法定索取权；Jensen 和 Meckling（1976）进一步强调法律规定以及法律执行影响了投资者选择何种投资契约以更好地解决公司金融中的代理问题；Hart（1995）也指出公司的不同金融契约代表着不同的控制权安排，而法律规定则影响了公司金融中的控制权安排。那么，既然金融被视为一系列契约的组合，一个经济体的合同法、公司法、破产法及证券法等法律的实施也就从根本上决定了金融契约的执行并从而决定着金融市场运行。传统的法与金融文献侧重于描述并解释法律制度的国际差异及其对不同经济体的金融市场发展程度所发挥的作用。这批文献首先观察到对于拥有较高程度的私有产权保护、更好地支持私人协议签约与履行、更好地保护投资者权利的法律制度的经济体而言，投资者也更愿意增加对企业的投资，金融市场从而获得更大程度的发展。

LLSV（1997）从公司层面描述了法律制度促进金融市场发展的机制：合同法、公司法、证券法等相关法律，法律体系对私有产权的保护程度，执法效率三者共同决定了公司控股股东以及管理层对中小股东以

[①] 许荣、王雯岚、张俊岩：《法律对金融影响研究新进展》，《经济学动态》2020 年第 2 期。

及债权人掠夺的程度,从而影响投资者购买证券参与金融市场的信心。该文献进一步强调欧洲历史上形成的法律传统以及通过征服、殖民或效仿等途径对其他国家传播,从而形成了各经济体相互之间的法律差异。进一步地,法与金融的文献描述了法律起源影响金融发展的两种有内在关联的影响机制:第一种被称为"政治"机制,即不同的法律渊源赋予私有产权保护和政府行为不同的优先权,其中,赋予私有产权保护更多优先权的法律环境将更有利于金融市场发展;第二种被称为"适应"机制,不同法律传统对于市场变化所要求的法律制度变更的适应能力存在差异,适应能力更强的法律传统也就更有利于金融市场发展。

三 现代法经济学的创新与发展（21世纪）

（一）行为法经济学的发展

行为经济学为21世纪法经济学的发展注入了创新性的力量。20世纪70年代,丹尼尔·卡尼曼（Daniel Kahneman）和阿莫斯·特维尔斯基（Amos Tversky）通过吸收实验心理学和认知心理学等领域的研究成果,把心理学和经济学有机结合起来,形成了真正意义上的"行为经济学"学派。[①]

行为法经济学是法经济学研究中出现的运用行为经济学研究成果分析法律问题的学术趋势。学者们将行为法经济学的研究目的谨慎地定位为:运用行为科学的成果更好地解释法律所追求的目标及实现这些目标的手段,提高法经济学的解释力和预测力,使其摆脱远离现实的困境。[②] 2002年,行为经济学家丹尼尔·卡尼曼和维农·史密斯获得诺贝尔经济学奖,推动了行为法经济学的兴起。在这之前,托马斯·尤伦（1997）

---

① 克拉克奖章得主马修·拉宾（Matthew Rabin）,诺贝尔经济学奖得主贝克尔（Gary S. Becker）、阿克洛夫（George A. Akerlof）、卡尼曼为行为经济学的代表人物。

② Jolls、Sunstein 和 Thaler 说"我们分析的核心观念是,行为经济学还允许我们用传统的经济分析方法对法律行为进行判断和模型化,但是是在对人类行为更准确的假设、对法律更精确的判断的基础上进行"。Korobkin 和 Ulen 则认为"正如我们反复强调的,我们并不是提出一个新的范式来代替理性选择理论。我们的目标仅是将来自其他社会科学的大量的实验结论融合进法经济学中,以使人类行为判断和法律体系目标实现之间的关系得到精炼"。

在《法和经济学中的理性选择》一文中就对理性选择理论进行了批评,特别是 Jolls、Sunstein 和 Thaler (1998)《法律经济学的行为方向》一文的发表,标志着行为经济学正式进入法学研究领域——"行为法经济学"开始崛起,由此开启了法经济学领域的"行为革命"。[①]

行为法经济学所关注的行为与法学概念中的法律行为有别。行为法经济学关注的是现实的人类行为对于法律的意义,而不是经济学理论研究中假设的"经济人"的行为。行为法经济学的研究内容主要包括两个方面:一是构造一个良好的法律环境,最大化地降低行为人理性受到的限制和影响。各种因素的限制使行为人的计算能力、意志力不能够符合最优决策的要求。理性选择理论尽管不现实,但它毕竟描述了一个理想的完美状态,说明了实现最优决策所需要的条件。因此行为法经济学的一个主要研究内容就是说明如何限制那些使行为人理性受限的因素发挥作用,使行为人的计算能力和得到的信息符合最优决策的要求。法律的重要作用就是建立这样一个环境。从这个角度来理解法律比传统法经济学的理解更为深刻,解释力更强。二是应用行为科学的结论,判断法律规则约束下行为人的反应,说明法律规则的效果,进而为法律规则的选择提供依据。

(二)研究议题的广泛性

这一时期,美国法经济学在研究内容和方法方面有着长足的进展。通过对 2010—2014 年间美国法经济学会的会员数、提交的论文数量、论文主题进行分析可以看出,美国法经济学会的注册会员数逐年增加,与会人员提交的论文数量也呈上升趋势(见图 1-1)。美国法经济学研究内容日趋广泛。具体来看,主要集中在企业与公司、证券与金融、法院与诉讼行为、行政与管制、反垄断法、税收与财政、合同、侵权等领域。除此之外,知识产权、健康、环保、行为(实验)经济学等也是学者较为关注的议题。[②]

[①] 李树:《行为法经济学的勃兴与法经济学的发展》,《社会科学战线》2008 年第 9 期。
[②] 作者根据美国法经济学年会网站 2010—2014 年提交的论文分类整理得出。

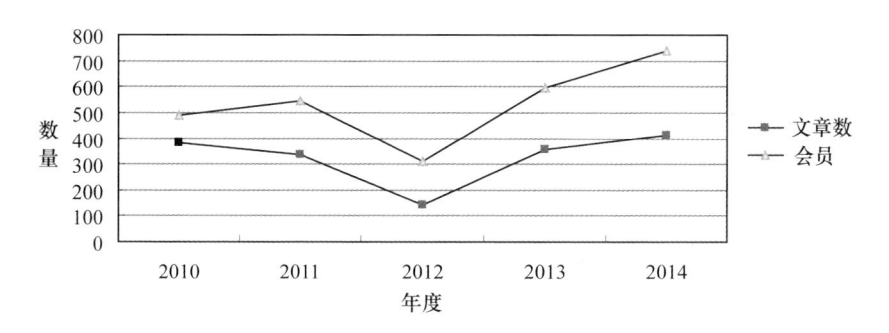

图 1-1　美国法经济学协会 2010—2014 年注册会员与提交论文数

近些年，美国法经济学的研究视角从传统的微观视角的分析扩展到宏观视角的研究，法律与宏观经济（经济发展）的关系研究备受瞩目。自 2008 年出现的经济萧条以后，出现了许多研究法律与宏观经济学相互作用的文章，Yair Listokin（2009）研究了如何增强税收的反经济周期的效应，并且评价其是否具有稳定性；Masur 和 Posner（2012）在《规制、失业和成分收益分析》一文中认为，成本—收益分析方法应考虑加入失业的影响；Zach Liscow（2016）通过研究认为破产法应更关注经济衰退时期的失业现象而不是繁荣时期的失业问题；Schwarcz（2017）则通过研究法律与金融市场的关系，认为法律应根据金融市场的变化而进行相应调整。Atif Mian 和 Amir Sufi（2013、2015）从法经济学的外部视角，通过一系列的论文证明法律限制，如事前披露法，对就业和消费有重要的跨期作用。尽管上述文章都推动了"法与宏观经济学"这个新兴领域的发展，但是并不完整。大多数研究都侧重于特定的法律，而不是整个法律体系对宏观经济的普遍影响。更为重要的是，现有的研究并没有通过理论来解释法律为什么应该在零利率下限约束（zero lower bound）情况下有所不同，流动性陷阱与以往的经济萧条时期有何差异。相反，他们假设法律在任何时期都是反经济周期的，关注就业问题而不是整个宏观经济问题，断言失业在经济衰退中由于未知的"再分配问题"会造成更大的危害。Yair Listokint（2017）使用希克斯周期理论（Hicksian Synthesis），认为经济在零利率下限约束时的表现与其他时期不同,法律的每个领域都受商业周期的影响。而且,如果法律的经济影响有助于制定正确的法律,那么法律应根据宏观经济条件而有所不同。

另外,法经济学者将对单一的法律与经济之间关系研究,扩展到法律、文化与经济,法律、地理与经济之间的多元关系研究,研究方法亦日臻多元化,博弈论、演化经济学、行为经济学、实验经济学等理论和方法得到更广泛的认可和应用。

第三节 法经济学在欧洲的传播与发展

一 法经济学在欧洲:引入与发展[①]

欧洲的法经济学研究并没有像美国的法经济学研究那么兴盛发达,但是也在法经济学研究领域发挥了一定的作用,在早期发展阶段,主要体现在反垄断法和政府规制领域。

20世纪80年代,经济分析方法的应用最初出现在民法领域(包括合同法和侵权法),由北美一些知名大学如芝加哥大学、耶鲁大学的主要研究法经济学的学者引入欧洲。欧洲许多国家的主要大学,包括英国的牛津大学和剑桥大学、德国的法兰克福大学都相继开设了法经济学的相关课程,聘请法经济学学者和教授前来授课。此外,还出版了多套专题丛书,召开国际性学术会议,值得一提的是,成立于1984年的欧洲法经济学协会(EALE)一直在欧洲国家扮演着法经济学潮流推动的主要角色。但在最初的引入阶段,这种新的经济分析方法,即运用经济理论的研究方法对法律的形成、框架、运作以及制度所产生的影响加以分析,在德国、法国、比利时和荷兰并不被人接受,主要有以下几点原因:北美地区和欧洲地区文化的差异,大陆法系和英美法系的不同,以及对于经济分析方法的误解。

---

① 此部分内容主要参考了 Roger Van den Bergh, "Law and Economics in Europe: Present State and Future Prospects", in Boudewijn Bouckaert and Gerrit De Geest, *Bibliography of Law and Economics*, Dordrecht: Springer Science and Business Media B. V., 1992, pp. 5 – 19。

第一，文化的差异。美国的功利主义的成本—收益分析方法与欧洲主流的康德哲学观点背道而驰。欧洲的文化背景并不能接受为法律提供一种实用工具，所以当美国所谓的外部价值渗透到大陆法系的法律体系中时，必然会受到阻碍。经济分析方法的配置效率则是一个鲜明的例子，使用效率去解释和评价法律是经济方法应用到法律中的扭曲表现。法律经济学所追求的核心价值是效率，这与大陆法系传统中追求的正义与公平有巨大的反差。在欧洲的法律体系当中，正义占据了一种绝对的地位，尽管人们无法明确去说明正义到底是什么，但是不确定性使正义在更多情形下也恰恰符合认定者的心理预期，但是它也不是最优的选择。针对这种批评，经济分析方法的支持者贬低司法使用"模糊"的法律语言，这些规范的模糊性使得法官可以根据案情对每个案件作出不同的裁决。在许多情况下，法官的决定更多地受到"社会"因素的影响，而不是经济证据。

第二，大陆法系与普通法系的差异。两大法系的差异也是阻碍欧洲接受法经济学的主要原因。相比普通法体系，在大陆法的法律体系中，法官在判决案例时使用经济分析法则并没有那么方便。在美国，司法部门可以通过运用经济分析方法来提高效率，经济分析为广义的法学思考和判例法重构提供了一个框架，可以拥有"重构"美国法律的能力。在欧洲实证主义的传统下，立法者需要权衡相关的价值判断来决定什么是正义，在这个程序中，必须遵守相关的法律法规。但是，美国与欧洲法律传统的差异的影响也不应过于放大。原因在于，许多法律语言的模糊性，使得仅仅通过成文法并不能解释很多案例，这在一定程度上增加了判例法的重要性。

第三，欧洲对法经济学研究的误解也在一定程度上阻碍了欧洲对于这一研究领域的发展。这既与经济方法本身的性质有关，也与经济方法企图参与到法律制定中的野心有关。经济学中理性人的假设，假设人具有完全理性，不适合直接运用到法律中。"理性人"是法律上的假想人，他被理想化和标准化了，超过法律所期望的一般人所应有的谨慎和理性。在传统的法律体系当中，正义是承担了一种绝对的地位，正义没有一个明确的概念，它是融合了自由、平等、安全的含义，这使得它在法律中拥有崇高的地位，甚至是大多数人精神上的寄托。如果在法经济学领域更多地考虑效率的因素，而忽略法律本身的评价作用，法律就会成为新的"市场"，成为单纯的利益交换的媒介，失去其原有的含义。因此，即便考虑效率的原则，也不能忽略法律的社会作用。由于没有明确区分不同形式的法经济学的分析方法：预测性和解释性的经济学分析，便造成了许多理解上的混乱。

首先，预测性经济分析使用经济模型来探索法律的效果，它不包含价值判断，只是为了预测制定法律的效果。解释性经济分析试图解释法律是如何朝着效率演变的，它包含了经济重构的法律决策过程，主张许多法律可以是提高效率的工具的观点。规范的经济分析通过参考经济实证结果来评价法律，它包含一定的价值判断，因为它认为效率是决策的一个重要标准，但并不是唯一相关的标准。这种澄清还是没能让律师去接受经济分析方法，仍然保持怀疑的态度。律师对法经济学存在着两个误解：第一个误解是，经济学家应该根本不关心正义；第二个误解是，经济学家绝对重视效率。

对于第一个误解，欧洲法经济学学者试图从经济理论中找到许多关于公平的概念，如功利主义中的帕累托最优的概念和改善的卡尔多—希克斯效率，以及后来的罗尔斯基于经济理论提出的公平概念。帕累托最优标准貌似是一个具有吸引力的政策制定的指南，如果法律的改变不会使得任何人的状况更加糟糕，至少会使得一个人的生活变得更好，就是所谓的帕累托改进，只是包含微弱的价值判断，人是有无尽的欲望的，都想要多多益善，但主张个人不是个人自身利益的最佳判断者的父爱主义者（paternalists）并不同意法律制度的改变是受到帕累托改进的启示。与帕累托最优相反，卡尔多—希克斯效率在福利分配方面并非中性的，如果受益者能够补偿受损者，即使在没有实际补偿的情况下，法律的改变也被认定是有效的。

尽管有这些对经济分析方法的批评，但是这些经济概念仍然是有作用的。如果从效率的角度审视法律，使具体问题在利益方面具有可比性，我们就能通过这种方法去判断现有的法律是否比议会中没有通过的法律条文更加有效率。其实在任何决策过程中，都不可避免地涉及价值判断，效率仅仅是法律的一种理想属性，法经济分析的优势正是在于通过量化变量进行的理性分析。法经济学分析来源于经济学理论，通过降低交易费用和提高交易效率来达到资源的优化配置。例如，律师们通常通过消费者权益保护法来弥补消费者和生产者在议价能力上的地位不对等，使得达成的交易尽量公平。只要不解释所谓不平等的原因，不平等的议价能力就是一个空洞的概念。经济分析可以填补这一空白，市场因信息不对称造成市场失灵，弥补市场失灵的法律条文可能就是帕累托改进，如果所有消费者都愿意为了更加安全的产品支付更高的价格，但由于信息不对称不能识别更加安全的产品，那么通过无过错责任的法律条文来提高产品的安全性便是一种帕累托改进，消费者都需要物美价廉的产品，因此在这种市场上消费者的经济情况会变得更好，生产者的情况也不会恶化，即使他们将会承受更加严格的要求，但是他们可以通过收取更高的市场价格将责任成本转嫁给消费者。如果只有一小部分消费者喜欢低价格但是低安全性的商品，那么无过错责任下的社会福利损失将会是最小的，将会达到卡尔多—希克斯标准。在两种情境下，规范分析优于法律中对"不对等的议价能力"的模糊概念，因为这些概念没有解释不平等的原因和提出有效的解决办法，每当纠正不平等的议价能力就会导致较高的市场价格，将增加的成本转嫁给消费者，这种是没有效率的。

法经济学学者只关心效率而忽视最终决策的公平性的误解很容易被解释清楚。通过法经济学文献中各种法律制度的分配结果的分析，能够看出法经济学中的效率概念是基于效率与公平的权衡，这与律师公平概念的模糊性形成了鲜明对比。经济分析方法尽管存在缺点，但它也是产生于理性的价值判断，相关的研究也表明，如果基于公平考虑的目标并没有得到实现，法律制度甚至会产生不利的影响。无过错责任原则是律师为消费者提供公平赔偿的一种手段，但存在生产者和消费者之间的信息不对称，赢得诉讼或者失败的概率便是确定的结果，从而在社会中双方在计算收益和损失时是会存在偏差的,进而影响人们渴望看到的公平结局。这种趋势的不断演进给保险市场带来巨大压力,甚至可能会导致责任保险危机,最终的受害者还是底层人员,这是一种失败的资源配置。总而言之,经济分析方法对决策的制定提供了一种主要但并非起到决定性作用的途径。

二 法经济学在欧洲面临的挑战

欧洲法经济学发展面临的第一个挑战是学者对保持欧洲自身认同的观念。有人提出质疑,认为欧洲法经济学是美国法经济学研究的复制品,而欧洲的法经济学的研究者更应该重点研究欧洲本土的法律问题,将美国研究的文章和书籍进行翻译并不能称为欧洲法经济学的研究。然而,美国的法经济学的研究成果还是可以借鉴的。首先,美国的经济分析模型也同样适用在欧洲的法律制度研究上,两个社会都在追求事故发生产生的费用最小化,欧洲学者可以借鉴侵权法和合同法的法经济学分析改变原有的模式来适应欧洲的法律研究环境。

尽管将美国模式作为对欧洲法律问题进行经济分析的出发点肯定是有价值的,但他们认为应该谨慎对待两个问题。首先,欧洲法律可能不如美国法律连贯。欧洲各国之间也存在文化差异,这可能导致解决法律问题的方式不同。其次,由于欧洲制定法的特点,法律的实证经济分析应借鉴以决策为中心的理论。

第二个是律师对成文法的影响越来越不满。这种不满引发了修改法律的要求。经济分析对法律规则制定的效果以及法律规则的起源和演变提供了重要的见解,不仅可以了解法规是否达到其宣称的目标,而且可以揭示原本没有或尚未认识到的副作用。在很长一段时间里,律师们对这种作用漠不关心,甚至一无所知,而经济学家在研究过程中发挥了重要的作用。放松管制的争辩引起了律师们对成文法的影响和副作用的日益浓厚的兴趣。法经济学在这一领域有很多东西可供借鉴,相关研究策略的交叉交流将增加分析的相关性。法经济学提供的见解应该通过公共选择方法的经验教训来丰富理论基础,一个成功的尝试就是把寻租解释为监管造成的低效率。这种从不同类型的分析中借用工具来处理法律问题的方法，将许多欧洲法经济学论文与正统的美国法经济学研究区分开来。法经济学将不同方法（古典法经济学、交易成本分析和公共选择）进行结合，使欧洲法经济学具有较强的开放性和进步性。

欧洲法经济学运动在维护自身独立性的同时，也充分利用了欧洲在比较法领域的悠久传统。比较法律分析往往是对美国法律和经济学学者发展的实证理论进行实证检验的唯一可用的方法。如果著名的芝加哥假说是正确的，即普通法是向效率方向发展，欧洲学者将能在工业发展程度相似的欧洲国家找到类似的规则。比较法不仅是实证检验现实理论的重要工具，也是寻找法经济学研究领域基本问题解决方案的重要方法。比较几个欧洲国家的不同法律解决方案将为了解最有效解决方案的特点提供重要的见解。比较法律分析还可能表明，由于法律技术问题，无法找到最佳解决办法。

综上，2013 年以来，科斯（Ronald H. Coase）、布坎南（James M. Buchanan）、贝克尔（Gary S. Becker）、塔洛克（Gordon Tullock）等法经济学巨擘相继离世，曾让人慨叹法经济学的全盛时代已经过去。然而，纵观整个世界，越来越多的来自不同国家、不同法律体系、不同知识背景的学者参与到法经济学的研究中来，新的理论、方法不断涌现，法经济学依然呈现出一种蓬勃发展的态势。

第二章 法经济学在中国：引入与兴起（1983—2004 年）*

查阅中国知网的文献资料可以看到，在中国，法经济学最早可以追溯到 1983 年。[①] 使用主题"经济分析"，加上摘要搜索"法经济学"，搜索到 1983—2018 年共 1413 篇核心及 CSSCI 来源期刊文章。[②] 从图 2-1

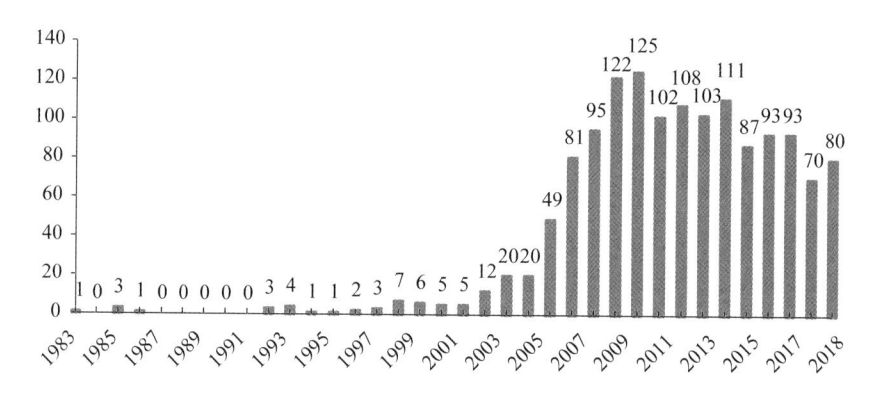

图 2-1　1983—2018 年核心与 CSSCI 期刊中法经济学主题文章数量

---

* 第二、三章的主要内容，系与魏建教授合作，发表在《中国经济问题》2019 年第 4 期，此书中有修改。

① 目前，中国知网可以搜索到的最早的文献是 1983 年第 2 期《现代法学》杂志上发表的种明钊的《马克思主义法学的理论基础与法经济学的建立》。

② 诚然，从 1983 年至今，可以被列入法经济学研究范畴的文章不止这么多。囿于搜索口径的不同，所得出的成果数量总数有差异。但在不同口径下，分年度去看，发刊的数量发展趋势大致趋同。2000 年后文章数量不断增加，2010 年之后呈现曲折上升。本书选取部分文章（核心及 CSSCI 来源期刊文章）来进行一种描述，基本上可以反映出学界主流的法经济学研究趋势。在法经济学研究的"流行"时期，作者更喜欢将"法经济学分析或经济学分析"彰显于主题之上，以体现研究视角的新颖性。

中我们可以清晰地看到法经济学研究的发展趋势，2004年之后呈现出快速上升的趋势，2010年之后进入一个较为平稳的发展期。这与法经济学研究的其他一些表现呈现出一定的一致性（如学科建设、学术交流等）。鉴于此，本书将在之后的论述中，大致将中国法经济学的发展阶段分为引入与兴起阶段（1983—2004年）、兴盛与本土化阶段（2005年至今）两部分。

第一节　法经济学引入中国的背景

20世纪80年代，法经济学在美国繁荣发展的阶段，中国正值改革开放初期，正在经历着前所未有的社会变迁。以市场经济为导向的经济形态的变革，同时也是制度的变革，而制度变革的核心是法律。于是，法律与经济成为中国改革发展历程中最为重要的两个核心因素。市场经济结构的变化将如何影响法律体系的形成？同时，建设什么样的法律体系能够促进社会主义市场经济的发展？中国的改革实践为学术界提供了极具挑战性又亟待解决的重大课题。[1]

法学研究领域，学者们开始探索建立中国的理论法学体系。他们主张在坚持马克思主义的基础上，将理论法学建立在学习古今中外进步的、科学的法律思想和法律文化之上，使之既能解决中国社会主义法制建设的问题，又能解答人类所提出的一切有关法的理论问题（张文显、马新福，1986）。[2] 按照应用法学和理论法学的法学学科分类，法哲学、法社会学和法经济学通常属于当时西方理论法学的研究范畴。在此背景下，理论法学领域的学者们最早开始关注此时正在美国蓬勃发展的西方

---

[1]　中国政法大学江平教授在评论李曙光教授《转型法律学》一书时提到，"适应市场经济的法治是什么样的？我们目前的制度与此相比存在着哪些缺陷？市场经济应如何法治化？也就是对实然制度的分析、对应然制度的思考以及对法治之途的探索。这些问题被改革的实践提到整个中国的理论界和实务界面前，急需学术上和理论上的回答"。参见江平《经济学的法律眼镜》，《法人》2004年第5期。

[2]　张文显、马新福：《关于改革我国理论法学的初步设想》，《吉林大学社会科学学报》1986年第5期。

法经济学。

在同时期的经济学领域，学界认识到中国的经济建设是一个完全崭新的课题。它既是一个社会实践问题又是一个学术理论问题，历史没有提供现成的实践经验和理论诠释，现代西方经济学可以借鉴其分析方法，但不能将其作为中国经济发展的理论指导（陈岱孙，1981）。围绕着对政治经济学研究对象的热烈探讨，学者们对中国经济学各学科的研究对象和方法展开了一系列研究，为经济学学科体系的建立打下了坚实的基础。[①] 姚子范（1981）通过与宏微观经济学的对比分析，对制度经济学的研究对象、方法进行了详细介绍。中国经济学界对西方制度经济学的关注视野逐渐打开，而作为与制度经济学一脉相承的法经济学也开始逐步受到关注。

第二节　法经济学概念的引入

一　对"法经济学"概念与内涵的理解

什么是"法经济学"？对于这样一个牵扯法学与经济学两大社会科学领域的名词概念，由于其产生背景、理论方法的交叉性和复杂性，国外学者至今没有给出清晰、明确的界定。Law and Economics、Economic Analysis of Law、Economic Approach to Law、Economics of Law、Jurisprudence of Economic Analysis 等称谓广泛存在（周林彬、魏建，2008）。不同的表达方式表达了学者对法经济学内涵的不同理解和侧重。这种差异的出现受学者们所处的时代特征、学科背景、问题性质、研究视角等多种因素综合影响。而法经济学的概念在被引入中国时不仅体现出国外研究原有的这种差异，同时国内学者对法经济学含义的不同解读也受到国

[①] 关于政治经济学研究对象的讨论是中国经济学界新中国成立以来到80年代初最为热议的领域之一。参见王圣学《建国以来我国经济学界对于政治经济学对象问题的讨论》，《中国社会科学》1983年第3期。政治经济学，尤其是马克思主义政治经济学与法律有着天然的密切联系，因而，虽然当时并没有论及法律的问题，但经济学界对政治经济学的探讨，为学界对法律的关注以及制度经济学、法经济学等学科的建立做了很好的铺垫。

内不同时期研究环境的影响,也反映出一定的本土化特色。

基于马克思、恩格斯关于法学与经济学相互关系的有关论述,种明钊(1983)认为法经济学是介于法学和经济学之间的一门边缘学科,是研究物质生产关系同法的关系之间的相互关系及其发展规律的科学;倪继信、任祖耀(1983)认为法经济学是研究法律与经济内在关系规律的科学,它包含了法律产生于一定的经济基础的规律、法律总是为一定的经济基础服务的规律、法律的发展变化决定于生产关系发展变化的规律等具体内涵。种明钊、顾培东(1985)在梳理国外学者关于法经济学的研究后,认为西方法经济学的任务是分析具体法规所产生的经济效用,预测法律的未来经济效果,以便为立法和执法提供参考,中国应依据马克思的历史唯物主义原理建立马克思的法经济学,研究法与经济互动作用的规律以及与此相关的一系列问题。

朱力宇(1990)使用的是"法律的经济分析"一词,认为马克思和恩格斯是科学的法律经济分析理论的奠基者,其理论包含在马克思主义的唯物主义观和政治经济学中。张乃根(1992)指出波斯纳"法律的经济分析"与马克思主义唯物史观的经济决定论是根本不同的。纵观 80 年代的许多文献,学者将法经济学区分为马克思主义的法经济学与西方或资产阶级的法经济学,认为前者的核心是指法律是以一定的社会经济基础为中介并由生产力最终决定的,后者则是指法律或制度是以资源配置为目的,以效用来评价法律(朱力宇,1990)。他们强调马克思主义指导的法经济学才是真正科学的法经济学。这一时期对法经济学内涵的理解受到了马克思主义政治经济学、马克思主义法哲学的影响,实际上是对法经济学的一种较为宽泛的理解。同时,这种理解也可以视作法经济学一次本土化的尝试(殷继国,2010)。

易宪容(1996)在介绍法经济学时,指出法经济学的英文为 Law and Economics,美国著名的法经济学家波斯纳称之为"法律的经济学分析"(Economic Analysis of Law),它是用经济学的假设和方法来研究法律问题的。魏建(2001)在文献梳理的基础上认为法经济学的内涵包含广义和狭义两个层次,广义的法经济学是指对社会中法律现象和经济现象之间关系的研究，马克思关于经济基础和上层建筑的关系的论述就属于广义的法经济学；而狭义的法经济学就是指20世纪60年代以后在美国形成的现代法经济学，他们的研究局限于用现代西方经济学的理论，主要是微观经济学的理论分析，研究法律体系下行为人的反映及其对社会资源配置的影响。钱弘道（2002）认为科斯以来整个法律经济学理论，其核心在于所有法律活动，包括一切立法和司法以及整个法律制度事实上是在发挥着分配稀缺资源的作用，因此，所有法律活动都要以资源的有效配置和利用，即效率极大化为目的，所有的法律活动都可以用经济的方法来分析和指导。

依照前文所述，中国近些年的法经济学的研究以及本书所要探讨的法经济学的引入与本土化，主要指的是现代法经济学或者说科斯之后的法经济学。20世纪90年代末，学界对于法经济学的基本内涵的理解已较为明晰，为进一步的法经济学研究范式的总结与提炼奠定了基础。

二 对法经济学的历史起源、理论演变的研究

易宪容（1996）指出从广义的法经济学看，其历史渊源最早可以追溯到古希腊柏拉图的《理想国》中的《法律篇》，亚里士多德的《政治学》就有了用经济观念分析法律规则的思想，古罗马的查士丁尼安的《民法集成》中对法律问题的分析就是"经济分析"。在中世纪经院哲学思想占统治地位时期，经济学家莫利纳用价值、效用、价格等经济学的概念讨论了有关公共政策的各种问题。

17、18世纪古典自然法学派的代表人物孟德斯鸠对法律进行了较为深入的经济分析（朱力宇，1991）。亚当·斯密在他的《论法律》及《国富论》中就运用了经济分析来阐明法律与政府的发展过程，而意大利的贝卡利亚于1764年出版的《论犯罪与刑罚》，提出了"刑罚与犯罪的均衡性"的原则，对现代法经济学的产生与发展产生了深远的影响（易宪容，1996；魏建，2001）。

马克思和恩格斯在创立唯物史观的过程中，对法律问题进行了大量的经济分析（朱力宇，1991）。马克思的这些成果尽管没有被后来的研

究全部吸收，但其法律制度非自为性和工具性的观念经过马克斯·韦伯的发展成为"法律工具主义"，其法律制度的利益性命题，经过批判主义法学的阐发而对当代的法经济学研究产生了重要的影响（魏建，2001）。

19世纪，在马克思主义产生的前后，梅因、黑格尔、边沁等思想家都对法律问题进行过不同程度的经济分析，并在当时都产生了较大影响，尤其是边沁的功利主义原则被认为是西方法经济学分析理论的发端（朱力宇，1991）。当然，学者也都普遍认识到，上述的对法律的经济分析与现代法经济学还不是一回事。

易宪容（1996）指出在美国对法律规则进行广泛的经济分析肇端于19世纪末到20世纪初的美国的进步主义运行时代。赵凤梅、李军（2008）把法经济学的出现归结为三个因素，即市场失灵、兼顾效率与公平的公共政策、"法律现实主义"思潮。20世纪初德国的历史学派与凡勃伦以及他的学生康芒斯为代表的美国制度学派，推动了法经济学的第一次浪潮，他们从其实践的、历史的研究中，对法律制度问题进行了经济分析（魏建，2001）。

为区别于之前的法经济学，学者称与新制度经济学同步发展起来并逐渐成为一门相对独立学科的法经济学为"现代法经济学"（魏建，2008）。科斯的《企业的性质》一文和著名经济学家西蒙斯在芝加哥法学院开设《经济分析与公共政策》课，揭开了法经济学研究的历史篇章（张乃根，1992）。史晋川（2001）认为法律经济学运动融合在整个新自由主义经济学运动和"经济学帝国主义"扩张运动中，呈现出一种"一体两翼"的发展格局。所谓"一体"是指以科斯为代表的产权经济学理论及以交易费用理论为基础的新制度主义经济学；"两翼"是指以詹姆士·布坎南为代表的公共选择理论和以加里·贝克尔为代表的非市场行为经济学研究。

魏建（2001、2008）基于伊詹恩·麦卡伊（Ejan Mackaay）的分析，对被称为第二次浪潮的20世纪50年代末的法经济学，从发轫期、范式孕育期（1958—1973年）、范式接受期（1973—1980年）、范式质疑期（1976—1983年）到成熟期（1983年至今）进行了详细描述。

20世纪90年代至21世纪初，中国法经济学学者将法经济学的起源、发展、与法学和经济学理论派别的关系（传承与冲突）进行了较为完善的梳理，清晰地展现了现代法经济学的发展脉络，为国内学者理解和借鉴法经济学理论做了良好的铺垫。①

第三节 代表性法经济学著作的引入

随着学界对法经济学的关注不断深入，大量的具有代表性的法经济学著作被翻译成中文引入中国。

90年代，上海三联书店、上海人民出版社（格致出版社）组织出版了一系列的当代经济学译库、新制度经济学译丛，里面包含了很多经典的法经济学理论著作，比如科斯的《企业、市场与法律》、诺斯的《制度、制度变迁与经济绩效》、贝克尔的《人类行为的经济分析》、巴泽尔的《产权的经济分析》等。此外，北京大学出版社出版的法律经济学译丛系列、中国政法大学的波斯纳译丛系列、美国法律文库系列、雅理译丛系列，还有中国大百科全书出版社外国法律文库、中国人民大学出版社当代世界学术名著系列、法律出版社等都出版过许多经典的法经济学译作。

从数量上看，被翻译作品数量最多的为法经济学集大成者——理查德·波斯纳教授。波斯纳著述丰富，有所谓"一个人的智库"之称，他的文章常列美国法学界高引榜之上，对美国的法学研究有着历史性的影响，也对中国的法经济学研究产生了重大影响。从1993年著名法学家苏力先生开始翻译他的著作至今，有20多部他的个人独著或合著作

---

① 还有大量文献对法经济学的起源、发展进行了分析。分别见赵和旭《当代西方经济分析法学原理简述》，《江淮论坛》1990年第6期；蒋兆康、田培炎《作为一种法哲学的法律经济学——它的历史、基础和方法》，《中外法学》1992年第1期；顾培东《效益：当代法律的一个基本价值目标——兼评西方法律经济学》，《中国法学》1992年第1期；郁光华《法律的经济分析——现代北美法学流派之一》，《法学评论》1994年第5期；王育才《法律经济学初探》，《法学研究》1994年第5期。囿于篇幅所限，恕不能一一列举。

品被翻译成中文。①

同时，还有《法律的博弈分析》《经济学语境下的法律规则》《无需法律的秩序——邻人如何解决纠纷》《经济学与法律——从波斯纳到后现代主义》《法律经济分析的基础理论》《法和经济学的未来》等几十部经典著作被翻译成中文。从1986年第一部法经济学译作问世到2019年初大约有60部法经济学专著被引入到中国。② 除了学术著作，学者们还翻译了很多法经济学教材，其中罗伯特·考特和托马斯·尤伦编写的《法和经济学》教材，从1994年被翻译成中文，到2012年的第六版，已成为中国最受欢迎的法经济学教科书。这些经典法经济学的译作，为中国学者了解国外法经济学的研究成果及理论前沿提供了更为直观的渠道。

第四节　法经济学分析范式的提炼与完善

范式是库恩在《科学革命的结构》中提出的一个概念，主要用于描述一个领域内研究者们共同遵守的学术规范，解决该领域研究什么和用什么方法研究的问题（魏建，2001）。学者们在法经济学概念引入中国的头20多年里，对法经济学相关的理论基础、分析方法进行了全面的解析与评价。

---

① 苏力教授一人翻译了至少七本波斯纳的著作，包括《法理学问题》《正义/司法的经济学》《法官如何思考》《性与理性》《波斯纳法官司法反思录》《各行其是（法学与司法）》《并非自杀契约》等。蒋兆康、武欣、孙秋宁、徐昕、凌斌、李国庆、周云、沈明、邓海平、李晟、郝倩、黄韬、金海军等学者分别翻译了《法律的经济分析》《法律理论的前沿》《反托拉斯法》（第2版）《证据法的经济分析》《公共知识分子：衰落之研究》《法律实用主义与民主》《法律与文学》《衰老与老龄》《论剽窃》《资本主义民主的危机》《联邦法院——挑战与改革》《英国和美国的法律及法学理论》《卡多佐：声望的研究》以及《法官如何行为：理性选择的理论和经验研究》（李·爱泼斯坦、威廉·M. 兰德斯、波斯纳合著）、《知识产权法的经济结构》（威廉·M. 兰德斯、波斯纳合著）、《侵权法的经济结构》（威廉·M. 兰德斯、波斯纳合著）等著作。

② 史晋川、吴晓露认为1986年张嵛青翻译的《法律和经济》是第一本引入我国的法经济学专著。参见史晋川、吴晓露《法学和经济学半个世纪的学科交叉和融合发展》，《财经研究》2016年第10期。

黄少安是国内最早系统研究产权理论的学者，他的《产权经济学导论》（1995）从哲学基础和理论架构等方法论层面，对理性选择、科斯定理、产权结构和制度演化等新制度经济学理论基础进行了深入分析。沈宗灵（1990）对波斯纳经济分析的理论基础和方法进行了解析。张建伟（2000）认为新法律经济学应以"合作秩序"作为研究对象，进一步拓展其理论框架。李胜兰（1996）、冯玉军（2001、2004）对于法经济学研究的理性人等基本假设、成本收益等基本方法、基本范畴和科斯定理等基本定理进行了研究，并对法经济学的一般理论框架进行了梳理，包括法律成本效益理论、法律市场理论、法律供求理论和法律均衡理论。钱弘道（2003）通过对新旧制度经济学的理论的梳理，对法经济学的理论基础——科斯的交易成本理论进行了深入分析。

魏建（1998、1999、2001、2002）系统、全面地解析了现代法经济学的分析范式。借鉴库恩的范式理论，他认为早期的亚当·斯密、黑格尔、马克思等学者们根据自己的立场对法律与经济之间的关系的阐释，没有成为普遍接受的法经济学分析范式。而现代法经济学则具备了形而上学范式、社会学范式和构造范式共同构成的一个学科领域分析范式，即以个人主义方法论为基础的理性选择理论是法经济学的形而上学范式；科斯的交易成本理论为基础的社会学范式；谈判理论为核心的法经济学构造范式；而法律的博弈分析依然坚持了个人理性最大化假设，它是对谈判理论的一个发展，甚至已经构成了替代。

对于异军突起的行为法经济学，学者们也给予了很多关注。魏建（2003）、周林彬（2004）等学者介绍了行为法经济学的基本理论及分析方法，同时认为，虽然行为经济学提出的有限理性假设对传统经济学理论构成了挑战，但是并不能替代理性选择理论，只是在优化理性选择模型的同时，进一步平衡了法律经济学中理论假设的现实性和可操作性，它只是法律经济学的一个分支，是对主流法律经济学的补充和发展。

1983—2004年间，学者们对法经济学的理论基础、分析方法进行了清晰而又全面的介绍，并提炼出了法经济学的基本分析范式，为法经济学在本土化的应用方面打下了坚实的基础。同时，值得注意的是，学者们在解析法经济学的分析范式时，并不是简单地将外国的研究进行整合，而是基于这些理论的逻辑本身对其进行了评价，发现其缺陷并探索未来的发展路径。[①] 这些研究为法经济学范式的本土化做出了重要贡献。

第五节 法经济学理论与方法的初步应用

在对法经济学基本分析范式研究的基础上，学者们开始将法经济学的理论运用到具体问题的分析之上，主要包括两个方面：一是部门法领域的法经济学分析；二是具体案例的法经济学分析。

一 部门法的经济学分析

在部门法领域，主要是法学学者运用经济学的分析视角，对不同的法律进行了效率分析。从整体看，此时期部门法的法经济学研究主要集中在经济法、商法、合同法等与经济学更为密切的领域，以及刑事法律等法经济学理论比较成熟的领域。

张守文（1992）对经济法进行了法经济学分析。周林彬（1995）认为在发挥资源配置的作用方面，民法是市场的互补形式，商法是市场的替代形式，经济法是市场的补充形式。李胜兰、周林彬、邱海洋（1997）分析了中国经济法律的成本构成和影响因素，并从经济法律的立法方针、结构体系等方面，提出了降低经济法律成本、完善市场经济法律运行机制的思路和措施。刘大洪（1998、1999）对反垄断法及经济法进行了效益—成本分析。王传丽（1999）运用法经济学的观点，分析了反倾销立法的本质和其有限制的合理性，并为完善我国的反倾销立法和实践提出建议。

---

① 比如单伟建（1989）、黄少安（1996）就对交易成本理论的缺陷进行了深入分析。参见黄少安《交易费用理论的主要缺陷分析（上）》，《学习与探索》1996年第4期；黄少安《交易费用理论的主要缺陷分析（下）》，《学习与探索》1996年第5期。

朱慧、史晋川（2001）基于科斯的思路运用成本收益分析方法重新阐述知识产权保护的悖论。谢晓尧、黄胜英（2001）对格式条款进行了法经济学分析。钱弘道（2003）对生态环境保护的法律手段进行了分析，认为在解决生态环境的负外部性问题时，利用税收控制污染与其他管制相比，有很大的优越性。董雪兵、朱慧（2004）对计算机版权制度与专利保护制度的效率进行了对比分析。

卢建平、苗淼（1997）从资源配置的角度，运用经济分析方法分析了刑罚的必要性和可行性。陈正云（1999）对刑法进行了经济分析。桑本谦（2003）对非法证据的采用还是排除进行了成本收益的比较分析。

二 具体案例的经济学分析

经济学领域的学者没有部门法的界分，更多的是由现实的或历史的具体问题出发去研究某一法律制度。国内法经济学对具体案例分析的最早尝试是史晋川（1996），他对计算机软件盗窃案中厂商收益损失确定和计算进行了法经济学分析。李振宇、黄少安（2002）对农民烧秸秆的事例进行了法经济学分析。史晋川、吴晓露（2002）以"三菱帕杰罗"案为例，研究了产品缺陷标准的内生问题。张维迎（2002）针对一个银行取到假币的案例进行分析，认为信誉机制是一种比法律成本更低的维持交易秩序的机制。张维迎、柯荣住（2002）通过对合同纠纷中原告、被告的胜诉情况、违约原因及其裁决等方面的分析，解释了存在于司法过程中的逆向选择效应，发现故意违约并引发诉讼更主要是人们的策略性选择。应飞虎（2002）对不年检公司执照被吊销问题进行了法经济学分析。黄少安、宫明波（2002）以中国首次铁路客运价格听证为例对价格听证会进行了效率分析。黄少安和李振宇（2002）对悬赏广告对主体间合作剩余分配的影响进行了分析。张维迎、邓峰（2003）通过对中国古代连坐和保甲等制度的经济学分析，认为信息成本是决定法律制度有效性的主要因素，法律制度应该随信息成本的变化而变化。李增刚（2003）从协议合作与避免国际公地悲剧视角研究了南极问题。

随着法经济学在我国的不断发展，运用经济学方法来分析法律问题也已成为理论界的一种"时尚"。在此阶段，法经济学的经济分析方法以效率作为目标已经开始全方位渗透。但是当时对于司法制度、诉讼问题的法经济学研究却比较少见，相比而言，在国外，特别是在美国，对诉讼行为或司法制度等问题进行效率分析已经是司空见惯的事情了，甚至出现了所谓"诉讼经济学"的说法。

第六节 作为法学或经济学分支的法经济学：排斥与试探、融合

纵览这一时期法经济学的研究状态，此时的中国法经济学是作为法学或经济学的分支而存在的，在各自的学科内部还没得到广泛认可，甚至被排斥；而法学学者与经济学学者的研究各自独立，尚未交融。

在法学界，法经济学当时作为一种方法而存在，是一种分析工具。法学研究对于经济学理论的运用，并没有和经济学界产生互动，而由于缺乏经济学理论与方法的专业训练，法学领域的法经济学分析显得简单而又生硬，经常出现"两张皮"的现象，被学者们后来称为"幼稚法经济学"；同时，作为一种效率分析的工具，法经济学被主流传统的法学学者排斥，法经济学的研究"难登大雅之堂"。[①] 在经济学界，由于自身的经济学专业优势，经济学者对现实问题的经济学分析运用比较自如；但是，由于法学理论知识的欠缺，经常被诟病基本概念混淆不清，量化方法以偏概全。尽管如此，不得不承认，此时期学者们对法经济学的起源、内涵、理论基础、基本概念和方法进行了较全面的分析。研究数量相对不多，却不乏精品，尤其是 2002 年左右，《中国社会科学》《经济研究》

---

① 这一时期法经济学研究的文章很难在法学专业期刊发表，主要发表在一些综合类期刊上，除了少数的《法制与社会发展》《法学》《法律科学》等杂志，大多数法学核心期刊都难见法经济学研究的文章。同时，由于法学学者的文章理论方法比较简单，经济学专业核心期刊也很难发表。

《法学研究》等顶级期刊发表多篇法经济学相关的优秀成果。①

整体来看，1983—2004 年间的研究偏重于对法经济学基础理论研究，应用、实证（量化）研究相对较少。在早期的引入与介绍中，理论法学领域的学者做了更多的工作，部门法的法经济学研究相对较弱，甚至有些部门法的经济分析还尚未开始。在分析范式的提炼以及法经济学基本理论和方法的解释与推广中，经济学学者做出了更大的贡献。在对具体问题的分析中，经济学界的研究以规范分析为主，量化研究较少。

虽然前期的法经济学研究处于"各自为政"的局面，但随着研究成果的增多，法学界和经济学界的了解逐步加深，越来越多的学者与机构充当起法学和经济学之间的桥梁，促使双方不断走向融合。这一时期，北京大学法律经济学研究中心（2001）、浙江大学法和经济学研究中心（2001）、上海法律与经济研究所（2002）、中山大学法经济学研究中心（2003）、山东大学法经济学研究所等法经济学研究机构相继建立，集聚起法经济学的研究资源。② 更重要的是，由山东大学经济研究院和浙江大学经济学院自 2001 年连续联合举办的中国法经济学论坛，以及其他一些法经济学学术会议，有力地促进了法学界与经济学界法经济学研究的沟通与交流，为两大学科的交融、中国法经济学的真正独立发展奠定了坚实的基础。21 世纪中国法经济学的研究在法学与经济学彼此试探的过程中逐渐兴盛起来。

---

① 随着法经济学的兴起，理论界对其的关注度增强，其中一个体现就是顶级期刊对法经济学的认可。分别见魏建《理性选择理论与法经济学的发展》，《中国社会科学》2002 年第 1 期；张维迎、柯荣住《诉讼过程中的逆向选择及其解释》，《中国社会科学》2002 年第 2 期；张维迎、邓峰《信息、激励与连带责任》，《中国社会科学》2003 年第 3 期；张维迎《法律制度的信誉基础》，《经济研究》2002 年第 1 期；史晋川、吴晓露《产品责任制度建立的经济学分析——对"三菱帕杰罗事件"的思考》，《经济研究》2002 年第 4 期；黄少安、宫明波《论两主体情形下合作剩余的分配——以悬赏广告为例》，《经济研究》2003 年第 12 期；钱弘道《法律经济学的理论基础》，《法学研究》2002 年第 4 期；钱弘道《法律的经济分析工具》，《法学研究》2004 年第 4 期。
② 在此之后，法经济学的研究机构、研究团队及一些专业协会等也随着法经济学的兴盛逐步建立起来，有关名称及建立时间参见黄立君《中国法经济学发展概览》，《山东社会科学》2018 年第 10 期。

第三章 法经济学在中国：本土化与国际化（2005年至今）

2004年以后，随着法经济学基础理论研究的不断成熟，尤其是随着具有法学和经济学双重学术背景的"海归"和本土年轻学者的成长，学界逐渐掀起了一场法经济学研究的热潮。核心以上的期刊发文量有了显著的提升，2005年较2004年翻了一番，之后逐年呈递进式快速增长之势。[①] 在这些研究成果中，除了少量的对法经济学基础理论的研究，大多着眼于中国经济发展与法律变革中的现实问题，逐渐将西方的法经济学发展成中国的法经济学。关于什么是本土化，本书借鉴社会学家谢宇（2018）的观点，从议题的本土化、应用的本土化、分析范式的本土化三个层次进行观察。

第一节 议题的本土化：社会转型中的共同关注

所谓议题的本土化，是指研究对象范畴的本土化，是学者运用法经济学的理论方法，研究中国特有的法律或社会问题，反映的是对当时中

[①] 虽然根据本书开头部分的统计图表显示，法经济学文章在核心以上期刊的发文量在2010年之后进入一个缓慢曲折增长阶段，但是根据其他统计口径的汇总，包括法律的实证分析、裁判文书的研究等，法经济学领域的文章一直呈上升之势。发生这种偏差的原因，一方面在于文献统计口径差异和技术的有限性，另一方面则是因为随着法经济学研究的深入，学者对经济分析的理解更为透彻，在题目的设计上采用了更为精准和新颖的表达，而不仅是简单的经济分析或法经济分析来进行概括。

国各个领域中问题和现象的思考。随着中国改革的不断深入，社会转型期的问题日益突出，引发了法学与经济学界的共同关注。同时，市场经济的发展，依赖于法治环境的建立，中国的发展使得经济与法治的关系受到了前所未有的重视。共同的社会背景让法学与经济学领域的学者找到了越来越多的共同话题，双方的理解愈加深入，法经济学的本土化研究主题逐步融合。

一 法治与经济发展

魏建（2010）认为中国通过对产权的选择性保护促进了长期的经济增长。Cheryl Xiaoning Long（2010）从权利假说的角度出发，运用世界银行的企业级数据来研究中国的法治发展对企业行为的影响，并认为法治将取代关系成为最有效率的治理方式。陈刚、李树（2013）利用法官异地交流实验研究了司法独立与市场分割的关系等。余明桂等（2013）使用双重差分模型分析了中国企业在民营化过程中的产权保护风险。龙小宁、黄小勇（2016）对公平竞争和经济增长的关系进行了研究，对影响我国企业公平竞争官员清廉度与政府规制繁冗之间的关系进行了实证分析。

二 法治与社会转型

桑本谦（2006）对山东农村地区关于修建房屋、婚丧嫁娶和借贷的互助合作规范进行了研究。徐昕（2006）在法院调查的基础上，通过对法官、证人、律师、当事人的访谈，对我国司法转型过程中的证人作用进行了研究。桑本谦（2007）以通奸和黄色短信的法律控制为例，认为受国家支付能力的限制，法律控制的合理边界应当确定在边际控制收益与边际控制成本恰好相等的位置上。黄文平（2007）鉴于对1952—2003年间中国法院诉讼案与经济增长以及不平等诸变量之间实证关系的计量检验，认为现代中国的法治转型，是一个生发于经济增长过程之中的由传统"人治"型模式向现代"法治"型模式转变的演化过程。桑本谦（2014）认为未经公证的赠与承诺之所以不会被法院强制执行，在程序上，是因为证据匮乏而导致法律实施成本过高；在实体上，是因为受诺人承诺的信任超出了合理的限度。

三　法治与社会治理

冯玉军（1998）、艾佳慧（2007）对烟花爆竹的禁放问题进行了法经济学分析。魏建、王安（2012）运用威慑理论和实证的研究方法，解释了在交通条件不断改善的情况下，中国不断地提高对交通违法行为的惩处水平确实发挥了良好的威慑作用。唐清利、何真（2016）通过对日常纠纷的博弈分析发现，当特定组织内部的有执法权的一方进行报复性违约以惩罚相对人的投机行为时，会产生一个制度外的公私权模糊领域和特殊的矛盾纠纷，传统社会矛盾管理机制效率低下。

魏建、宋艳锴（2006）阐述了刑罚威慑的发展历程。史晋川、吴兴杰（2009）对中国流动人口与刑事犯罪率进行了实证研究，发现收入差距、刑罚威慑力、社会资本对流动人口犯罪决策具有重要影响。陈刚、李树、陈屹立（2009）利用中国31个省级单位的两期混合数据发现，大规模的人口流动是导致中国犯罪率急剧上升的原因。陈屹立（2012）认为严打政策对暴力犯罪产生了显著的威慑效应，还存在着后续威慑效应。但对财产犯罪和总犯罪的威慑效应并不明显，这和严打的重点打击对象以及暴力犯罪的占比是有关系的。黄少安、陈屹立（2008）基于中国1978—2005年的实证研究对影响犯罪率的宏观经济因素进行了分析。

四　法治与司法改革

艾佳慧（2006）解释了中国法官为什么会经常流动，她认为中国的法官效用最大化在于收入与地位的提升，而不断地升迁调动会导致法官缺少专业知识的积累，更加依赖上级领导，进而会加重法院管理的行政化。王雷等（2007）在法官最大化个人效用的选择行为基础上，分析了中国法官裁判的影响因素，进而得出社会所获得的公正执法水平。

黄韬（2012）认为不完备法律学说阐释了证券市场上国家权力最

优配置的观点并对"司法弱势"这一现象进行了解释。宁静波（2013）对基层法院的产出效率进行了实证量化研究，揭示了当时法院"案多人少"背后的真实原因。陈若英（2014）通过对法院和市场规制部门的对比，指出提升法院机构竞争力及司法改革日后的建议。龙小宁、王俊（2016）通过对法院系统的历史与实证研究，诠释了法院发展与法治之间的相互关系。常延龙、龙小宁、孟磊（2019）使用行政法案例进行实证分析，发现行政案件异地审理改革有利于解决司法地方保护主义问题。

王俊峰（2014）运用计量经济学方法对民事诉讼率与经济增长、收入差距、城市化以及制度变迁的相关性进行考察，分析这些因素影响民事诉讼率的具体机制。艾佳慧（2017）以诉讼当事人和上诉审法官之间的动态博弈以及我国独有的组织、审判管理视角，对第一审程序的诉权保障功能及进一步构建上诉甄别和筛选机制进行了研究。

五　法治与市场规制

黄少安、赵海怡（2005）对破产企业劳动债权是否应当优先清偿进行了分析。魏建、褚红丽（2007）从股东创业成本最小化与债权人利益保护双重价值的权衡出发分析了中国公司注册资本制度的改革问题。冯玉军、方鹏（2012）就企业、工人双方基于《劳动合同法》框架下的非合作博弈关系，从博弈论以及劳动力供求关系双重角度论证了《劳动合同法》实施困难的必然性及原因。

李睿鉴、陈若英（2012）结合 2011 年首例对赌协议无效案，认为在对赌协议的合法性辨析方面需引入经济学和金融学的视角，针对对赌协议帮助投融资双方应对信息不对称所带来的估值差异并解决代理人道德风险和激励问题进行了研究。

黄立君、杨芳（2012）通过腾讯公司和奇虎 360 恶意竞争的案例，对监管失灵与法律缺失情境下的企业行为选择分析。李胜兰、何朝丹（2012）论述了法律与社会资本在民营企业公司治理中的互动关系，揭示了在中国的转轨经济阶段法律与社会资本在民营企业治理层面的互动关系。史晋川等（2014）对我国的食品安全问题分析认为适当降低食品产业中与安全性能不直接相关的最低质量标准，同时提高惩罚力度与加强政府监管创新，可能是缓解当前中国食品安全问题的一种更好选择。史晋川等（2015）对产品责任和声誉积累之间的关系进行了分析，认为侵权法律制度可以提高厂商非正式声誉机制的执行效率。

六　知识产权保护与企业创新

苗妙、魏建（2014）考察了知识产权行政执法中处理和调解这两种不同的纠纷解决方式对企业创新激励的不同影响，从企业创新激励的角度为知识产权纠纷行政执法偏好的选择提供了新的解释。王俊、龙小宁（2016）基于福建省德化县实施的版权本地免费登记政策这一"准自然实验"，运用倍差法研究了版权保护政策对企业绩效的影响。龙小宁等（2018）从立法制规保护、司法保护、行政保护三个维度构造省级层面的知识产权保护指标并与上市公司专利数据匹配，定量测算了知识产权保护的价值。龙小宁、林菡馨（2018）运用双重差分模型研究得出，政府培育专利保险市场有利于推动企业创新。

七　土地与住房问题

冯玉军（2007）、李长健等（2008）通过对房屋拆迁和土地征收中的权力、权利和利益问题进行博弈论和模式化的分析，探讨了现行拆迁制度的利弊得失。朱宪辰、李平（2005）通过理论分析证明了城镇住宅小区，共享资源业主自治合作均衡的存在性，以此分析了当时出台的城镇住宅小区物业管理法规的必要性。朱宪辰、高岳（2007）针对中国物权法变迁过程中的条款矛盾和蕴藏的利益冲突进行了研究。黄少安、刘明宇（2008）对《农村土地承包法》中农地产权安排的内在权利冲突及其在经济上的后果进行了分析，主要探讨农地承包制对农业投资水平和技术选择的影响。魏建（2010）研究了失地农民权益的保护问题。张广辉（2012）研究了农地征收中的产权问题。

从中国的法治与经济增长、社会转型的一般性议题，到严打、"禁放"、食品安全、土地流转、劳动合同、农民权益、企业创新、人口流动与犯罪、知识产权保护、司法改革等中国社会发展过程中产生的一些热点问题,中国问题成为法经济学学者研究的重点,相似的本土化议题打破了法学与经济学研究的界限,为双方的交流提供了共同的话语。

第二节 应用的本土化:实证量化分析的共同认可

应用的本土化是指将法经济学理论通过创新、改良应用到中国一般性问题的研究中。在此时期,主要体现在学者将法学与经济学理论相互结合、实证量化方法的广泛运用上。

一 法学实证研究推进下的法经济学本土化

从20世纪80年代法经济学引入中国到21世纪初,中国法经济学研究中定量的实证分析问题还比较缺乏。[①] 自2005年以后,这一状况逐步得到改善,实证分析甚至成为最受欢迎的主流分析方法。这一进步首先要归功于法学领域实证研究的推动。

实证研究作为社会科学一种重要的研究方法,从案例分析、田野调查到数据统计、计量分析,被广泛地应用到社会学、政治学、经济学、法学等领域。在中国,法学的实证分析早先并不被认可,但随着传统法解释学及社科法学研究方法在解决某些问题上的能力不足日益彰显,法学研究方法的转型越来越受到学界的关注。[②] 虽然法学界对于向何种研究方法转型尚没有形成统一定论,但是多元化研究方法(包括实证分析方法)的推行,已经成为大多数学者的共识。[③] 之前在法学界比较流

[①] 中山大学周林彬教授曾经在2006年的法经济学论坛上以2004年、2005年的与会文章为研究对象,对法经济学的实证研究进行了分析,参见史晋川、朱慧《法经济学在中国的新进展——第四届中国法经济学论坛综述》,《经济研究》2006年第6期。

[②] 法解释学是法学的传统研究方法。左卫民:《法学实证研究的价值与未来发展》,《法学研究》2013年第6期。

[③] 左卫民:《法学实证研究的价值与未来发展》,《法学研究》2013年第6期。

行的实证分析更多的是个案分析，不同于实证量化分析。个案分析虽然能够着眼于实践的问题，但很难得出具有普遍意义的结论。鉴于此，一些法学学者开始致力于推动基于现实数据的实证研究，并试图从简单的统计分析向回归分析、方差检验等计量分析努力。张永健、程金华（2018）对法律实证分析的内涵与社科法学实证分析的关系，进行了全面而又深刻的分析，展现了中国法律实证研究的近况。

北京大学的白建军、西南政法大学的左卫民等法学著名学者在实证研究方面做出了很多努力，取得了一系列成果。[①] 白建军（2006）在《中国社会科学》上以最高法院示范性案例中的全部"死罪"案例为样本，对死刑的运用进行了法律解释学的实证研究。之后，白建军（2010、2016、2017）又运用相关数据，对罪因、罪行、刑罚、量刑预测、中国民众的刑罚偏好等问题进行了实证研究。这些研究成果在较好地运用实证量化分析的同时，能与法解释学的分析有机结合，得到了学界的高度认可，都发表在《中国社会科学》《法学研究》等国内顶级期刊上。

左卫民（2005）对刑事诉讼法进行了经济分析，之后一直致力于司法改革、交叉学科的法律实证分析。在他的推动下，四川大学法学院自2016年开始举办中国法律实证研究年会，围绕大数据、司法、部门法等进行实证研究的交流与探讨，联络了很多法经济学研究者，影响力越来越大。同时，法学实证分析的兴盛，吸引了很多的年轻学者，特别是很多海外学成归来的学者投入其中。[②] 他们在国内外受到过良好的法学教育及实证分析训练，为解决法经济学分析中的"两张皮"问题奠定了坚实的基础。[③]

[①] 关于法律实证研究的兴起与发展，参见陈柏峰《法律实证研究的兴起与分化》，《中国法学》2018年第3期。他认为最早从事法律定量研究的是白建军教授，他从20世纪90年代就开始对刑事法律问题展开定量研究，并延续至今。

[②] 随着国家对海外人才的引进，大量的"海归"学者投入到法经济学的研究中，像在法经济学领域比较活跃上海交通大学的程金华、清华大学的何海波、北京大学的陈若英、中国台湾中研院法律所的张永健等年轻学者都毕业于世界知名大学。

[③] 张永健关于法律实证研究的最新研究成果，全面梳理法律实证量化研究的方法，不仅为入门者提供了很好的借鉴，同时也展示了很多中国年轻学者运用法律实证研究的优秀成果，参见张永健《量化法律实证研究的因果革命》，《中国法律评论》2019年第2期。

二 司法裁判文书公开与法经济学的本土化

法经济学实证量化研究中面临的最大困境就是数据的不可得性。特别是在司法制度相关的领域，很难获得公开的数据。而司法裁判文书承载着很多重要的法律与个体信息，能够很好地反映法律的运行对个体的激励作用。因而，对司法裁判文书、案例的分析一直受到学者的青睐。2014 年以前，学者们只能通过最高法院公开的指导性案例或其他一些渠道公开的案件来进行分析。2014 年之后，随着中国法院裁判文书在网络上的公开发布，法经济学的实证研究找到了更广泛的应用空间。

2014 年之前，白建军（2005）刑法的量化实证分析以最高法院示范性案例中的全部"死罪"案例为样本进行法律解释学的实证研究，通过 Logistic 回归分析发现审级制度可能比较有效地控制死刑立即执行的规模，而能否有效控制死刑本身的适用规模却值得怀疑。于立、冯博（2012）运用国外法经济学关于判例的法经济学分析视角，审视了最高人民法院首个指导性案例的作用。潘越等（2012）研究了专利权诉讼的提起、判决以及审理时长等诉讼细节对原、被告企业创新活动的影响，揭示了司法诉讼对原、被告创新活动的影响机理。龙小宁、王俊（2014），Cheryl Long、Jun Wang（2015）以《最高人民法院公报》上 1985 年以来的知识产权案例为研究样本，认为民事诉讼中原、被告与审理法院在行政区划上的位置关系对法院判决结果会产生影响，发现了司法地方保护主义方面的相关证据。

2014 年之后，大量以法律裁判文书为基础的研究涌现出来。[①] 黄辉（2015）基于司法案例的实证分析，从债权人保护功能的法经济学视角，分析了我国公司资本制度改革的正当性。褚红丽、魏建（2016）通过对 2014 年中国法院公布的受贿罪一审判决文书进行分析，发现腐败金额越多，判刑时间越长，但判刑增加的力度随着腐败金额的增加而减少，惩罚力度呈现出边际递减现象。2017 年四川大学法学院左卫民

[①] 关于裁判文书的文章数量很多，囿于篇幅的关系，本书不再进行列举。

教授主编的《中国法律实证研究》一书中大多数文章都是依据公开的裁判文书。田燕梅等（2018）对著作权案件中的原告起诉请求金额与法院的判决额之间进行了对比分析。魏建等（2019）对版权侵权案件中司法的弱保护问题进行了分析。褚红丽等（2018）发表在《经济学（季刊）》上的《职务级别、法律制度设计与腐败惩罚扭曲》，发现了我国腐败惩罚扭曲问题的背后原因，是首篇发表在经济学权威期刊的基于司法裁判文书统计数据量化分析的文章。[①] 褚红丽、魏建（2018）则主要实证分析了2015年刑法修改对腐败惩罚的影响。

在应用本土化方面，法学界发挥了重要的推动作用，相较而言，经济学界的推力则稍显逊色。这一方面归因于经济学学者先天的技术优势，进步空间有限；另一方面可能缘于经济学研究的范围比较宽泛，法经济学研究经常与政治经济学、制度经济学、金融学等领域混同，从而很难辨析出经济学界对法经济学研究的一种专有推动力。

应用的本土化，不是简单的实证分析方法的运用，而是体现在青年学者对它的认可，这种认可为法经济学实证分析打下了坚实的智力基础。随着实证量化研究越来越多，特别是基于裁判文书的研究的增多，挖掘出很多新问题，为我国的法律体系完善和司法改革提供了有力的理论支撑。

第三节　分析范式的本土化：中国经验的共同探索

范式的本土化是指结合本土的经济学理论和法学理论，对现有的法经济学理论进行批判、创新，进而形成新的法经济学分析范式。范式本土化的根源在于中国和西方文化、法律等起源与发展的历史性差异。这一时期的学者们对法经济学分析范式的本土化也进行了积极的探索，表

---

① 在基于裁判文书的实证研究中，运用量化分析的还不是很多，而且主要发表在综合类期刊上。这篇文章的发表从某种程度上说明，这种基于裁判文书的量化分析得到了经济学界的认可。

现为对西方分析方式下议题、基本概念、分析框架及研究结论的反思，以及中国历史、文化及本土经济学、法学等理论的挖掘与传承。

苏力（2006）对"海瑞定理"的经济学解读，展示了中国历史中著名的清官海瑞在审理案件的分析判断中实际隐含的强劲经济学逻辑及其普遍性。桑本谦（2008）接续了苏力对"海瑞定理"的解读，进一步从技术和制度层面挖掘这些司法经验的经济学内涵。对中国历史司法经验的经济学解读，关注到了范式本土化的历史根源，不仅开拓了法经济学研究的新领域，也为中国法经济学分析范式的完善提供了一个新思路。

史晋川（2006）认为通过研究自由市场经济理论体系和混合经济理论体系的演变及其两个经济理论体系间的相互关系才能清楚法经济学在经济学理论谱系中的位置，这一结论为法经济学分析范式的演进提供了经济学谱系的思考。魏建（2006）以网络游戏虚拟财产这样一种新型的财产作为分析对象提出了一个新的产权界定原则。魏建（2006）认为博弈分析提供的特定环境下主体间互动的分析框架更适合进行法律分析，博弈分析成为新的主流分析范式；"理性"概念可以从形式和内容两个方面进行精炼，形成"新理性选择理论"，并以此引导法经济学向更加实证的方向发展。

李树（2008）通过对行为经济学和行为法经济学的研究，认为以主流法经济学为"主流"和"主导"，以行为法经济学为"补充"和"完善"，将是未来法经济学发展的基本格局。艾佳慧（2013）认为当来自域外的法律经济学理论不能有效回应和解释当代中国问题之际，正是中国学者在理论上有所突破和创造之时。鲍金红、郭广迪（2015）研究认为马克思对资本主义生产关系的分析之中，实际上先于科斯提出了交易成本思想、企业理论、产权理论和法经济学思想，这一点对全面认识马克思的经济学说与西方经济学之间的关系具有启示意义。

冉昊（2018）对财产法中法经济学采用的在纠纷发生后通过效率分析来重新确定权利顺位高下的"事前研究"方法进行了反思，认为在我国财产法制的建设中，必须专注我们特殊的历史起点。周林彬、王睿（2018）对新时代法治建设的新特点、新趋势、新问题进行了分析，目的在于找寻法治与经济的中国经验。

在对中国法经济学分析范式的探索中，学者已经开始关注到中国历史、文化传统与西方社会基础、马克思理论与西方法经济学、传统经济学与行为经济学、虚拟经济与现实经济等很多重要问题，提出了中国法经济学发展的建议，甚至提出了某些新的概念与理论，但是尚没有形成中国法经济学的分析范式。

第四节 中国法经济学的国际化

回顾中国法经济学的历程，从20世纪80年代概念的引入，到90年代的学习、模仿、尝试，再到21世纪的对本土化问题的关注与深入研究，中国法经济学研究在本土化的过程中日益强大。同时，作为法经济学的一部分，中国的法经济学在本土化的同时，也呈现出国际化的趋势。

一方面，随着越来越多的海外学者回到中国，带来了很多国际前沿的理论、方法及资源平台，为中国的法经济学注入了国际化的力量。一直致力于法经济学研究推广的熊秉元以及当前在法经济学界比较活跃的龙小宁、陈若英、程金华、何海波、张永健、刘庄等学者均在国外名校受过系统的法经济学训练，他们的研究开阔了中国本土化研究的视野，也为国内学者引进了国际前沿的理论方法。[1] 同时，学者的回归也带来了很多资源，比如美国芝加哥大学北京中心，即为促进学者与学生的跨学科研究而设立，而2011年起开办的芝加哥大学法经济学暑期项目也为国内学者了解国际前沿提供了一个宝贵机会。"海归"学者们使中国法经济学与国际接轨，能够时刻追踪国际前沿。

另一方面，中国法经济学学者在国外期刊的发刊数量不断增多，国

---

[1] 张永健对于量化法律实证分析方法的介绍对入门学者有着很强的借鉴意义，参见张永健《量化法律实证研究的因果革命》，《中国法律评论》2019年第2期。

际学术影响力也在不断提升。龙小宁（2010）在法经济学顶级期刊 *Journal of Law and Economics* 上发文，探讨了中国法治对企业行为的影响，2015 年又与王俊在 *International Review of Law and Economics* 上发表 "Judicial Local Protectionism in China: An Empirical Study of IP Cases" 一文。Lin Yu-Hsin、Chang Yun-chien（2017）在 *International Review of Law and Economics* 上发表了 "Does Mandating Cumulative Voting Weaken Controlling Shareholders? A Difference-in-differences Approach"。刘庄（2018）通过实验说明了说理能够降低法官的道德偏见，发表在 *Journal of Legal Studies* 上。另外，*American Law & Economics Review*、*Chicago Journal of International Law*、*China Economic Review* 等其他国际期刊上也可以看到中国法经济学学者的成果。① 这些成果不仅反映了学者们先进的技术方法及深厚的理论功底，也反映了法经济学界对中国问题的关注及研究成果质量的认可。同时，中国很多期刊的外文版，如 *Social Sciences in China*、*China Legal Science*、*Peking University Law Journal* 等，也将中国学者的成果推向了世界。

如今，中国学者的视野愈加开阔，越来越多的国际期刊和出版社开始认可中国法经济学的研究成果，而中国的期刊和出版社也将中国的成果不断地推向世界，中国法经济学成果的国际发表数量会越来越多，中国法经济学的国际化是一股潮流也是趋势。与此同时，应该认识到，法经济学研究的国际化不应是为了迎合国际期刊发表标准，而对量化实证研究的简单趋同。中国学者应立足中国当下的问题，提高方法论运用的严谨性，积极地参与到国际学术交流活动中，在批评与学习中提升自己。

总结这一阶段的研究可以看出，学者们在研究议题的选取上更多地受到中国社会发展的影响。在法经济学理论、方法的应用上，研究成果

---

① 囿于能力和篇幅所限，本书没有列出所有的在国外发表的法经济学成果，只梳理了近在中国的学者发表在顶级法经济学期刊上的成果，还有许多国外工作的华裔学者或国外在读博士的优秀成果出现在法学或经济学期刊上。*China Economic Review* 等关注中国问题的国际期刊也有力地推动了中国研究的国际化。

更多地受到本土经济学、法学两大学科研究理论发展的影响。新制度经济学、新政治经济学、行为经济学、马克思主义政治经济学在中国的发展，以及法学实证研究的崛起与盛行，带动着法经济学的理论分析与实证方法更为精深。范式的本土化则受到历史、文化、社会、传统、技术等诸多方面的影响。

同时，法学与经济学在法经济学的发展过程中逐渐融合。这种融合的动力既来自中国发展的外部大环境，也来自本学科发展的内部小环境。共同的研究问题，引发了共同的使命感，让法经济学学者有了共同的目标；分析方法的统一，让不同领域的学者有了共同的语言；海外教育背景人才与本土学者的联合，让法经济学的融合更具国际化水准。内外部动力推动着法经济学由幼稚走向成熟，现在的中国法经济学已经成为一个独立的交叉学科。

在法经济学本土化的过程中，还有一些力量推动着本土化的发展，值得一提的是学术期刊的认同与支持。如前文所述，曾经的法经济学研究很难得到专业期刊的认同。时至今日，这一状况已大为改观，随着法经济学研究水平和影响力的提高，学术期刊对法经济学的接受度越来越高。除了《中国社会科学》《法学研究》《经济研究》"三大刊"，《管理世界》《经济学（季刊）》《中国经济问题》《中国法学》《法商研究》《法学论坛》等专业期刊也开始认可法经济学的研究成果，同时还有很多综合类期刊，如《广东财经大学学报》《山东大学学报》（哲学社会科学版）等为法经济学实证研究开辟专栏。这种认同一方面使得法经济学的研究成果得到广泛传播，扩大了影响力；另一方面也激励着年轻的学者不断深入、创新研究，勇攀高峰，向着世界顶级学术期刊迈进。

第五节　中国法经济学的未来

法经济学是法律、经济和政治的相互交融、有机整合的一个学科。我国的各项改革正在深入推进，市场经济的发展和国家治理体系的完善涉及越来越多的政治、法律等深层次的问题，法律经济学为分析和解决这些问题提供了多元的方法和途径。法经济学在中国 40 来年有了蓬勃的发展，从"取经"到"模仿"，再到"本土化""国际化"，中国法经济学研究人才越来越多，研究成果数量及水平不断提升。① 中国的改革和发展为法经济学的研究提供了良好的素材和机遇，但前路漫漫，依然任重而道远。一方面，现有的西方经济学理论包括法经济学理论在对中国问题的解释中，存在解释力不足的问题；另一方面，科技的进步、虚拟世界的发展使得当今经济世界的运行机制变得越来越难以把握。传统的经济学、法学理论的解释力也正在不断下降。

未来的中国法经济学应当关注以下几个方面：

第一，大数据推动下的实证分析的深入。大数据是技术发展的产物，在其推动下的实证研究，在趋势预测、主体决策方面发挥了很大作用。然而，在运用大数据分析的时候要注意大数据自身的特点与缺陷。法经济学的研究在运用大数据的同时，也要注意运用"小"数据。对于数据分析而言，在进行整体性描述时往往具有一定的优势，然而由于单体价值较低，在一定程度上会导致对个体的忽视，甚至对大数据背后的政治、社会以及司法制度等多重化背景进行忽略，进而导致在进行实证研究时无法进行深入细致的分析，难以反映所研究对象的本质性内容。长久以来，通过选择样本对小数据进行实证研究为法学实证研究的主要研究方式，主要通过深度访谈以及调查等方式实现定性数据的获得。对于研究者而言，通过对小数据内容的分析与挖掘能够将内容进行细致的应用，进而增强研究的深度，虽然此种研究方法与大数据研究存在一定的差异，但是仍然具有一定的学术价值。

为克服上述缺陷，可以加强多元化研究方式的应用。比如基于裁判文书的实证研究中，可以通过大数据与小数据研究方法相结合的方式对文书数据与司法实践之间的间隙进行补充。裁判文书公开带来的大数据实证研究对于小数据研究并非绝对性消灭，在当前面临大数据研究在数

---

① 近些年，中国的法经济学专业的博士和硕士数量也在不断增加，参见黄立君《中国法经济学发展概览》，《山东社会科学》2018 年第 10 期。

据不足以及技术运用不深入的情况下,将大数据研究与小数据研究结合,进而实现对研究结论的共同验证为可取之道,小数据研究的存在提供了精细化的研究思路,进而使得大数据的研究趋于细致化,而大数据因其资源的丰富性,进而对小数据的科学性进行提升,二者相辅相成、互为补充,进而增强学术研究的价值。因此对于研究者而言,在进行裁判文书实证研究时,不仅需要对裁判文书的背景等内容进行留意,同时也要在裁判文书之外,对小数据进行收集,例如通过访谈等方式,进而对大数据得到的结论进行核实与校正,以实现研究的真正目的,进一步推动实证研究的进步与法经济学的发展。

第二,与虚拟世界、人工智能有关的权利边界问题。互联网与计算机技术的发展,将人类带入了信息化的智能时代。日趋扁平化、多元化、复杂化的社会结构,对传统的经济学和法学理论,以及其他社会科学都提出了极大的挑战。挑战也是机遇,与之有关的权利边界问题正是法经济学可以大施拳脚的领域。

第三,司法改革中的问题。在中国的法治进程中,司法发挥着不可替代的作用。近些年的司法改革对司法体制进行了重大变革,势必会反映到经济主体之上,对其行为产生影响。司法改革的结果以及对每一个身处其中的个体的影响值得关注,也将成为法经济学本土化的一个重要实践。

第四,实证、量化分析的缺陷及克服。计量分析方法一直被人诟病的原因在于,它可能遗漏了重要的影响因素,同时统计得来的数据也可能是不可靠的。以裁判文书的计量分析为例,虽然基于诉讼判决的实证分析越来越多,得出了很多独特的见解。但同时,我们应当注意到裁决本身涉及的案件(样本)可能只是这个社会纠纷中极少的那一部分,对某些问题的解释并不具有普遍代表性。所以,法经济学的研究要特别注意不要将量化分析泛化,在运用上一定要严谨,并尽可能完善量化的方法,减少技术层面的干扰。

第五,在分析法律对经济行为、经济活动规律的影响时,也要注意多维度考虑文化、政治、社会等因素的影响。同时,在建构中国法经济学的理论架构时，注意"特殊性"和"普适性"的结合。法经济学的本土化，或者说中国法经济学的建构，并不意味着全盘中化或处处凸显与西方理论的不同。中国的法经济学发展可以也应当对法经济学整个学科有所贡献。

正如法经济学重要的一位奠基人——卡拉布雷西所说："在当今世界，没有哪个国家对全球未来的影响比中国更加重要。中国法律和中国经济系统的发展将影响法和经济学在全球发展的趋势。在这个重要意义上，中国就是未来。"[①] 当下的中国进入到一个全新的发展时期，这为中国的法经济学学者，甚至全世界的学者提供了一个绝佳的研究契机。中国法经济学的未来，应当立足于中国的本土之上，同时关注全世界人类发展的一般性、普适性问题，产生不仅能够推动中国发展，而且具有国际影响力的研究成果。

---

① ［美］圭多·卡拉布雷西：《法和经济学的未来》，郑戈译，中国政法大学出版社2019年版，封底页。

第四章　法学与经济学研究的交融：基于顶级权威期刊的分析[*]

　　法经济学在中国的发展与未来离不开法学与经济学两大学科的交叉融合。通过对《中国社会科学》《经济研究》《管理世界》《经济学（季刊）》《中国法学》《法学研究》六大经济学和法学的顶级权威期刊在2000—2019年度发表的250篇论文中发表时间、作者特征、合著情况和研究主题等方面进行分析，研究表明法经济学近些年的发展以经济学界为主导；综合性研究机构和双重专业背景学者占据优势；论文多元化合作趋势愈加明显；两大学科基于不同的研究起点和落脚点，共同推进着法经济学的本土化研究。中国法经济学的未来依赖于法学界和经济学界的相互尊重、合作和借鉴。

第一节　引言

　　法经济学作为一门新兴学科，起源于20世纪60年代的美国。在法学与经济学的分析方法上，法学分析存在忽略效率的问题，经济学分析存在缺失公平的问题，两大学科的契合能够取长补短，实现社会资源和社会福利在法律当事人之间的最优配置，从而促使法学和经济学的融合发展成为一种新趋势，曲振涛（2005）指出法经济学的研究对象是法律制度原则与经济效率及公平的关系，法经济学是在法律研究中加入了

---

[*] 本章特别感谢许丽君同学在文献整理、分析方面所做的重要贡献。

经济效率的因素，清楚地放大了法学研究中正义和公平的含义，实现了法与经济的良性循环。20世纪80年代，有关"法经济学"的概念在中国首次出现，到目前法经济学在中国发展将近40年，为分析近些年中国法经济学的发展态势，本书选择以论文成果为切入点，以中国知识资源总库的期刊论文为基础，收集发表在2000—2019年全国中文核心期刊和CSSCI收录期刊的法经济学论文，把"篇关摘"[①] 检索条件设置为"法经济学""法律经济学""法和经济学"和"法经济分析"[②]，四个检索词之间以逻辑检索技术中的"或含"为检索算符，进行"精确检索"，搜索到1291篇文章。通过图4-1可以得出，以2002年为开端，中国的法经济学研究进入高速发展阶段，在2008年达到第一个研究高峰期，2016年左右，中国法经济学研究进入了沉静期。当前阶段对经济和法治的高度重视为中国法经济学提供了良好的发展契机，中国法经济学的具体发展态势如何？在此背景下如何在现有的基础上实现法学和经济学更好地融合？法经济学未来走向何方？都是值得梳理和研究的重

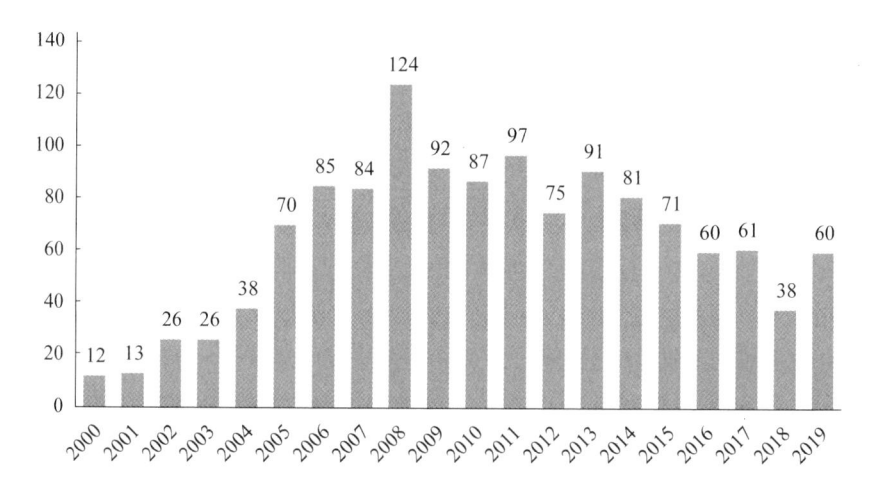

图4-1 2000—2019年核心与CSSCI期刊中法经济学主题的论文数量

[①] "篇关摘"是指篇名、关键字和摘要。
[②] 概念名称的不同体现了不同专业和学者在该领域研究问题和方法的差异性。

要议题。为进一步深入研究,本书搜集了2000—2019年度经济学和法学的顶级期刊发表的法经济学论文成果,对论文的发表时间、研究主题、作者特征和研究方法等方面进行实证分析,研究中国法经济学的发展现状与未来走向。

对已发表期刊论文信息进行统计分析,能够了解某一学科或领域研究现状和趋势,熊谋林(2014)聚焦于三大国内法学领域期刊,分别对《中国法学》《法学研究》《中国社会科学》发表论文的引证文献进行统计分析,得出中国法学研究方法的特点;王庆芳、杜德瑞(2015)聚焦于四大国内经济学领域的权威期刊,分别对《经济研究》《中国社会科学》《管理世界》《经济学(季刊)》中发表的经济学论文进行统计分析,得出中国经济学的研究现状和趋势;孙圣民(2016)则聚焦经济学和史学四大权威期刊,分别对《中国社会科学》《历史研究》《经济研究》《经济学(季刊)》发表的经济史论文的诸多信息进行统计,分析出国内经济史研究中经济学范式应用的现状。借鉴以上论文,本书选取综合类、经济学和法学的权威期刊进行统计分析。《经济研究》和《管理世界》分别作为经济学和管理学期刊中排名第一的期刊,《经济学(季刊)》则作为综合性经济学科中除《经济研究》以外排名最高的期刊,以上三种期刊都在经济学领域具有极高的权威性;《法学研究》和《中国法学》在法学研究领域具有一定的权威性,其取得的成果、反映的学术前沿及影响力为学界所公认;《中国社会科学》在综合性人文社会科学的排名中也是当仁不让的首位,在经济学和法学研究领域都具有较高的权威性。[①] 因此,本书选择《中国社会科学》《经济研究》《管理世界》《经济学(季刊)》《中国法学》和《法学研究》六个经济学和法学的顶级权威期刊进行统计研究。对于不同类型的期刊,法经济学的研究内容存在差异,因此,需要对选取论文的标准进行一定的界定。对于发表在经济学期刊的论文,主要判断其研究内容是否涉及

[①] 目前,人文社科类期刊被普遍认可的标准主要有两个:一是中文社会科学引文索引系统(简称CSSCI);二是北京大学的人文社科期刊排名。

法经济学的理论研究（有限理性理论、效率与公平）和法律制度对经济的影响研究（司法改革和一些部门法律制定的经济效应），对于发表在法学期刊的论文，主要判断其研究内容是否使用了经济理论和研究方法（成本—收益理论、理性人假设、经济效率、数据图表和公式）。[①]六个期刊中排除书评和会议综述等文章，最终得到250篇法经济学论文。下面，本书借鉴孙圣民（2016）对经济史论文的统计分析，逐项统计期刊和入选论文的七个指标，即：（1）期刊发表法经济学论文的数量和时间趋势；（2）论文运用经济理论和定量方法的频率；（3）论文参考文献和注释的使用情况；（4）论文作者个体特征；（5）论文合作情况；（6）论文研究主题；（7）论文的被引用率。通过统计分析能在一定程度上展现当前我国法经济学的发展现状，也为法经济学的未来发展趋势提供一定程度的参考价值。

第二节 法经济学论文发表数量和时间趋势的动态考察

一 论文数量：法经济学被视为经济学和法学的重要研究领域

无论是论文发表总数还是年平均发表篇数，通过表4-1的数据来看，经济学界都占据一定的优势，但是两者差距并不明显，法经济学同样受到经济学界和法学界的重视，经济学界更甚。值得一提的是，近年来法经济学一直保持着平稳的发展态势，中国法经济学论坛的召开一直功不可没。"中国法经济学论坛"由浙江大学的史晋川教授和山东大学的黄少安教授共同商议筹办。首届"中国法经济学论坛"于2003年在山东大学成功举办，每年举行一届。最新一届是2020年在中山大学举办的第十八届中国法经济学论坛。作为中国法经济学领域内最高水平、最高层次的学术论坛，致力于为法经济学学者的理论基础和应用研究创

[①] 随着近年来实证分析方法在法学领域的发展，数学图表的应用这个标准相对而言较为宽松，因此这个标准并非核心标准，经济理论和研究方法的应用才是核心标准。

新提供交流合作平台,如今已成为该领域跨学科和跨院校学术交流与合作的重要成果的展示平台,推动中国法经济学进入到一个崭新的发展阶段,历年论坛聚焦于法经济学的本土化发展、基础理论和应用研究、法学与经济学的交叉融合等主题。近年来我国处于经济体制和法治建设的重要时期,立足经济社会发展和立法司法实践,论坛参与高校数量的增加,参加学者的多元化,入选论文质量显著提升,促使中国法经济学论坛影响力不断扩大,国际化水平得以提升。《经济研究》期刊也刊登了14次中国法经济学的论坛综述,通过往年召开信息来看,论坛一直是以经济学界为主力,从另一个侧面展现出法经济学发展目前以经济学界为主导。

表4-1　　　　　　　　法经济学论文发表数量和比例

期刊	期刊类型	时间跨度	总篇数	年均篇数	年均占期刊论文总数的比例(%)
《中国社会科学》	综合类双月刊(2012年改成月刊)	2000—2019年	41(包括经济学和法学栏目)	2.05	1.76
《经济研究》	经济类月刊	2000—2019年	74	3.70	1.90
《管理世界》	经济类月刊	2000—2019年	23	1.15	0.04
《经济学(季刊)》	经济类季刊	2001—2019年	30	1.50	2.20
《中国法学》	法学类双月刊	2000—2019年	55	2.75	2.42
《法学研究》	法学类双月刊	2000—2019年	27	1.35	1.56

二　论文发表的时间趋势:中国法经济学研究一直保持平稳发展

通过图4-2和图4-3可以看出,在经济学界,《经济研究》发表的论文高峰出现在2004年、2013年和2016年,近年来发表的论文数量上保持平稳;《管理世界》的发表情况是前期相对较少、近几年数量增多,但是并未达到一定规模,短论和专栏占据一定比例;《经济学(季刊)》的论文发表数量在2002年和2012年出现小高峰,尤其是

2002年设立法经济研究的专栏之后。① 在法学界，《中国法学》发表的论文数量上保持平稳，相对而言，《法学研究》数量较少，仅有的论文发表数量高峰出现在2016年。

从数量上看，经济学界和法学界在论文发表时间趋势上大致相同，内容上，法经济学前期研究侧重理论研究的规范分析，近期实证方法在法经济学中运用逐渐成为一种新趋势。在理论分析方面，因为法经济学作为一种法学流派、一种交叉学科或者研究方法，最先是从国外的法经济学理论引荐和翻译开始的，因而作为法学基础理论和方法论的法理学独具先天性的优势。法学家将经济理论（尤其是微观经济理论）和经济分析范式视为分析法律传统问题的一种工具，与经济学界相比，法学范畴下法经济学分析更加系统和规范。钱弘道（2002）梳理了法经济学的理论基础，从凡勃伦传统到康芒斯的交易概念，再到科斯的交易成本和科斯定理，是法经济学雄厚的理论基础，科斯定理构建了用效率原理去解释法律制度的桥梁，认为所有法律活动以资源的有效配置，即效率最大化为目的，因此所有法律活动都可以用经济的理论方法进行分析；具体到法律的经济分析工具的应用上，法律市场假设是经济分析的前提，法律市场供给与需求、成本与收益分析方法是法律经济分析的重要工具。丁以升（2003）指出来自经济学的方法论个人主义和方法论主观主义也被认为是法律经济学的重要方法论基础。魏建（2002）选择"理性选择理论"视角对法经济学的发展轨迹进行评述，纵观法经济学理论是理性选择理论的应用、深化和反思的发展过程，以传统价格理论为基础的谈判理论曾是法经济学的主流分析范式；博弈论在经济分析方法中得到广泛应用，由于博弈论分析范式更适合分析法律等非市场制度，研究的对策行为与法律规则作用下的行为人的行为模式更相一致，也逐渐成为目前法经济学的主流分析范式；行为法经济学作为一种新兴经济学科，成为法经济学正在成长的分析范式。但近年来随着实证

---

① 2002年是《经济学（季刊）》的创刊之年，第一年便设立法经济学专栏，这一方面展现了《经济学（季刊）》的国际化程度，也凸显早期阶段经济学界对法经济学这个新兴领域的包容程度。

方法的兴起，法律实证分析方法的应用成为我国法学研究自身发展必须面对的一个重要问题（白建军，2000）。很多法学学者局限于自身经济知识储备的不足，无法熟练应用经济理论方法，尤其是计量经济学的数理模型统计分析知识的应用技能远远落后于经济学家，形成了法学界在法经济学研究中相对滞后的现象。

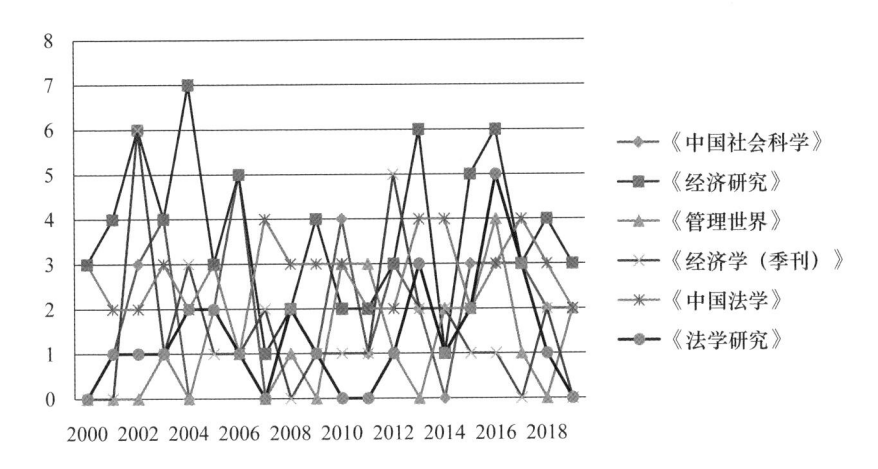

图4-2 论文发表时间数量趋势折线图

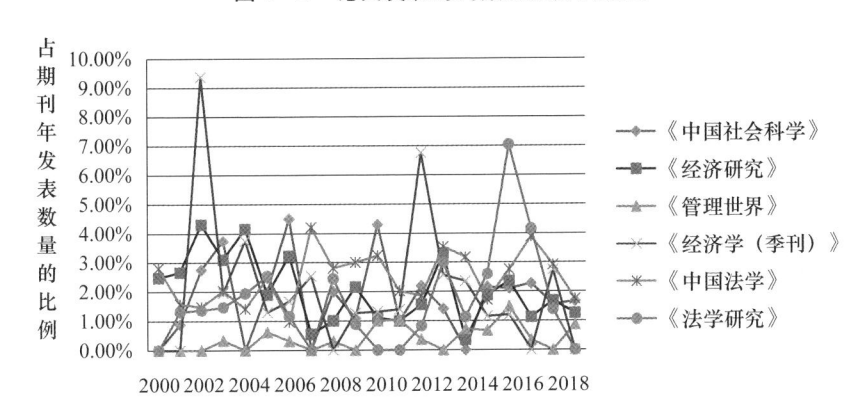

图4-3 论文发表比例的时间趋势折线图

第三节 经济理论和定量分析的使用

经济学期刊所刊登的论文数量呈现明显的数量化特征，这与经济学科本身的属性相贴近,《中国法学》和《法学研究》中应用数学公式的比例则少之又少(数学公式在经济研究中也不是必需品,并且熟练应用这种方法也存在难度),但应用数据图表和曲线图表的情况相对较多,说明数理模型和实证分析逐渐受到法学界的关注,尤其在法经济学领域。如表4-2所示,综合类期刊《中国社会科学》在定量分析方法的应用情况处于两者之间,符合综合性质期刊的定位。六个期刊所搜集到的论文中采用定量分析的情况均超过75%,说明了定量分析在法经济学研究中比较常见。

表4-2　　　　法经济学论文中经济理论和定量
　　　　　　　　分析方法的使用情况　　　　　　（单位：个;%）

期刊	论文数量	论文总页数	平均每篇页数	数据表格和曲线图表数量			数学公式数量			带数学公式或图表的页数			经济理论使用情况
				总数	平均每篇	平均每页	总数	平均每篇	平均每页	总数	平均每篇	占每篇论文页数比例	比例
《中国社会科学》	41	760	18.54	111	2.71	0.15	69	1.68	0.09	129	3.15	16.99	75.61
《经济研究》	74	882	11.92	338	4.56	0.38	592	8.00	0.67	397	5.36	45.01	100
《管理世界》	23	228	9.91	120	5.22	0.53	71	3.09	0.31	83	3.61	36.40	100
《经济学（季刊）》	30	610	20.33	171	5.70	0.28	267	8.9	0.44	240	8.00	39.35	100
《中国法学》	55	840	15.31	84	1.53	0.10	9	0.16	0.01	68	1.23	8.03	85.45
《法学研究》	27	405	15.00	49	1.81	0.12	6	0.22	0.01	38	1.41	9.40	77.78

法经济学的本土化发展是基于中国法治建设和经济发展的现实需要，要加强学术思想的输出创新，理论和方法应用的合理分配，共同推进法经济学的发展与完善。在理论研究方面，公平和效率的追求都是社会发展的永恒话题，将经济理论充分应用便是在法律中加入了经济效率的因素，能实现法学和经济学的良性互动和融合发展。

第四节 使用脚注、尾注和参考文献情况

法经济学作为一门从美国引入的新兴学科，在最初发展时期，外国优秀研究成果的引入吸引了大批学者。《法律的博弈分析》《经济学语境下的法律规则》《无需法律的秩序——邻人如何解决纠纷》《经济学与法律——从波斯纳到后现代主义》《法律经济分析的基础理论》《法和经济学的未来》等几十部经典著作被翻译成中文，苏力教授一人就翻译了波斯纳大量的学术著作，包括《法理学问题》《正义、司法的经济学》《法官如何思考》等；蒋兆康、武欣、孙秋宁、徐昕、凌斌等学者分别翻译了《法律的经济分析》《法律理论的前沿》等著作。除了学术著作，学者们还翻译了很多法经济学教材，其中罗伯特·考特和托马斯·尤伦编写的《法和经济学》教材，从1994年被翻译成中文，到2012年的第六版，已成为中国最受欢迎的法经济学教科书。这些经典法经济学的译作，为中国学者了解国外法经济学的研究成果及理论前沿提供了更为直观的渠道，丰富了中国法经济学学者的研究视角和理论基础，通过表4-3数据可以得出，经济学引用外文参考文献的比例较高，《经济研究》外文文献占据总数的比例是最高的，《经济学（季刊）》中脚注、尾注和参考文献包括的外文文献平均每篇的数量是最高的，展现了经济学的对外开放程度。[①] 进一步统计得到引用次数最多的外文参考文献分别是理查德·A. 波斯纳的《法律的经济分析》、罗伯特·考

---

① 《管理世界》外文文献每页数量较高，原因之一是所搜集论文中包含短论，论文页数较少。

特与托马斯·尤伦合著的《法和经济学》和罗宾·保罗·麦乐怡的《法与经济学》。

表4-3　　法经济学论文中脚注、尾注和参考文献情况　　（单位：个；%）

期刊	论文数量	论文总页数 总数	论文总页数 平均每篇页数	脚注、尾注和参考文献数量 总数	脚注、尾注和参考文献数量 平均每篇	脚注、尾注和参考文献数量 平均每页	脚注、尾注和参考文献包括的外文文献数量 总数	脚注、尾注和参考文献包括的外文文献数量 占总数的比例	脚注、尾注和参考文献包括的外文文献数量 平均每篇	脚注、尾注和参考文献包括的外文文献数量 平均每页
《中国社会科学》	41	760	18.54	1554	37.90	2.04	771	49.61	18.80	1.01
《经济研究》	74	882	11.92	2052	27.73	2.32	1470	71.64	19.86	1.67
《管理世界》	23	228	9.91	797	34.65	3.50	560	70.26	24.34	2.46
《经济学（季刊）》	30	610	20.33	1011	33.70	1.66	715	70.72	23.83	1.17
《中国法学》	55	840	15.31	2111	38.38	2.51	1002	47.47	18.21	1.19
《法学研究》	27	405	15.00	822	30.44	2.02	472	57.42	17.48	1.17

随着中国法经济学的兴盛发展，中文文献的影响力逐渐提高，统计得到引用次数最多的中文参考文献是《信息、激励与连带责任——对中国古代连坐、保甲制度的法和经济学解释》（张维迎，2003）、《法律经济学的理论基础》（钱弘道，2002）和《理性选择理论与法经济学的发展》（魏建，2002）。[①] 影响较高的著作主要包括《经济分析法学》（钱弘道，2005）、《法律经济论纲》（周林彬，1998）、《法律的经济分析》（钱弘道，2006）。追根溯源，法经济学毕竟是一个"舶来品"，要真正实现本土化发展，发挥出对中国司法实践应有的指导性作用，应立足于中国的国情，以解决中国现实经济、法律问题为出发点，中国经济、社会运行当中对法经济学的现实需求越来越多，包括但不限于劳动力市场匹配、金融市场机制、环境规制、司法实践、"三农"与土地、犯罪与刑法等问题研究，中国的法经济学在本土化研究的发展历程中一定会有

---

① 三位作者分别是经济学学者、法学学者和经济学学者，论文发表在《中国社会科学》《法学研究》《中国社会科学》上，时间集中在2002年和2003年。

越来越多的优秀作品、优秀成果问世,都将对我国的立法、司法实践等方面产生重大影响。

第五节 论文作者个体特征

一 作者所在学校和研究机构的特征

通过表4-4可以看出,在这两类期刊中,论文作者所在机构分布存在差异性和趋同性,经济类期刊的论文作者多集中在浙江大学、中国人民大学、北京大学、厦门大学和山东大学,法学期刊的论文作者多集中在北京大学、中国社会科学院、四川大学和中国人民大学,相同之处在于这些学者大多数分布在综合性质的大学和研究机构。[①] 这些机构在经济学和法学的学科建设中都排名靠前,可以利用学科优势构建合作平台,组建法经济学的专业团队,鼓励经济学学者和法学学者通力合作,实现资源利用最大化。目前,钱弘道(中国社会科学院),张维迎、白建军(北京大学),冯玉军(中国人民大学),史晋川(浙江大学)和黄少安、魏建(山东大学)作为中国法经济学研究领域的先行者,都在积极推动着所在研究机构法经济学的发展。

与此同时,一些综合性大学也在凭借自身的优势建立起专门的法经济学研究中心,北京大学法律经济学研究中心(2001)、浙江大学法和经济学研究中心(2001)、上海法律与经济研究所(2002)、中山大学法经济学研究中心(2003)、哈尔滨商业大学法经济学研究中心(2004)、中国政法大学法与经济学研究院(2005)等法经济学研究机构相继建立起来,集聚起法经济学的研究资源,有力地促进了法学界与经济学界在法经济学研究领域的沟通与交流,为两大学科的交融和中国法经济学的真正独立发展奠定了坚实的基础。中国的法经济学研究中心主要借鉴西方法律经济学的传统研究范式,用理论、实证和比较等方法,

---

① 统计作者的机构是以第一工作单位为准,不记录二级单位(如所在院系),针对论文存在多位作者的情况,每位学者都统计在内,限于篇幅的问题,仅记录作者数量较多和覆盖率高的大学和研究机构。

表4-4　法经济学论文作者数量较多的学校和研究机构　　　　　　　　（单位：人）

期刊	北京大学	浙江大学	中国人民大学	山东大学	厦门大学	中山大学	南京大学	西南政法大学	四川大学	华东政法大学	武汉大学	上海财经大学	清华大学	复旦大学	中国社会科学院	西南财经大学	中南财经政法大学
《中国社会科学》	13	2	4	7		1			1	2							
《经济研究》	13	19	10	10	15	6	10	4			8	3		4		2	1
《管理世界》		1	2		2	2		2									
《经济学（季刊）》	3	2	2	2		2		1				2	2	1	2		
《中国法学》	10	1	4	1		2	2	3	4		1		1	4	1	5	1
《法学研究》	2		1	1					4	2		2	2	1	3		1

聚焦中国本土问题，集中研究法律、管制和经济增长的现象和规律。这些研究院在我国法经济学学科建设中也贡献了相当一部分力量，在国内较早设立了法经济学硕士点和博士点，开设一系列法经济学课程，并发表和出版了部分研究成果，通过教学与科研两方面的工作，推动法经济学在中国的发展，并为中国的法治建设做出了有益的贡献。另一方面，各类期刊对法经济学具有较为浓厚的兴趣，通过在期刊杂志设立法经济学专栏，支持法经济学的发展。《经济学（季刊）》在2002年设立"法经济学"专栏，《广东财经大学学报》自2009年以来就开辟了"法和经济学"专栏，山东大学经济研究院主办的《制度经济学研究》每期都刊登多篇法经济学的论文，鼓励了众多学者继续在法经济学领域展开深入研究。

二 作者专业背景：交叉背景的论文作者占据一定比例[①]

通过表4-5可以看出，法经济学的论文作者以纯粹的经济学或法学专业背景为主，具备经济学和法学双重专业背景的学者占据半数比例，其中经济类期刊中具备这两种专业背景的学者总数最多，《法学研究》中此类作者占比最高，同时具有两种专业背景的学者为该领域的研究群体注入了新的活力，与纯粹的专业背景相比，这些学者既熟悉中国的法律体系，也熟知经济理论与方法，具备多元化的学术资源，这都使得他们开始进行法经济学研究的可能性更大。[②] 尤其在法学界，经济学知识的稀缺性在一定程度上会限制法学学者在法经济学领域发挥积极作用。《中国社会科学》的论文作者专业背景的统计数据中，纯粹的经济学专业或法学专业占绝大多数，交叉学科的占比极少，法学专业多于经济学专业，体现了《中国社会科学》中法学类论文较多。

---

① 统计论文作者专业背景时，包含从本科到博士后的各个学习阶段能够查询到的专业背景，存在个别数据无法查实的情况。对于个别重复出现的作者，多次计入。
② 《中国法学》能搜集到的论文作者专业背景的比例不高，搜集到的论文作者信息都是纯粹的法学背景。

法经济学作为一门发展较为成熟的交叉学科，对法律问题和经济问题的共同关注更能够使学者察觉出两者之间的联系与区别，在两种研究方法和研究内容的紧密联系下，实现两者的有机融合。但目前这种"通识型"人才还没有在法经济研究中占据优势地位，大多数学者只具备纯粹的专业背景，原因是法经济学在中国的兴盛时期始于2002年，学术界意识到两种学科交叉融合的重要性存在滞后，培养出同时具有经济学与法学专业背景的学者需要较长的周期，经济学和法学两者在研究范式、逻辑起点和分析思路的矛盾和冲突也是两者融合发展的阻碍力量。在复合型人才的培养上，可以充分借鉴美国法经济学流派的发家史。其一，法学家与经济学家的合作日益紧密并且成效显著，为培养既懂法律又懂经济的复合型人才奠定了坚实的基础，并使法经济学更具合理性与科学性。其二，从长远来看，复合型人才和团队的培养可以从根本上解决以上问题，但需要未来时期大量时间和精力的投入。

经济学和法学作为人文社会学科中联系非常紧密的两门学科，许多法学课程的基本理论均来源于经济学，而经济学提出的许多理论和政策也需要上升到法律层面得到贯彻和执行，在培养法经济学复合型人才的方面上，第一，对于综合性研究型高校，它们在师资队伍、学科发展的平衡性、教学条件和学生素质方面均具有比较优势。对于这类高校而言，法经济学复合型人才的培养目标应定位于培养高层次的研究型人才，不仅需要系统掌握经济学和法学两个专业的知识，更需要培养利用经济学方法分析法律问题的能力，可以参考北京大学、浙江大学、山东大学等大学，使用专业化模式进行培训。第二，教学研究型高校通常只是在经济学或法学具有比较优势，其师资队伍、研究能力和教学条件等在本校、当地乃至全国均具备一定优势，但其他学科的实力有待提升，就目前而言，我国多数财经和政法类院校都具备这个特点。对于此类大学，可以考虑和其他专业或其他学校实现跨地区和跨院校，展开精准合作模式。

表4-5　　　　　　　法经济学论文作者的专业背景　　　　　　（单位：人）

期刊	实际统计人数（总人数）	经济学	法学	经济学与法学	经济学与其他学科	法学与其他学科	非经济学非法学学科
《中国社会科学》	41（49）	10	27	1	—	3	—
《经济研究》	84（163）	74	—	6	2	—	1
《管理世界》	29（43）	15	4	4	4	2	—
《经济学（季刊）》	32（52）	27	1	2	—	—	2
《中国法学》	39（62）	—	39	—	—	—	—
《法学研究》	25（29）	1	11	7	—	6	—

三　作者年龄分布及其特征：经济学界和法学界学者的年龄分布的差异性[①]

通过表4-6的信息可以看出两类期刊中，论文作者的年龄分布的差异性，经济类期刊的论文作者年龄跨度较大，为26—84岁，学者年龄最小的是25岁，在《中国法学》以第二作者发表期刊论文。

表4-6　　　　　　　法经济学论文作者年龄分布特征　　　　　　（单位：人）

期刊	实际统计人数（总人数）	25—34	35—44	45—54	55—64	65—84
《中国社会科学》	31（49）	3	13	12	3	—
《经济研究》	62（163）	15	22	21	3	1
《管理世界》	14（43）	5	6	2	1	—
《经济学（季刊）》	21（52）	8	4	5	3	1
《中国法学》	38（62）	5	16	12	4	1
《法学研究》	24（29）	3	13	7	1	—

[①] 个别学者的年龄数据没有收集到，此次统计是不完全统计，仅能代表统计入选的论文作者年龄分布特征，未统计年龄的作者中为第一作者的占比较低。

由于单个年龄段数据的样本数量较少，年龄分布特征不明显，因此将三种经济类期刊《经济研究》《管理世界》《经济学（季刊）》的数据进行加总，使作者年龄分布特征明显一点，通过图 4-4 和表 4-5 可以看出，论文作者年龄在 28 岁和 32 岁出现高峰，28—40 岁的年龄段分布较为集中，在此阶段不同年龄的作者出现频率相差并不大，机会相对比较平均，但是 56 岁之后的经济学学者在经济学期刊发表法经济学论文的概率明显降低，零星分布在 56—84 岁这个年龄阶段。表明在经济学界，年轻学者尤其是在中青年时期，较容易接受新思维和新视角，更容易在法经济学领域获取成果。

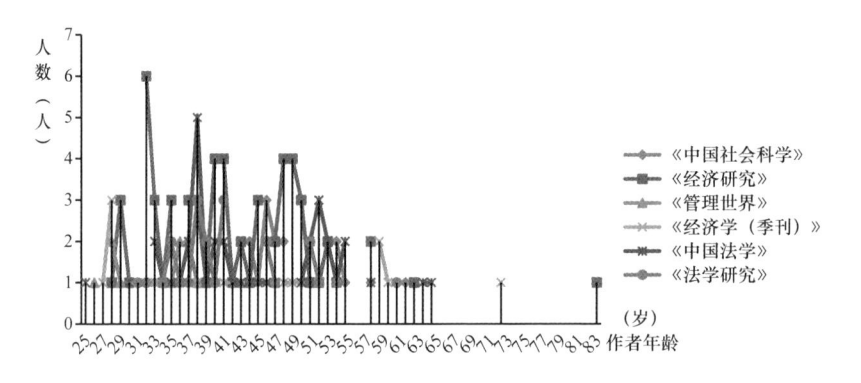

图 4-4 法经济学论文作者年龄分布及其特征

法学期刊呈现出与经济学期刊不同的分布特点。第一，统计结果显示，在法学期刊中，发表法经济学论文的学者年龄第一个高峰出现在 38 岁，第二个高峰出现在 41 岁，均比经济学要来得晚些。第二，法学期刊学者的年龄数据量较经济学期刊少一些，主要集中在 35—41 岁和 51—55 岁的年龄阶段，也比经济学的集中年龄分布阶段要晚些，尤其是，在 51—55 岁的年龄阶段又涌现出较多法学学者发表了法经济学的成果，表明法学学者研究法经济学的学术高峰出现较晚，学术生涯持续时间更长。

法经济学研究群体已经初具规模，具体到法学学者的年龄分布特征，60 后和 70 后这两大中青年学者占据了绝对主导地位，法经济学科研群体的年龄构成更年轻,以中青年学者为主。相比于前一代的学者,这一群体的优势和特点是,他们接受了严谨的学术训练,科研经历更加丰富,能够熟练进行数量化的研究;同时国际视野开阔,学术观点大胆而独立。同时这一中青年学者群体过分依赖数量工具的应用,这种情况在经济学界尤其明显,这会导致他们对于基本概念和理论的把握程度有限,使得研究无法全面系统,对定性分析的理解不够透彻。

第六节 论文著者署名情况:经济学界更注重合作

一 论文合作情况:经济学界侧重合作完成,法学界侧重独立完成

通过表4-7可以看出,经济类期刊论文合作的现象十分明显,三个期刊中合著论文所占比例均超过了一半,《经济研究》的合著论文所占比例甚至高达81.08%,相对而言,法学类期刊的论文合著比例十分低,两者平均起来仅能达到10%左右。针对合著论文的具体情况,两位作者共同完成的情况较为普遍。法经济学作为一门交叉学科,论文合作对该领域持续兴盛十分重要,实现不同专业、不同年龄段和不同研究机构的合作可以实现优势互补、效率提高和资源优化,通过合作能够使学者的优势领域得到充分利用,促使经济学乃至法经济学发展焕发新的

表4-7 法经济学论文独著或合著情况 (单位:篇;人;%)

期刊	论文总篇数	作者总人数	独立作者论文数	两位作者论文数	三位作者论文数	四位作者论文数	合著论文所占比例
《中国社会科学》	41	49	34	6	1	0	17.07
《经济研究》	74	163	14	36	19	5	81.08
《管理世界》	23	43	9	9	4	1	60.87
《经济学(季刊)》	30	54	13	12	3	2	56.67
《中国法学》	55	62	48	7	0	0	12.72
《法学研究》	27	29	25	2	0	0	7.41

活力，开放性是经济学的特色所在，也是法学研究值得借鉴之处，法学界可以通过与经济学学者通力合作，来弥补对经济理论掌握不足的劣势。

法经济学作为一门交叉学科，通力合作的重要性不言而喻，目前法学下的法经济学研究乃至整个法学研究的合作意识和合作规模都不足以支撑未来阶段法经济学的发展，基于此种情形，更应通过中国法经济学论坛、线上交流进行通力合作，一是与经济学学者进行合作，利用产权理论、博弈论、计量方法等共同展开研究；二是与其他领域法学家展开合作，开阔研究角度和丰富研究方法。虽然不同学术背景、不同专业领域、不同年龄的学者存在沟通交流、相互参考的渠道，但是一个成熟的合作研究模式的构建尚待各类学者的共同努力。

二 合作对象情况：论文合作方式的多元化

在涉及两位作者的情况下，经济学界和法学界都以同一单位的合作为主体，在涉及三位或四位作者的情况下，则以不同单位的合作为主体，合作也包含一定数量的境外机构作者。杜鹏、程徐舒和吴明琴（2018）属于不同研究机构，他们基于新《劳动合同法》的视角，全面评估了我国新《劳动合同法》的实施对农民工福利水平的影响；范子英和赵仁杰（2019）通过同一研究机构的合作，以环保法庭设立的证据为基础，评估了环保司法强化对环境污染治理的影响；范良聪、刘璐和梁捷（2013）之间展开了经济学与法学的合作，他们基于一组引入真实劳动和第三方的独裁者博弈实验为例，梳理研究了由利益无关的第三方实施的惩罚中内含的经济逻辑；Rafael La Porta、Florencio Lopez-de-Silanes、Andrei Shleifer 和刘佳进行了跨越国家的合作，采用广义的法律起源概念，对各种法律起源理论进行概述，并在此基础上解析了各类证据。综上，合作形式的愈加多元化得益于两个方面的原因：第一，线上学术交流日益流畅，学者们进行学术交流没有空间距离的阻碍；第二，每年召开的中国法经济学论坛将各研究机构学者汇聚一堂，研讨平台的构建为学者提供了共同交流的机会，在观点、方法和思想的碰撞过程中也促成了更多的合作。

第七节 研究主题：理论方法的规范化与实证应用的现实性

一 研究主题：侧重经济法的应用研究

通过表4-8可以看出，经济学界和法学界的研究主题聚焦于对中国经济法和民法内容的研究，在涉及经济法的研究主题时，大多以反垄断法、公司法、环境保护法和消费者权益保护法为研究对象；在涉及民法的研究主题时，大多以物权法、侵权法和知识产权法为研究对象；在涉及司法的研究主题时，大多以司法改革与司法独立为话题导向，以法院为研究对象。对中国部门法的经济分析为立法和执法实践提供理论依据，具有现实意义，应飞虎（2004）以《消费者权益保护法》为切入点，综合考虑政府打假能力和假冒伪劣产品的泛滥程度等因素，认为在我国知假买假者获得惩罚性赔偿的权利以发挥其打假功能十分有必要；罗培新（2013）指出公司法的法经济学的含义，以公司法的演进路径和适应性品格为基础，研究其立法实践；白让让（2019）对专利密集型产业执法实践的案例展开分析，揭示出在反垄断法执行的背景下，行为性救济低效或无效的事实和成因。司法改革作为国家治理能力提升的主要任务，对于司法程序的经济分析是法经济学的热门话题，陈信元（2010）以2002年1月15日最高人民法院颁布《关于受理证券市场因虚假陈述引发的民事侵权纠纷案件有关问题的通知》这一事件为线索，采用事件研究法，实证考察了司法独立对投资者保护法律实施的影响；陈刚（2012）以2008年中国各省高级人民法院院长异地交流轮岗活动为样本，系统评估了法官异地交流对司法效率的影响；潘越（2015）以公司诉讼风险、司法地方保护主义为研究对象，认为司法地方保护主义会干扰公司诉讼的结果，从而对企业创新活动产生抑制作用。

表 4-8　　　　　　　　研究主题分布情况　　　　　　　（单位：篇）

期刊	经济法	民法	行政法	刑法	司法	立法
《中国社会科学》	7	8	4	8	12	3
《经济研究》	25	17	7	—	2	3
《管理世界》	6	6	1	—	—	—
《经济学（季刊）》	7	7	2		5	4
《中国法学》	13	7	2	1	15	3
《法学研究》	6	2	1	2	3	1

但细化到具体的研究内容，经济学和法学的研究起点和落脚点存在差异，于经济学而言，法经济学区别于传统经济学的研究思路，利用有限信息下的经济人假设和科斯定理为切入点的法经济学分析范式来研究法学具体的问题和案例，将法律制度视为内生变量，研究法律制度对经济增长和创新的影响机制，落脚于经济学，即：经济学—法学—经济学。于法学而言，法经济学也不同于传统法学研究，其研究是基于法律问题和法学研究的现实需要，其认识路径、方法及手段是经济学的，研究问题的最终归宿则是法学的，即：法学—经济学—法学。总体而言，经济理性和法律逻辑的有机结合，促进两大学科的交叉融合发展。

二　研究内容：基础理论和应用研究的共同展开

法经济学研究一直是两条线并进——基础理论研究和实证应用研究，通过表4-9可以看出，经济学类期刊论文在两个方面的占比相当，法学类期刊则更加侧重于基础理论的研究，诸多实证研究因为缺少相关的研究数据无法开展。两种研究路径共同推动法经济学的完善，基础理论研究使得法经济学研究更为系统和完整，在理论上更能够清晰梳理出法经济学的研究范式和发展历程，为法经济学确立基本逻辑，实证应用研究通过个案和相关数据来量化具体法律制度的效率，使得研究结果更具说服力。近年来，计量经济学和实证法学的兴起，为研究提供了一个全新的研究视角，同样对未来中国法律数据的收集和整理工作提出了新的要求。

表 4-9　　　　　　　　　法经济学研究内容分类　　　　　　　（单位：篇）

期刊	论文总篇数	基础理论	应用研究
《中国社会科学》	41	25	16
《经济研究》	74	38	36
《管理世界》	23	11	12
《经济学（季刊）》	30	15	15
《中国法学》	55	35	20
《法学研究》	27	18	9

徐昕（2004）运用经济分析方法，从成本、收益、效率等角度对私力救济和公力救济进行深入比较，并指出私力救济中存在的经济逻辑；汪祖兴（2005）指出仲裁立法中存在公正本位与效率本位两种价值取向，1995 年我国的仲裁法在价值定位上倾向于公正本位，随着市场经济纵深发展，我国仲裁立法应当回归效率本位；苏力（2006）从海瑞的论述中抽象出有关司法的两个定理，分别为公平定理和差别定理，利用经济学的原理分析了海瑞定理的经济逻辑。在实证方法应用方面，经济学基于自身学科优势，对实证方法的应用更加熟练。与此同时，随着实证量化研究越来越多，特别是基于裁判文书的研究增多，挖掘出很多新问题，为我国的法律体系完善和司法改革提供了有力的理论支撑，也填补了法学理论与实践之间长期存在的缝隙，实证使得法学研究更具解释力和指导力，这为法学与经济学的进一步融合发展提供了一种全新的视角，拓宽了法学界在法经济学研究的广度。张维迎（2002）针对一个银行取到假币的案例进行分析，指出法律和信誉是维持市场有序运行的两个基本机制，深入分析认为，与法律相比，信誉机制是一种成本更低的维持交易秩序的机制，在许多情况下法律制度是无能为力的，只有声誉能起作用；史晋川（2002）在中美两国现行产品责任制度比较分析的基础上，以"三菱帕杰罗"案作为实证案例进行分析，研究产品责任制度的产品缺陷标准界定。白建军（2010）利用 641 个最高人民法院示范性案例数据研究了罪因、罪行与刑罚适用三者之间的

关系；李本森（2013）基于 2244 个被告人认罪案件审理进行定量分析，解读我国刑事诉讼程序配置方面存在的问题；钱雪松（2017）通过对《物权法》出台对企业负债融资施加影响的差异性切入构造对照组和实验组，采用双重差分法考察担保物权制度变革对企业负债融资的作用。

本节进一步探讨经济学基础理论的应用，表 4-10 的数据显示《法学研究》中明确提及"法经济学"概念的比例占据首位，同样作为法学类期刊的《中国法学》却是最少的，这与论文作者专业背景的统计数据相吻合，综合性期刊《中国社会科学》明确提及"法经济学"的次数是最多的。具体到经济方法的使用，研究重点是法学类期刊，在法学期刊中使用次数最多的经济方法分别是成本—收益分析方法、效率和理性选择理论。[①] 戴治勇（2008）在法律完全且执法者最大化社会福利的假设下，分别讨论了严格责任制度和过失责任制度下资源在提高执法概率；凌斌（2013）强调"卡—梅框架"是基于事后效率（机会成本）与事前效率（行为激励）的法律经济学标准，而以环境影响评价法为核心的现行环保体制，要比"一刀切"式的事前禁止或是造成严重后

表 4-10　　　　　　法经济学中经济方法的使用　　　　　（单位：篇）

期刊	论文总篇数	明确提及法经济学	成本—收益分析	效率	理性选择	信息不对称	博弈分析	效用分析	其他经济分析方法
《中国社会科学》	41	13	8	1	2	3	1	2	8
《经济研究》	74	12	1	—	1	1	1	1	2
《管理世界》	23	5	2	3	—	—	—	—	3
《经济学(季刊)》	30	8	1	2	—	—	1	—	2
《中国法学》	55	2	4	3	1	—	—	—	3
《法学研究》	27	11	5	4	2	—	—	—	2

---

① 对经济方法的搜集标准是关键词、摘要以及文章花大量篇幅应用的方法，只用几句话带过的经济方法不算在此次统计范围之内。

果后的司法救济更具效率；夏扬（2016）研究中国法律传统的经济理性，由于社会治理手段倾向于效率追求，刑法遂成为国家法的重要部门。这些方法都有助于法学学者对法律制度和法学问题进行经济性解释，实现法律的经济化，从而促使法律的制度优化和效率改进。

三 学科分类：经济类期刊的开放性和包容性[①]

通过表4-11的数据可以看出，经济学类期刊所搜集到的部分论文被论文分类号的指标划分到法学学科中，主要是以具体法律制度为研究对象的论文，这部分论文以中国法律制度为内生变量，研究其经济效应，目前对期刊论文的学科分类情况可以看出，大多数将"法经济学"论文归纳到法学学科中。经济类期刊的选题较为广泛，不局限于经济学，还包含法学、政治学等其他学科，这一点在《经济学（季刊）》中表现尤为明显，展现出经济学的开放性和包容性。法学界的论文的学科则集中在法学学科，其他科目涉及较少，仅有的"经济学学科"论文也只是以经济法为研究对象。

表4-11　　　　　　　　研究主题的学科分类　　　　　　（单位：篇）

期刊	论文总篇数	经济学	法学	其他学科	其中：政治	其中：历史	其中：文化、科学、教育、科学
《中国社会科学》	41	3	36	2	1	1	—
《经济研究》	74	56	15	3	2	—	1
《管理世界》	23	9	12	2	2	—	—
《经济学（季刊）》	30	14	14	2	1	—	1
《中国法学》	55	3	52	—	—	—	—
《法学研究》	27	1	26	—	—	—	—

---

① 按照中国知网所列出的论文分类号信息进行分类整理，当论文出现多个文献分类号时，以第一个分类号为准。

第八节 学科内和学科间论文引用率

通过表4-12的数据可以看出,无论是经济学还是法学,作为本学科的权威期刊,被学科内论文的引用率是最高的,对该领域具有重大的影响力,综合性期刊《中国社会科学》被经济类和法学类的引用次数都是比较高的。本书研究的是经济学和法学的交叉融合现象,因此重点考察论文被本专业以外的其他学科所引用的情况。在经济类期刊中,《经济研究》和《经济学(季刊)》发表的论文被法学引用的次数最多、频率最高,说明了经济学期刊对法学的影响力比较大,分析如下:第一,经济学期刊中法经济学论文涉及范围广泛,涉及财产、合同、反垄断和侵权的法经济学研究以及针对法律制度的实证方法和结果,都对法学学者而言极具参考价值;第二,此类法经济学论文中通过对经济理

表4-12 法经济学论文引用情况 (单位:次;%)

期刊	论文篇数（篇）	被经济学引用次数 总数	被经济学引用次数 平均每篇	被法学引用次数 总数	被法学引用次数 平均每篇	被其他学科引用次数 总数	被其他学科引用次数 平均每篇	其中：被法经济学引用次数[1] 总数	其中：被法经济学引用次数[1] 平均每篇
《中国社会科学》	41	633	15.44	1594	38.89	198	4.83	248	6.05
《经济研究》	74	4450	60.14	659	8.91	502	6.78	355	4.80
《管理世界》	23	409	17.04[2]	41	1.71	91	3.79	46	1.92
《经济学（季刊）》	30	507	16.90	104	3.47	86	2.87	95	3.17
《中国法学》	55	132	2.4	1902	34.58	46	0.84	146	2.65
《法学研究》	27	70	2.59	733	27.15	11	0.41	123	4.56

[1] 根据论文的文献分类码来划分论文的学科分类,很多明确提及"法经济学"的论文大部分被划到法学类中,因此单独列出被法经济学论文的引用次数,来进一步说明期刊论文对法经济学的影响。

[2] 《管理世界》和《经济学（季刊）》中被本学科引用次数较少的原因在于《管理世界》所搜集到的论文包含一部分短论和《经济学（季刊）》在建刊初期开设的法经济学专栏发表的6篇论文影响力都较低。

论的深入分析，为法学应用经济理论和工具提供了参考，有助于法学学者对经济理论的应用和延伸。

在法学期刊中，所发表论文被经济学引用的次数相对较少，因为法学研究中经济理论和方法的应用并没有受到经济学的重视，实证方法也不如经济学界发展得成熟，这些都会阻碍经济学界引用法学研究成果。面对这个问题，法学家应该调整思路，积极用法学逻辑探究法经济学研究的新思路，提高论文成果的影响力。值得关注的是，平均每篇被引用的次数排在前三位的期刊分别是《中国社会科学》《经济研究》和《法学研究》，展现出这三类期刊所发表的法经济学论文的质量之高和影响力之大。

第九节　结论及启示

本书以六个期刊在2000—2019年度发表的250篇法经济学论文为研究对象，对发表时间、作者特征、合作情况和研究主题等信息进行统计分析，得出以下几点有益的结论：从发表时间来看，目前阶段，法经济学研究以经济学界为主导，近年来发表数量一直保持平稳，前期大多从国外引入的优秀法经济学研究成果，拓宽了本土学者的研究视角，掀起了国内研究法经济学的热潮，当前注重法经济学的本土化，立足于中国的法治实践，做好理论和方法的良性互动，以思想和观点创新开启研究新视角。从作者特征来看，大部分学者分布在综合性的大学和研究机构，经济学者以中青年为主力，学术生涯较短，更新替代较快，法学学者的学术年龄高峰出现较晚，学术年龄范围更大，具备经济学和法学双重专业背景的学者具备优势。从论文合作情况来看，经济学界流行合作，进行跨专业、跨领域和跨单位的多方位合作，实现效率提高和合作共赢。从研究主题来看，法经济学领域中理论研究和实证分析并重，成本—收益分析方法、效率和理性选择理论在法学界得到充分应用，量化的实证分析方法也成为重要工具，研究主题聚焦于经济法、民法和司法，经济学和法学基于不同的研究起点和落脚点对其进行研究分析。通过分析法学和经济学的交叉融合的现状，可以得出在法经济学范畴的理论逻辑，就是没有效率就没有公平、正义和秩序，而失去公平损失的正是效率自身，这将导致社会、经济、政治不能持续、和谐地向前发展，因此要对法经济学予以重视，立足中国实际，实现法经济学的本土化和国际化进程，更要积极推动法经济学的发展。

作为一门发展较为成功的交叉学科，中国法经济学在经历了高速发展阶段后，近年来一直处在沉静期，法经济学本土化和国际化是当前的主要挑战，如何在关键时期再次在中国焕发法经济学的发展活力，本书基于研究结论得到了如下几点启示：首先，中国法经济学应该立足于中国的法治实践和经济发展，以中国具体经济和法律问题为导向，充分应用其理论逻辑和研究范式，解决中国问题，发挥出法经济学的现实指导意义。其次，呼吁经济学界和法学界通力合作，积极构建合作交流的学术平台，鼓励在经济和法律紧密联系的关系中寻找研究新思维、新工具和新视角，为各自研究范畴注入研究内容的新活力和持续发展的前进力，坚持"和而不同"的交流与合作会加深两者的交叉融合，拓宽各自领域研究的广度和深度。再次，法经济学在我国作为一门新兴的学科，学科的发展，不仅要着眼于国内的重大经济社会现象研究，实现本土化，而且要跟踪世界法经济学发展的潮流与趋势，与国际法经济学研究接轨，走向国际化。要更多地使用本土化的案例与数据，使理论逻辑和经验事实有机地结合起来。换句话说，法经济学在我国作为一门新兴的学科，其理论范式和逻辑体系必须能够以解释和解决中国经济和法律问题为出发点和落脚点。最后，鼓励综合性研究机构加大投入来促进学科交流，在综合性大学和研究机构在经济学和法学学科建设都不存在短板的情况下，利用基金资助和科研奖励支持研究团队和学者的多元化发展，专业培养法经济学研究人才，持续输出创新研究成果。与此同时，加强对学者创新性思维和国际化能力的培养，提高中国学者在国际法经济学研究中的竞争力和影响力，为建设中国法经济学学科体系提供人才支撑。

第五章　基于裁判文书的实证研究与法经济学范式的应用*

法学实证研究的兴起为跨学科发展搭建了新的沟通桥梁，其中，法经济学作为经济学和法学相结合的交叉学科，在这一潮流中同样获益良多。裁判文书网上公开制度的实施和广泛应用，为法学实证研究带来了大量直接数据资料，裁判文书的实证量化研究对于法经济学发展起到了一定的推动作用，而经济学范式的应用同样为中国法学实证研究开辟了新的道路。

现阶段，裁判文书的网络公开提供了新的发展契机。中国裁判文书网络公开始于2010年实施的《关于全省法院裁判文书网络公开工作的规定（试行）》，2013年最高人民法院出台了《最高人民法院关于推进司法公开三大平台建设的若干意见》和《最高人民法院关于人民法院在互联网公布裁判文书的规定》，用以进一步规范完善裁判文书上网，推进司法公开平台的建设，2014年《最高人民法院关于人民法院在互联网公布裁判文书的规定》正式实施，截至2019年底，各类裁判文书已经超过8700万份。裁判文书的公开不仅对司法实践水平的提升有着重要的推动作用，也对法学研究产生了深远的影响。近年来，一些学者通过对海量的裁判文书进行筛选、细化，以裁判文书为样本进行实证研究，对中国法律的运作进行探究与解析。在此背景下，对裁判文书的法学实证研究成为一个值得专门研究的课题。

---

* 本章感谢马晓金同学在文献整理、分析方面所做的贡献。

基于此，通过对裁判文书法学实证研究进行分析，不仅能够对法学实证研究的发展起到积极的作用，同时也能推动经济学分析范式的应用，以裁判文书实证研究为桥梁，反映法学与经济学之间如何取长补短，实现良性交叉融合发展，进而为中国法经济学未来的发展指明方向。

第一节　中国的法学实证研究概况

法学实证研究，即以法律现象作为客观事实，通过定性或定量方法发现其中存在的法律事实，进而通过对这些事实进行归纳总结，阐述其特征，挖掘事实之间的关联性，实现对其发生机制的研究。[①] 法学实证研究与经济学以及其他社会科学实证研究的发展密不可分，其中，法经济学的兴起与发展对法学实证研究起到了重要的推动作用，而法学的实证研究也拓展到了法经济学研究的领域之中，二者在一定程度上实现了交叉发展。20 世纪 80 年代初，法经济学的概念引入中国，21 世纪中国法经济学逐步兴起，并在研究议题、实证分析、分析范式等方面呈现出本土化的趋势。[②] 由此观之，中国法学实证研究中经济学分析范式的应用，不仅影响着中国法经济学未来的发展，同时研究中国法学实证研究与经济学分析范式的融合方式与路径对于中国当下法学和经济学的研究均具有重要意义。

1897 年，美国霍姆斯大法官便提出，"对于法律的理性研究而言，现在的主流是对法律进行'白纸黑字'的解读，但将来必定属于那些精通统计学和经济学的人"，他以此对法律实证研究的思想进行了预测。[③] 然而无论是新学科、新理论还是新的研究方法出现，必然会经历一段曲折

[①] 程金华：《当代中国的法律实证研究》，《中国法学》2015 年第 6 期。程金华教授对法律实证研究进行定义的过程中，提出学者们对法律实证研究有不同的定义，主要争议点在于法律实证研究是否只包括定量研究，还是同时包括定性和定量研究，对于这一问题，参见张永健、程金华《法律实证研究的方法坐标》，《中国法律评论》2018 年第 6 期一文中，对法律实证研究中定性与定量两种方法的异同进行了系统区分，笔者认为值得借鉴。

[②] 魏建、宁静波：《法经济学在中国：引入与本土化》，《中国经济问题》2019 年第 4 期。

[③] Oliver Wendell Holmes, "The Path of the Law", *Harvard Law Review*, Vol. 10, No. 8, 1897.

的发展过程,因此,即使是美国的实证研究,也不过兴起于20世纪中叶以后,于法经济学以及"法律与社会"运动的潮流之中崭露头角,而真正实现定量研究的应用距今仅有20年左右。然而,在很短的时期内,美国法学实证研究的地位便得到了大幅提升,在西方的发展如日中天。虽然中国的法学实证研究在节奏与发展空间等方面与西方仍然存在差距,但近些年,法学实证研究在我国法学界的地位同样有所提升并呈现出如火如荼的发展态势。

中国法律实证研究于改革开放之初出现,主要表现形式为实地调查的研究报告,此时法律实证研究尚未进入理论解释层面,学术研究问题意识较为缺乏。[①] 1990年初,中国法律实证研究以农村田野调查为基础展开,通过问卷或访谈的形式,对所获数据进行分析,同时自改革开放以来,苏力掀起了中国法律实证研究的浪潮,在"直觉"的基础上进行个案的实证研究,与此同时,在美国正处于繁荣发展时期的法经济学引起了理论法学领域学者们的关注。紧接着,2004年北京大学白建军教授出版的《罪刑均衡实证研究》拉开了法律定量研究的序幕,自此以后,中国法学实证研究呈现出多元化发展的格局,定性与定量研究协同发展。[②] 中国法经济学的发展也随之进入兴起与本土化阶段。与西方相比,在21世纪之前,实证研究对于中国法学界而言仍然属于陌生领域。以新世纪为分水岭,法学实证研究以一种学术时尚的形象在中国得以发展。[③] 赵骏(2013)指出法律实证研究的发展在学术变迁方面提供了动力,为搭建学术交流平台做出了贡献。[④] 程金华(2015)指出法学实证研究已经在目前中国法学界获得了一席之地,同时问题意识已经覆盖法学研究的多个领域,影响范围也处于不断扩大之中,知识的供给和需求对法学实证研究的兴起发挥着一定的推动作用。虽然在发展过程中出现了许多问题,例

[①] 曹子东:《关于广东省南海、顺德两县推行治安承包责任制的调查报告》,《中国法学》1985年第1期。
[②] 陈柏峰:《法律实证研究的兴起与分化》,《中国法学》2018年第3期。
[③] 程金华:《奢侈的学术时尚:法律实证研究》,《中国社会科学报》2012年5月9日第7版。
[④] 赵骏:《中国法律实证研究的回归与超越》,《政法论坛》2013年第2期。

如，陈柏峰（2018）提出法学实证研究发展中出现了分化倾向，在不同学科中分布不均衡的问题。[1] 程金华（2015）通过对1979—2015年间法学实证研究论文的分析，指出法学实证研究面临着"有了更多的方法论武器，有了更多的论著产量，但没有产出更多的知识"此类"知识泡沫"问题。[2] 程金华（2018）指出当前中国法律实证研究在迈向科学的过程中，面临着论题、理论、论据及结论等方面的瓶颈问题。[3] 由此可见，虽然现阶段法学实证研究已经取得了一定的成果，但是仍然存在较大的发展空间。整体而言，法学实证研究方兴未艾。

近年来，中国法学实证研究迎来了最好的时代。实证研究的核心，在于经验数据的选用，而中国的法学实证研究，普遍存在着量化数据不足的问题。[4] 现如今法律数据如雨后春笋般层出不穷，尤其是裁判文书网上公开制度的实施，不仅推动了"法律大数据"产业的发展，更是为法学实证研究带来了极其丰富的数据资料，推动中国的法学实证研究进入了新的高潮期，以新的方法与视角审视法律问题。在裁判文书实证研究发展的同时，对经济学材料、经济学方法亦进行了广泛应用[5]，在推动法学实证研究发展的同时，也为法经济学的未来发展开辟了新道路，由此可见，法学与经济学之间以裁判文书实证研究为桥梁，进一步实现了相互作用、相互融合。

总而言之，法学实证研究的兴起，不仅将法学研究的重心由法律规范本身转向法律事实问题，为其在体系外检验体系的效果提供了新的研究方法与视角，成为了学术变迁的动力之一，同时也成为了学术交流的重要桥梁。而裁判文书实证研究能够融洽地连接法学与经济学等其他社

---

[1] 陈柏峰：《法律实证研究的兴起与分化》，《中国法学》2018年第3期。
[2] 程金华：《当代中国的法律实证研究》，《中国法学》2015年第6期。
[3] 程金华：《迈向科学的法律实证研究》，《清华法学》2018年第4期。
[4] 程金华：《迈向科学的法律实证研究》，《清华法学》2018年第4期。
[5] 林少伟等在《中国商法学实证研究测评》中指出："我国商法学实证研究是广泛援引经济学材料、运用法经济学方法，探讨经济学与商法学交叉问题而展开的定性研究。"在裁判文书实证研究文章中，应用经济学方法进行分析的文章小有规模，在此恕不赘述。参见林少伟、林斯韦《中国商法学实证研究测评——基于2000年至2015年的法学核心期刊论文》，《法学》2018年第1期。

会科学，由于基于裁判文书的法学实证研究主要表现为归纳研究和经验研究，因此对于检验逻辑以及研究程序方面的要求较高，经济学范式的应用成为了重要的分析工具，推动了法经济学和法学实证研究的相辅相成。经济学为法学实证研究提供共通的方法论，法学实证研究则进一步对法经济学的应用发展提供新的平台与视角，二者之间的相互作用得以彰显。现阶段已经有部分法律或经济学学者展开此类跨学科对话，为我国经济学与法律实证之间的合作提供新的发展机遇，中国法律实证研究以及法经济学发展将双双迎来新局面。但是现阶段法学与经济学的融合程度如何，尚需进行深入研究。

第二节 基于裁判文书的实证研究的文献分析

一 文献选取范围

为了探究裁判文书实证研究中经济学范式应用的现状，本书从中国（CNKI）学术文献总库进行文献的收集。数据检索方法如下：以"裁判文书"为主题进行高级检索，来源为 CSSCI 期刊，文献分类目录选择"哲学与人文科学、社会科学Ⅰ辑、社会科学Ⅱ辑、经济与管理科学"，经过进一步的筛选和整理，逐篇阅读，确定研究的学术论文样本数为 104 篇作为研究对象。

根据法学实证研究在文章中介入程度的差异性，可以从三个方面进行区分：一是纯粹意义的法学实证研究，即通过调查获取数据，在数据处理分析（包括模型、数据分析软件的应用）的基础上得出结论的过程；二是法学实证研究介入程度略低，即通过数据进行描述性分析等基本分析；三是介入程度最浅的经验分析，往往通过引用经验数据来实现。以上这三个方面，明确了法学实证研究的边界所在。[1] 因此本书在

---

[1] Shari Seidman Diamond, Pam Mueller, "Empirical Legal Scholarship in Law Reviews", *Annual Review of Law and Social Science*, Vol. 6, No. 1, 2010.

选择裁判文书法学实证论文时标准相对宽松，只要研究主题涉及裁判文书实证研究，在论文中使用了数据统计分析的均纳入研究范围。

二 相关研究的整体概况

(一) 论文发表数量

裁判文书的实证研究作为法学实证研究的重要组成部分，已经取得了一定的成果，无论是法学界还是经济学界，均得到了一定的认可。其中发表于法学类期刊的此类文章数量高于经济学类期刊，在学报、社会科学期刊或其他综合类期刊中，同样存在针对于裁判文书实证研究的文章，且数量处于经济学类期刊与法学类期刊文章数量之间，由此可见，经济学界期刊对裁判文书实证研究的认可度以及应用程度相对而言低于法学界（见表5-1）。

表5-1　　按期刊分类的裁判文书实证论文发表数量　　（单位：篇）

期刊分类	学报	经济期刊	社会科学期刊	法学期刊	其他综合类
数量	24	7	12	46	15

(二) 论文发表时间趋势

通过图5-1的观察可以发现，不同年份之间对裁判文书进行实证研究的文章数量有所差异。从整体趋势来看，在2014年之前，对于裁判文书的实证研究文章数量较少且保持相对稳定，此时尚未受到较大关注，自2015年开始，进入文献产出高峰，对于裁判文书的实证研究呈现出大幅上升的情形，至2018年达到最大值37篇，由此可见，2014年实施的裁判文书上网规定发挥了较大的推动作用，因此在2014年之后，裁判文书的实证研究得到了较大的发展，而在2019年，针对于裁判文书的研究文章数量有所下降。

(三) 论文发表的期刊层次

基于上述分析可得，裁判文书实证研究文章于2019年在数量方面有所下降。究其原因，主要体现在两个方面，一方面，存在部分文献尚

年度刊文数（篇）

```
                                              37
                                              ／\
                                             /  \
                                            /    \
                                           /      \16    16
                                          /        \____
                                   9   10/
                              5   ／\  /
                     2    3  /    \/
              1   2  __    _/      2
              ____/  \____/
2009  2010  2011  2012  2013  2014  2015  2016  2017  2018  2019  2020 (年份)
```

图 5-1 裁判文书实证研究论文发表数量

未公布于中国知网的可能；另一方面，对于核心权威期刊而言，发文数量往往与立法热点呈正相关，例如 2014 年、2016 年政策制度的出台实施，而 2019 年处于裁判文书公开制度 5 年之后，已经逐渐度过最初的热度，而转入冷静期的思考。这一观点通过发表法学权威期刊的论文质量得以印证，通过对法学权威期刊裁判文书论文年发表数量及比例整理分析发现，虽然与 2018 年相比数量大幅降低，然而发表于法学权威期刊的文章占年发表论文总数比与 2018 年基本持平。[①] 如表 5-2 所示，其中不乏发表于《环球法律评论》《法学研究》《法学》[②] 等权威期刊的文章，同时亦有发表于经济学权威期刊的高质量文章，由于其数量较少，在此便不一一分析。[③] 由此可见，虽然基于裁判文书的实证研究

---

① 对法学权威期刊的认定标准根据其影响力指数及影响因子排名确定，其中涵盖 2020 年中国法学核心科研评价来源期刊（CLSCI）中 24 家正式成员。本书仅选取发表于法学权威期刊的文章进行分析，与经济学类期刊或其他综合类期刊相比，发表于法学权威期刊中裁判文书实证研究的论文在数量方面具有优势，因此以此分析具有一定的代表性。

② 分别见崔建远《不可抗力条款及其解释》，《环球法律评论》2019 年第 1 期；胡铭《电子数据在刑事证据体系中的定位与审查判断规则——基于网络假货犯罪案件裁判文书的分析》，《法学研究》2019 年第 2 期；陈运生《规范性文件附带审查的启动要件——基于 1738 份裁判文书样本的实证考察》，《法学》2019 年第 11 期。2019 年发表的裁判文书实证研究高质量文章小有规模，恕不一一列举。

③ 魏建、彭康、田燕梅：《版权弱司法保护的经济分析——理论解释和实证证据》，《中国经济问题》2019 年第 1 期。

2019年在数量方面有所下降,但在质量方面有所提升。

表5-2　　裁判文书实证论文法学权威期刊发表数量及比例　（单位：篇;%）

年份	2014	2015	2016	2017	2018	2019
数量	1	2	7	4	14	6
占年发表论文总数比	50.0	22.2	70.0	25.0	37.8	37.5

（四）所涉裁判文书的来源

进行实证研究的裁判文书来源主要以2014年作为转折点。2014年之后的91篇研究所应用的裁判文书多来源于中国裁判文书网,在文中明确说明裁判文书来源的54篇文章范围内,裁判文书来自于中国裁判文书网的占比达到67%,其他的裁判文书来源有无讼案例、聚法案例、openlaw及威科先行等,相对于2014年之前而言,来源较为集中,同时对于中国裁判文书网而言,作为最权威、最全面的裁判文书网站（见表5-3）,能够保障第一手资料来源的准确性、有效性及权威性。

表5-3　　　　　　2014年之后裁判文书来源　　　　　（单位：篇;%）

来源	中国裁判文书网	其他
数量	36	18
占比	67	33

而2014年之前针对裁判文书的研究来源则呈现出一定的多样化,裁判文书主要来源于中国法院网、北大法意网、中国重要报纸全文数据库、中华人民共和国最高人民法院公报、北大法律信息网等,2014年之前裁判文书上网并不普及,因此为了得到有效资料数据,部分学者采用实地调研等方法获得裁判文书,需要耗费大量的人力、物力及时间成本,以保障获得一手资料。总体而言,2014年之前对于裁判文书进行的实证研究所应用的裁判文书来源并不集中。由此可见,中国裁判文书

网作为裁判文书网上公布的官方平台，为裁判文书的实证研究提供了优质的一手资料，降低了资料的收集难度，同时为我国裁判文书的法学实证研究起到了较大的推动作用，也为法与经济学的进一步融合搭建了深入合作的桥梁。

（五）所涉裁判文书的数量

在样本中，26篇文章没有提及用于实证的裁判文书数量，78篇对应用的裁判文书数量进行了不同程度的说明，本书将裁判文书数量划分为六个程度，即"1000以下、1001—2000、2001—3000、3001—4000、4001—5000、5000以上"，具体统计数据见表5-4。通过分析可以得知，在裁判文书实证研究中所选取的裁判文书数量多集中于1000以下，相对而言，这一数据已经具有一定的代表性，能够对某一问题进行具体的认识，数据越充分，研究结果的可靠性越强，因此，对于数据进行较为充分的分析，以得到反映客观现实的准确结果，也是经济学努力的方向。然而由于不同地区法官的特点不同，导致在裁判文书的撰写上存在差异，无形中增加了对裁判文书进行整理的工作量，进而在数据收集的过程中耗费的时间较长，为了保持效率，理论界往往仅抽取一部分代表性文书进行分析，在数据收集之后的处理阶段，多为描述性的数据分析，对于因果关系或相关性的分析仅能通过传统的推测性演绎来实现。但是同样存在样本容量为5000份以上的论文，通过论文整理，发现这一部分论文中经济学分析范式发挥了重要作用。[①] 通过一定的量化技巧与数据分析工具的适用，不仅降低了数据整理的成本，同时对结果的完整性及准确性有所保证，对相关性和因果关系进行了更加准确的探索，以此实现了法经济学研究的目标，即以最小的投入得到最多且最准确的结果。[②]

[①] 分别见李本森《刑事速裁程序试点实效检验——基于12666份速裁案件裁判文书的实证分析》，《法学研究》2017年第5期；田燕梅、魏建、白彩全《原告诉求金额影响法院判决金额吗？——基于著作权一审判决书的实证研究》，《广东财经大学学报》2018年第5期。

[②] 宁静波：《法官与法院的产出效率：问题与对策——基于基层法院的实证分析》，《山东师范大学学报》（人文社会科学版）2013年第3期。

表 5-4　　　　　　　　　　裁判文书数量　　　　　（单位：份；篇;%）

裁判文书数量	1000 以下	1001—2000	2001—3000	3001—4000	4001—5000	5001 以上
论文数量	56	8	4	2	0	8
占比	71.7	10.3	5.1	2.6	0	10.3

（六）所涉裁判文书的时间范围

所选样本中，60 篇提到所应用裁判文书的跨度，根据统计，几个月到几年不等。如表 5-5 所示，对裁判文书进行的实证研究文章中，其中裁判文书的跨度多为 2—10 年，占比达到 70%，20 年以上占 7%。裁判文书的跨度与所研究的问题以及所选取的样本量有关。由此可见，对于一个法学问题的实证研究而言，往往为了获取足够有效的数据，会跨度较大，因此也进一步说明了裁判文书的实证研究能够对长期以来没有准确定论的法律问题发挥更加显著的作用。同时，随着"爬虫"等大数据抓取与数据分析工具的不断改进，学者搜集裁判文书的手段和抓取信息的能力也不断提升，进而可以更大范围地采取样本。这也是近些年研究所涉样本数量不断增加的原因所在。

表 5-5　　　　　　　　　　裁判文书跨度　　　　　　　（单位：篇;%）

裁判文书跨度	1 年以下	2—10 年	11—20 年	21 年以上
数量	9	42	5	4
占比	15	70	8	7

三　研究主题：多样化与热点化

通过对裁判文书实证研究的具体空间布局进行分析，进而对学术界在裁判文书实证研究中经济学范式的运用方面的具体拓展路径进行明晰，根据本书所收集论文，按照具体标准，对裁判文书实证研究不同主题的大致分布如表 5-6 所示。①

表 5-6　　　　　　　　**裁判文书实证研究论文主题**　　　　（单位：篇；%）

研究主题	数量	占比
刑事	17	15
民商事	32	28
行政	13	11
环境	5	4
司法	9	8
指导性案例	7	6
诉讼	12	10
说理研究	6	5
制度	14	12
其他	1	1

在裁判文书实证研究中，可以看出裁判文书在我国学者的实证研究中已经得到了应用，并且涵盖的研究范围较广，涉及多个方面，主要集中在民商事、刑事和行政三大实体法以及诉讼法和制度研究方面，其中，对于裁判文书制度的研究占比为 12%，仅次于民商事和刑事，然而通过对论文的统计分析，对裁判文书制度的研究无一例外均为裁判文书公开制度，随着这一制度的贯彻实施，在未来的研究中继续成为研究重点的可能性极小。

在早期的法学实证研究中，诉讼法和民商法等传统领域占据较大的

---

① 本书将裁判文书实证研究分为裁判文书制度研究以及裁判文书内容研究，关于制度与内容的具体划分参见李振贤《我国司法判例研究状况的实证分析》，《甘肃政法学院学报》2018 年第 4 期。本书在借鉴上述文章分类方法基础上，结合研究对象特性进行变通以确定分类标准。通过统计整理发现，对于裁判文书制度的研究集中于裁判文书公开这一制度的功能以及运用；对于裁判文书内容的研究则范围较广，进一步细化区分，分为裁判文书的说理研究和针对某一具体法律问题进行的研究，具体法律问题按照不同部门法或问题再次划分，涉及学科交叉的问题，按照所涉学科分别计入。

比例。① 然而经过一定的发展，民商法仍然占据较大的比例，诉讼法的地位有所下降，而对于环境法这一近几年的新兴热点在实证研究方面业已崭露头角，出现了许多基于裁判文书对环境法问题进行实证分析的文章。② 其中吕忠梅（2014）通过收集1970—2009年数千件裁判文书对环境司法进行了一定的分析，得出了现阶段环境司法在中国并未发挥足够作用的结论，对其中的重要原因进行了具体分析，并针对性地提出了建议对策，同时对环境行政司法的现状进行了评价，得到了案件少、裁判难的研究结果。张忠民（2014）同样通过裁判文书对环境法相关问题进行探究，通过收集河南省2009—2011年间公开的裁判文书，根据所收集的裁判文书类型所体现的单一、数量稀少以及典型案件贫乏等特征，说明了司法在应对环境与健康案件时存在乏力，导致这一困境的主要原因在于现行案件与健康类案件在案由方面规定不明确，在案件审理难度方面较高以及学理与立法的分野，最后提出了对这一困境的突破之策，即对环境与健康的案由进行适度修改，对已经确立的司法准则在举证责任倒置方面的规定进行落实等。由此可见，在法学实证研究中，以新兴选题为导向的特征已有所显现。同时，在研究主题中对于指导性案例以及司法问题等方面的研究也占据了一定的比例，整体而言，呈现出覆盖面广却不均衡的状态。

（一）民商事领域的研究

对于民商事的研究方向，主要集中在"三农"问题、知识产权以及涉外侵权方面的研究。如表5-7所示，知识产权方面的问题占比达到28%。其中唐仪萱、聂亚平（2018）对专利无效宣告请求中止侵权诉讼的问题与对策应用2946份民事裁判文书进行了实证分析，以此指出专利无效宣告请求导致专利侵权案件诉讼时效中止的情况，存在被告请求略呈下降趋势、诉讼效率保障措施存在"死区"空间以及诉讼效

---

① 赵骏：《中国法律实证研究的回归与超越》，《政法论坛》2013年第2期。
② 分别见吕忠梅《环境行政司法：问题与对策——以实证分析为视角》，《法律适用》2014年第4期；张忠民《环境与健康诉讼的困境与突破——以河南省高院公开的裁判文书（2009—2011）为样本》，《甘肃社会科学》2014年第6期。

率降低的问题。王一潘（2019）则通过398份裁判文书对著作权权利"兜底"条款进行解释适用，提出这一兜底条款并不是法律的漏洞，而是留给法官自由裁量的空间，然而在实践过程中对于这一条款的适用存在一定的矛盾与混乱，因此基于裁判文书从认识论角度，对该兜底条款进行了重构，从"应然权利"的角度，将其理解为法官在个案中予以保护的利益，进而有助于平衡著作权自然权利和法定权利之属性，同时防止对《中华人民共和国反不正当竞争法》一般条款的逃逸。①

"三农"方面的研究文献占比达到21%。"三农"一直是我国予以关注的重要内容，其中，江晓华（2017）基于371份裁判文书对农村集体经济组织成员资格的司法认定进行了研究，通过分析指出集体成员资格案件中法院是否认定成员资格的司法态度时，呈现出了明显的冲突，而法院拒绝认定的理由包括资格认定不是平等民事主体间的纠纷、资格争议应由行政机关处理等，并提出了一系列问题，最后提出了一定的完善路径。②

此外，涉外问题占比仅为6%。其中，学者主要关注的问题在于涉外法律的适用。郭文利（2010）以757份裁判文书对我国涉外民商事审判中存在的问题进行了实证分析，指出我国法院在涉外民商事审判中仍存在诸多问题，尤其是在管辖权依据方面的适用固定不明，进而产生了一定的消极影响。③ 宋连斌、张溪瑨（2018）通过93份裁判文书对我国涉外一般侵权法律适用的现状、特点及改进建议进行了探讨，指出我国涉外一般侵权案件呈现出逐年递增的趋势，但是仍存在法院对一般侵权规则与特殊侵权规则、一般法与特别法之间的关系未进行正确处理等情形，进而导致了法律适用错误、裁判文书说理不充分、法律推理错

---

① 分别见唐仪萱、聂亚平《专利无效宣告请求中止侵权诉讼的问题与对策——基于2946份民事裁判文书的实证分析》，《四川师范大学学报》2018年第2期；王一潘《著作权权利"兜底"条款的解释适用——基于398份裁判文书的类型化》，《中国出版》2019年第23期。

② 分别见江晓华《农村集体经济组织成员资格的司法认定——基于372份裁判文书的整理与研究》，《中国农村观察》2017年第6期；李广德《农地流转纠纷的类型构造与司法治理——基于承包经营权纠纷案件的实证展开》，《山东社会科学》2017年第4期。

③ 郭文利：《我国涉外民商事审判存在问题实证研究》，《时代法学》2010年第5期。

误等问题。① 以上这三类研究问题占比达到 56%，超过一半，而其他类中的研究问题较为分散，例如股权让与、显示公平条款等，通过对民商事研究问题的分布情况可得，"三农"问题与知识产权问题仍然是裁判文书进行实证研究的热点内容。

表 5-7　　　　　　　　　民商事研究问题　　　　　　　（单位：篇；%）

民商事研究问题	"三农"	知识产权	涉外	其他
数量	7	9	2	14
占比	22	28	6	44

（二）刑事领域的研究

对于刑事案件的研究，主要集中在网络犯罪、腐败犯罪以及著作权犯罪，具体分布如表 5-8 所示。在刑事方面研究的问题中，涉及网络犯罪的研究占比为 24%。其中，近年兴起的 P2P 网贷平台犯罪情况成为了重点关注内容，李永生、胡冬阳（2016），叶良芳（2018）等对 P2P 网络借贷的刑法规制问题进行了研究，叶良芳（2018）以 104 份刑事裁判文书为样本，对 P2P 网贷平台刑法规制进行了实证分析，指出在司法实践中，构成非法集资犯罪的 P2P 网贷平台往往存在虚假宣传、承诺还本高息以获取投资人信任的情形，然而在此类犯罪判决中，平台所触犯罪名的区分多以资金用途和投资人损失比例为标准，平台的虚假宣传在司法解释以及司法实践中并没有得到相应的重视，在平台形成资金池后在支配使用构罪与否方面存在界限不清以及法条竞合等问题亟待解决。②

腐败犯罪的研究占比为 23%。较有代表性的是褚红丽、孙圣民、魏建（2018）基于 2014 年中国法院公布的受贿罪一审刑事判决书，对受贿主体职务级别、法律制度设计和腐败惩罚之间的关系进行了探讨，

---

① 宋连斌、张溪瑨：《我国涉外一般侵权法律适用的现状、特点及改进建议——基于93份裁判文书的实证分析》，《江西社会科学》2018 年第 2 期。

② 叶良芳：《P2P 网贷平台刑法规制的实证分析——以 104 份刑事裁判文书为样本》，《辽宁大学学报》2018 年第 1 期。

该文发现"高管轻惩"只是外在表象，仅仅是在刑法修改之前"刚性受贿金额决定量刑"这一惩罚规则掩盖下的假象。文章在考虑法律设计特征、控制腐败惩罚的边际递减效应后，得出了高级别贪官腐败惩罚更重的结论，并经过进一步的分析表明，腐败惩罚扭曲表象主要是刑法调整滞后性所导致，并不是"刑不上大夫"的现代复活。①

涉及著作权犯罪的研究占比为12%。其中值得注意的是徐宏、陈颖（2019）以上海市近5年的裁判文书为分析样本，对侵犯著作权罪进行了实证研究，指出现阶段刑事司法理念存在偏差、立法较为滞后、被害人处于边缘化地位等问题，进而对侵犯著作权犯罪的实际规制效果产生了消极影响，基于此提出了进一步提高刑事立法的前瞻性与统一性，建立多元化的事实查明机制，完善刑罚结构体系，重视被害人的权利保护，并加强对著作权保护的社会培育等建议。②

以上三类占比达到59%，其他类中较为分散的研究问题有刑事重典的遏制作用、抽资出逃罪等方面。由此可见，互联网时代的到来，对于刑法的发展同样产生了较大的影响。在刑事问题的研究中，网络犯罪成为重要的研究内容，其次为腐败犯罪，这与习总书记的权力制约重要论述息息相关，著作权犯罪同样处于重要的研究地位，由此可见，我国在著作权相关法律方面的立法与应用仍需要进一步完善与发展。

表5-8　　　　　　　　　　刑事研究问题　　　　　　　（单位：篇;%）

刑事研究问题	著作权犯罪	腐败犯罪	网络犯罪	其他
数量	12	23	24	41
占比	2	4	4	7

---

① 褚红丽、孙圣民、魏建：《职务级别、法律制度设计与腐败惩罚扭曲》，《经济学（季刊）》2018年第3期。

② 徐宏、陈颖：《侵犯著作权罪实证研究——以上海市近5年的裁判文书为分析样本》，《中国出版》2019年第2期。

在行政方面的研究主题呈现出较为分散的状态，其中，朱春华（2013）、黄启辉（2013）通过行政裁判文书实证分析对行政诉讼一审、二审审判情况进行了研究，陈运生（2018）则重点关注于裁判文书中对行政性规范文件的审查问题。整体而言，在行政研究方面并无明显集中哪几个方面的倾向，然而对于行政方面的研究文章占比较大，在简政放权、权力下放的行政体制改革大背景之下，行政方面的研究仍占据着重要的地位。

（三）诉讼领域的研究

如表5-9所示，在研究的诉讼问题方面，主要集中在行政诉讼和民事诉讼两个方面。如上文所述，朱春华、黄启辉作为行政诉讼法的代表性研究学者，基于裁判文书对其中的诉讼问题进行了探究。朱春华（2013）通过8家法院3980份裁判文书对行政诉讼二审审判状况进行了研究，并通过多变量分析，对案件如经复议和有第三人时，与有利被告裁判率和维持原具体行政行为的判决比例之间的关联性进行了分析；黄启辉（2013）以40家法院2767份裁判文书为样本，对行政诉讼一审审判状况进行了研究，得到了非对抗权力型诉讼多、行政诉讼当事人复杂、判与诉不一致等结论。[①] 而唐雯（2017）则基于裁判文书对民诉中的知识产权侵权诉讼中侵权人获利的证明进行了探究。[②] 由于诉讼研究的内容天然地与案例、裁判文书紧密联系，因而

表5-9　　　　　　　　诉讼研究问题　　　　　　　（单位：篇;%）

诉讼研究问题	民商事诉讼	行政诉讼	环境公益诉讼	其他
数量	5	5	1	1
占比	42	42	8	8

[①] 分别见朱春华《行政诉讼二审审判状况研究——基于8家法院3980份裁判文书的统计分析》，《清华法学》2013年第4期；黄启辉《行政诉讼一审审判状况研究——基于对40家法院2767份裁判文书的统计分析》，《清华法学》2013年第4期。

[②] 唐雯：《知识产权侵权诉讼中侵权人获利的证明——基于裁判文书的实证分析》，《大连理工大学学报》2017年第4期。

诉讼领域的实证研究居于先导地位。然而，随着其他部门法实证研究的兴起，诉讼法领域的研究优势不再那么明显，未来还需要进一步开拓。

最后，需要注意的是对于指导性案例的研究。指导性案例的研究在裁判文书的实证研究中，占比达到6%，虽然占比较低，但是仍然是不可忽视的一部分。2014年以前的指导性案例研究与2014年裁判文书公开以后在数据的获取方面有所区别，现阶段，采用裁判文书实证研究对指导性案例的应用进行研究已经得到了部分学者的认可并取得了一定成果。其中，顾培东（2018）在《判例自发性运用现象的生成与效应》一文中指出判例自发性运用现象对法学理论研究的转型与深化，对法律规范体系及法律规范生成机制的改善，能够产生重要影响；彭中礼（2017）在《司法判决中的指导性案例》一文中指出从未来发展的角度看，增强指导性案例的实效，需要从程序、方法和理念等层面着手，实现案例指导制度的中国化和本土化。①

四 研究方法：经济学分析方法的简单运用

（一）经济学范式应用的主题分布

在裁判文书实证研究中，运用经济学范式分析的论文同样呈现出研究主题多样化的特征，同时在分布方面表现出一定的不均衡性。在学科分布方面与整体裁判文书实证研究论文基本保持一致，在一定程度上可以说明法学学者与经济学学者在研究主题的选择关注方面具有一致性。其中刑事、民商事、行政、诉讼方面的研究仍占据了较大的比例，对于司法本身问题的研究与诉讼方面的问题研究占比相同，另一方面，还涉及指导性案例和环境方面的研究见表5-10。

---

① 分别见顾培东《判例自发性运用现象的生成与效应》，《法学研究》2018年第2期；彭中礼《司法判决中的指导性案例》，《中国法学》2017年第6期。

表 5–10　　　　　经济学范式应用的主题分布　　　　（单位：篇;%）

经济学范式应用主题	数量	占比
刑事	7	28
民商事	5	20
行政	4	16
诉讼	3	12
指导性案例	2	8
环境	1	4
司法	3	12

其中，胡昌明（2018）将经济学范式应用至刑事研究领域，以1060 份刑事判决书为样本，通过"标准比值法"来编制刑罚强度的综合评级指数，以此对被告人身份差异对两性的影响进行了分析，得到了这种影响的程度与当事人的社会结构差异相关的结论；[1] 魏建、彭康、田燕梅（2019）对 2015 年法院版权侵权判决书对版权弱司法保护进行了经济分析，通过采用左右限的 Tobit 模型进行回归，发现原告得到赔偿的金额通常比较低，且随着诉求金额的提高，法院判决比不断下降，同时原、被告的讨价还价能力对自身诉讼的成败产生了较大的影响，较低的赔偿额并没有给版权所有者提供足够的保护，亦没有对侵权者形成足够的威慑；[2] 乔仕彤、毛文峥（2018）等学者依托裁判文书实证分析将经济学范式应用至行政法研究领域，他们通过对各高级法院裁判文书的收集，探究行政征收的司法控制之道，应用回归模型对征收案件公共利益、合理补偿及正当程序三个要素在约束地方政府权力方面的作用进行比较分析，发现各省高级人民法院主要关注征收行为程序的合法性，征收项目合理审查则极少，同时文章中提出了解释行政程序在征收案件审判中发挥主要作用的有信息、专业知识及权力，基于此，文中为未来

---

[1] 胡昌明：《被告人身份差异对量刑的影响：基于 1060 份刑事判决的实证分析》，《清华法学》2018 年第 4 期。

[2] 魏建、彭康、田燕梅：《版权弱司法保护的经济分析——理论解释和实证证据》，《中国经济问题》2019 年第 1 期。

该领域的实证研究进行了理论框架的建构。[①] 由此可见，虽然应用经济学范式进行裁判文书实证研究的论文数量较少，然而研究所涉及的法学问题多样化与热点化趋势显著，在一定程度上能够说明经济学范式对法学问题的适用性较强。

（二）经济学范式应用的程度

法经济学的发展过程经历了范式提出、接受与质疑等多个阶段，其分析范式体现为法经济学所使用的经济学分析方法。[②] 而此种经济学分析方法主要包括成本—收益分析、效率分析、计量回归分析等借助模型或数据分析软件等对数据进行深入挖掘的内容，而通过简单的数据统计分析并不归属于经济学分析范式。因此针对于上述文章，将论文研究中所用数据分析方法进行了区分，同时这一区分标准亦与上文中所提到的法学实证研究边界的划分相一致。

由表 5-11 可以看出，在裁判文书的实证研究中，应用经济学分析方法进行实证研究的文章占比仅为 21%，其中所运用的研究方法包括 SPSS、交叉分析、量化函数及计量回归分析等，大多数学者仍然仅使用简单的数据统计分析方法进行。由此可见，经济学分析方法作为一种分析工具，已经得到了一定的应用，但是其应用程度仍然处于较低的状态。

表 5-11　　　　　　　经济学分析范式的使用情况　　　　　　（单位：%）

经济学分析范式的使用情况	经济学分析方法	简单数据统计分析	经验研究
占比	21	76	3

五　研究者：经济学学者更偏向合作

（一）论文作者专业背景

通过对论文的整理统计，针对于裁判文书的实证研究的文章作者包括

[①] 乔仕彤、毛文峥：《行政征收的司法控制之道：基于各高级法院裁判文书的分析》，《清华法学》2018 年第 4 期。

[②] 魏建：《当代西方法经济学的分析范式研究》，博士学位论文，西北大学，2001 年。

经济学专业背景的学者和法学专业背景的学者，其中法学专业背景的学者占比达到91%，经济学专业背景的学者仅占9%（见表5-12），其中主要为魏建、褚红丽、田燕梅等法经济学背景的研究学者，但是也包括为数不多的其他学科经济学背景学者。[①] 由此可见，在裁判文书法学实证研究中，经济学学者发挥的作用微乎其微。法经济学作为法学和经济学交叉发展的学科，在推动二者融合的过程中发挥了巨大的作用，然而由于具备经济学和法学交叉背景的复合型人才培养难度较大，因此对于法经济学的研究会产生一定的消极影响，同时对于两个学科范式之间存在的必然冲突，如何找到二者相容的节点，仍然是现阶段法学与经济学跨学科发展亟待解决的难题。

表5-12　　　　　　　　　论文作者专业背景　　　　　　（单位：篇;%）

作者专业背景	法学专业背景	经济学专业背景
数量	95	9
占比	91	9

（二）论文署名情况

通过表5-13可以发现经济学界更讲求合作，非独作占比达到89%，而法学界则倾向于独著，非独作占比仅为37%。通过合作能够充分发挥不同专业以及不同年龄段人员之间的作用，进而实现优惠互补，实现提高效率，达到共赢的目标，这一方面对于强调分工、专业细化的经济学而言更为明显。而这一现象出现的原因也在于法学学者在进行实证分析时，由于经济学知识的匮乏，仅能够对少量数据进行简单的统计分析，因此仅凭一人之力便可完成，而对于经济学学者而言，已经熟练掌握经济学分析范式的应用，能够对大量数据借助多种经济学分析方法进行更加深入的现象挖掘，因此在大量数据的获取与整理方面，通

[①] 本书在统计作者背景时，对于同一作者署名两人以上的情况，仅统计第一作者，以发表文章上所列单位为准，如经济学院归属于经济学背景、法学院归属于法学背景。

过合作提升研究效率不失为明智之举。

表5-13　　　　　　　论文独著或合著情况　　　　　（单位：篇;%）

论文合作情况	独立作者论文数	非独立作者论文数	非独作占比
经济学背景	1	8	89
法学背景	60	35	37

六　小结

综上所述，通过对现有裁判文书的法学实证研究的统计分析，发现存在以下特征。第一，从研究主题方面看，呈现出多样化与热点化，运用经济学范式进行的裁判文书实证研究与整体研究均以国内或国际热点为导向，表现出多样化且分布不均的特征，由此可见，经济学范式的运用与法学实证研究有一定的契合性。第二，从经济学范式的使用情况来看，现阶段，经济学范式在裁判文书实证研究中已经得到了一定的应用，实现了统计分析的简单运用，但是仍处于较低的水平，在法学与经济学的交叉互动方面有所欠缺。第三，从研究者方面来看，在专业背景上，由于探究问题为法律问题，在裁判文书实证研究中仍然以法学学者居多，经济学学者发挥的作用微乎其微。无论是法学学者还是经济学学者，在研究中仍然主要遵循本专业的研究范式，对于法学和经济学交叉复合型人才并未成为主流，其中法经济学作为法学与经济学交叉发展的学科，在推动法学实证研究中，经济学范式的运用发挥了重要的作用，为中国法学发展的大环境发展与法学以及经济学学科内部发展的小环境发展均提供了新的途径。第四，从论文署名情况来看，经济学背景的学者更注重合作，而法学学者则与之相反，由于双方的互动程度较低，在一定程度上对法经济学的发展产生了一定的消极影响。由此可见，法与经济学两大学科还有待进一步融合。

第三节　对法学实证研究中经济学范式应用的思考

通过上文的分析，可以看出虽然基于裁判文书的法学实证研究中经济学范式已经有了一定的应用，但是仍处于较浅的层次，存在一定的不足之处，主要体现在经济学范式的使用情况方面，仅仅得到了简单应用，在基于裁判文书的法学实证研究中对数据的分析方法多数处于初级阶段，尤其是对于法学背景学者而言，并没有经济学等学科的相关知识，熟练掌握数理统计等方法，通过构建模型进行定量分析更是难上加难，而经济学范式则是进行因果性以及相关性研究，对法律运作过程的规律性进行揭示的必备工具，而现阶段对于因果关系或相关性的分析仅能通过传统的推测性演绎来实现，缺乏一定的客观性与准确性。同时，法学学者与经济学学者之间的合作甚微，裁判文书实证研究这一瓶颈期问题亟待解决。何以产生上述问题？笔者认为主要原因在于以下法学研究范式下对经济学范式应用的困惑。

一　法学研究范式下对经济学范式应用的困惑

现阶段基于裁判文书的实证研究无异于为法经济学的研究开辟了新大陆，而对于法学学者而言，由于受到自身法学研究范式的束缚，对于经济学范式的应用产生了一定的困惑与怀疑，进而使法学界对于法经济学发展的前景持有并不乐观的态度。这种困惑主要体现在三个方面：

第一，方法论。法学界对于方法论方面的困惑，主要体现在经济学分析范式对共性的追求以及经济学分析工具的使用。对于经济学而言，注重探究大样本的共性问题，裁判文书大数据的存在，为研究提供了非常好的素材。而对于法学研究而言，可能不经意间忽视的特定事实便会直接影响到定罪量刑，因此细致入微的个体特征才能够深入探究当下法律的适用性。因此对于经济学范式对样本个体特征的忽略，使得法学家对此难以接受。同时法学界对于经济学分析工具的使用同样存在疑虑。

在采用计量分析时,通常情况下会先进行理论假设,例如回归方程,通过假设线性或非线性关系,进而对假设进行验证,这对于法学界而言匪夷所思。同时对于经济分析工具的发展而言,往往具有一定的阶段性,工具发展的滞后性同样成为法学家困惑的原因。

第二,研究的路径。法学界对于经济学家进行的经济研究路径方面同样存在诸多困惑,主要体现在研究价值、理论套用及结论的不稳定三个方面。对于经济学家而言,多应用经济工具来证明已有结论,对于法学家而言价值过低,并不能有新的发现。在应用裁判文书数据的同时,经济学家往往通过套用经济理论框架来进行研究,将经济学理论套用至已有观点进行验证,法学界认为并无创新性可言。由于经济学学者对法学知识掌握的不足,因此在裁判文书数据的选取可能存在一定的问题,进而使得应用经济学范式得到的结论存在区别,甚至可能出现完全相反的结论,而对于法学界而言,此种情况较为鲜见,结论的不稳定性令法学学者难以承受。

第三,学习成本。法学家思考是否应用经济学范式时,需要比较的成本收益主要体现在学习和使用经济学分析工具方面。对于多数法学家而言,并没有接受过系统经济学或数学统计等课程的学习,因此经济学范式对于法学家而言在一定程度上处于空白状态,学习起来需要投入大量的时间、金钱成本,经过学习之后能够熟练应用同样尚不可知,同时经济学分析工具不断推陈出新并趋于复杂化,因此探索这一领域是否值得,也成为了法学学者抉择的重要内容。

二 回应:经济学研究范式对于当下法学实证研究的价值

法学界对经济学研究范式的应用存在的诸多质疑,给予了经济学界一次直接审视自我的机会。针对以上三点困惑,作出以下回应:

第一,对方法论的回应。经济学对于普适性规律的追求与法学研究的目的在一定程度上而言并不相悖,法律具有普遍适用性,为了实现这一普遍适用性,法学家才致力于研究个性特征,以消除差异,实现共性。二者仅仅在选择途径上有所差异,法学界为个性到共性,而经济学则是通过追求共性，检验共性。而对于裁判文书法学实证研究而言，正是这样基于大样本寻找普适性规律的过程，这一点与经济学相吻合。对于经济学的分析工具而言，通过假设，排除不可控因素，设置相应变量，能够对不同的现象进行比较，进而增强结论的普适性，而这一寻求共性的过程，需要付出忽略个性的代价。对于所忽视的异常特征，随着经济学的发展，同样努力探索解决之道并取得了一定的进步，例如后验概率、非线性分析等，已经可以弥补部分不足。

第二，对经济研究路径的回应。经济学基于假设对多数人的行为进行判断与预测，而以人为研究对象的法学同样适用。经济学家偏好经济理论的套用与估算，然而由于各类现象的复杂性，经济学家只能在众多现象中选择一个或多个规律进行分析，在此基础上，通过规律的叠加以解释现象，通过不同可能性结果之间的比较，寻求最优状态，而应用到法学研究中，则是为法学的未来发展设立既定目标。同时，经济理论与分析工具之间的关系密不可分，在经济理论这一框架的指导下，数量分析的技巧以作为经济学家工具箱中的法宝而存在，只有在理论的指导下，经济学家才能实现复杂现象的变繁为简，转化为可控的逻辑推导，此为经济学家的优势所在，而这同样也是裁判文书法学实证研究中对数据的处理所需要的。[①] 随着经济理论对现象研究的日益深入，倒逼经济学分析工具更新发展，此时通过借鉴吸收数学或统计学的最新成果，以实现对最新经济理论的验证，在这一过程中，便会导致结论的不断变化，进而呈现出结论的不稳定性，使法学家产生了经济学家仅仅是为了达到既定数据，而非寻找规律与真相的怀疑，恰恰相反，此为理论与工具进步的结果。

第三，对学习成本的回应。法学与经济学之间知识结构的差异性引发了对成本收益问题的思考。对于法学知识而言，为了适应社会的发展，会进行修改完善，但是由于法律具有稳定性，仅限于小范围内变动，极少出现知识更新换代、旧知识推翻新知识的情形，然而由于

[①] 孙圣民：《对国内经济史研究中经济学范式应用的思考》，《历史研究》2016年第1期。

科目众多，在掌握以及灵活运用方面存在一定的难度，因此需要在实践中不断积累以实现灵活应用，基于此，中老年学者对于法律思维的成熟性、看待法律问题的深刻性及发现问题的敏感性方面要优于青壮年，在合作研究方面的要求并不高。而对于经济学而言，由于技术性知识日新月异，极易老化，因此对于经济学学者而言，继续学习成本较高，因此在学术方面往往通过以青年的技术，结合中年的思想，二者合作完成学术研究。中国法学与经济学有一共同点，即均为"舶来品"，法律多借鉴德日，而法经济学的研究范式也是来自于西方，二者在研究中，往往通过与国外数据相比较实现，因此在这一方面二者有一定的契合性。而对于法学实证研究而言，尤其是对基于裁判文书的实证研究而言，裁判文书属于"中国化"产物，体现着"中国化"问题，此为国外学者所不了解的。法学家与经济学家之间可以以此为契机实现合作，凭借法学家对法律知识的积累与熟练运用，应用经济学理论与分析工具，以此为素材推进中国法经济学的研究，进而推进中国法经济学分析范式的形成。

三 小结

对于裁判文书大数据研究而言，与简单数据统计的经验式研究存在一定的差异，缺乏深度的事实性描述与脱离抽象理论的数据调查、乏味的调查报告并没有太大的区别，这也并非学术研究所追求的内容。基于此，应对裁判文书的数据与理论研究之间的张力进行重新思考。基于裁判文书这一大数据的研究作为法学实证研究的新思路，与传统的实证研究相比具有其独特的意义，其具有的信息量大、连续性、中立性及权威性等特征，为法学实证研究创造了更加广阔的发展空间，同时也开拓了法学研究最前沿的问题域。裁判文书的公开使得法学大数据规模空前巨大，提供了新的研究对象与素材，为稀有事件的研究与细微差异的发现创造了新的研究条件，因此通过对未来大数据的应用，我们可以对现实中的新问题进行挖掘，而并非局限于以既有问题为起点或直接对研究结论进行预设。基于此，对于裁判文书而言，倘若能够通过适当的方式为研究者所用，通过其数据所得到的结果，在一定程度上极大可能实现对客观世界中隐藏规律的揭露，现有的理论可能因此而被验证或推翻，进而在经验事实基础上出现新的理论突破，而这一过程的实现，与法经济学自然是密不可分的。

下 编

法经济学的本土化：
理论与方法的应用

第六章 民事诉讼的经济学分析

第一节 诉讼经济学概述

对于诉讼（程序）的经济学分析，从法经济学产生的初期就备受重视。这是因为法经济学理论的发展，肇始于普通法系的美国，而他们历来奉行"救济先于权利"的法律原则，重视程序法的研究和应用。同时，由于诉讼当事人的行为涉及个体决策问题，其中包含着大量的信息问题。所以，随着信息经济学、博弈论的发展，越来越多的经济学家开始把这些方面先进的理论和方法应用于纠纷当事人的行为研究上，这也使得诉讼问题的研究在分析方法方面成为法经济学的一个前沿领域。在现代法经济学形成与发展的40多年时间里，这一领域产生了大量的研究成果，并逐步形成了独特的理论分析框架，并有人称之为诉讼经济学。

所谓诉讼经济学，从法学的范畴来看，也可以称为诉讼的经济学分析，即运用经济学的理论及方法来分析诉讼问题；从经济学的范畴看，它是以诉讼法为研究对象的法经济学的一个分支，强调对法经济学理论的运用和检验。[①] 当然，这一研究的主要目的还在于完善现有的诉讼制度及与其相关的纠纷解决机制。

[①] 这里诉讼是一个相对比较广泛的含义，它实际上包含了我们所说民事纠纷解决的内容，只涉及少量刑事诉讼程序的内容，比如诉辩交易等。而刑事诉讼有关刑罚的确定、威慑等内容一般是刑法经济学分析的范畴。另外，由于实体法与程序法天然的不可分性，特别是当事人对预期裁判收益的判断要受到实体法的影响，比如侵权责任规则，所以诉讼制度的经济学分析不可避免地要涉及一些相关的实体法内容。

从研究思路来看，虽然传统的法学分析和诉讼经济学分析的最终落脚点都在于推动制度的构建与完善，但是相对而言，两者存在着很大的差异。法学的分析方法主要是从诉讼制度本身出发的规范性分析；而诉讼经济学研究则是从当事人、法官、律师等主体出发，主要从个体主义的方法论出发，研究他们的行为动机、行为策略等，进而解释制度因素对这些主体行为的影响。诉讼经济学的研究对象非常广泛，其内容涵盖了审判制度、诉讼程序、证据规则、法官行为、律师费用等各种与诉讼有关的法律规则。

诉讼经济学的研究起点在于经济学的最基本的成本收益分析。由于社会所能提供的公共资源具有稀缺性与有限性，所以从社会角度看，纠纷解决的经济目标应该是成本最小化，以节约社会成本。对于诉讼程序而言，它的启动亦应当追求成本的最小化，具体指管理成本与错误成本之和的最小化。[1] 所谓管理成本是指国家运行诉讼程序所要耗费的资源，错误成本是指由于错误裁判所带来的损耗。因为诉讼过程所耗费的管理成本巨大，要想使两者之和最小化，最直接的方法就是减少诉讼的启动。另外，从资源配置的角度看，纠纷的解决实际上是对资源的重新配置。按照科斯定理，这一过程应该尽量降低交易成本，以实现资源配置的优化，而冗长和复杂的诉讼程序显然不具备这一优势，所以采用和解、仲裁等成本低廉、方便快捷的方式解决纠纷应当是合乎纠纷解决的经济目标的。

然而，因为民事纠纷解决方式的选择，比如诉讼程序的启动都是由当事人来决定的，基于理性人的假设，他们启动程序时往往只考虑个人成本和自身收益，而不会去关注社会的成本和收益，所以启动诉讼程序的私人动机就会与制度设计的初衷相偏离。[2] 于是，诉讼程序可能就不能按照社会的意愿去运转，从而造成社会福利的降低。如何消弭这一分

---

[1] Christine Jolls, Cass R. Sunstein, Richard Thaler, "A Behavioral Approach to Law and Economics", *Stanford Law Review*, Vol. 50, No. 5, 1998.

[2] 关于提起诉讼的私人动机与社会动机这一问题最早由沙维尔提出。Steven Shavell, "The Social versus the Private Incentive to Bring Suit in a Costly Legal System", *Journal of Legal Studies*, Vol. 11, No. 2, 1982.

歧——通过怎样的制度设计能够引导当事人按照社会意愿进行诉讼或者设计怎样的"兼容性"制度来实现社会福利最大化就成为诉讼经济学研究的一条主线索。

沿着这条线索,要找到解决分歧的途径,就必须先对潜在的或实际的诉讼当事人行为动机进行分析,了解他们的决策过程及其影响因素。因此,对于当事人的诉讼决策的研究,也就成为诉讼经济学研究的核心问题。许多的法学家和经济学家贡献出了他们的聪明才智,运用经济学的理论方法构建出了当事人诉讼决策的模型,也被称为诉讼的经济学模型或和解模型。

第二节 诉讼经济学的核心:诉讼的经济学模型

根据前文的分析,诉讼经济学研究的基本思路就是:当事人为什么会起诉?当事人怎样达成和解或走向判决,为什么?诉讼制度是如何影响当事人这些决策的?什么是合乎社会意愿或者说是有效率的诉讼制度?这种思路贯穿于三个基本阶段,即纠纷发生而当事人尚未起诉的阶段;诉讼中的和解或继续审判的阶段;审判完结之后的阶段(见图6-1)。

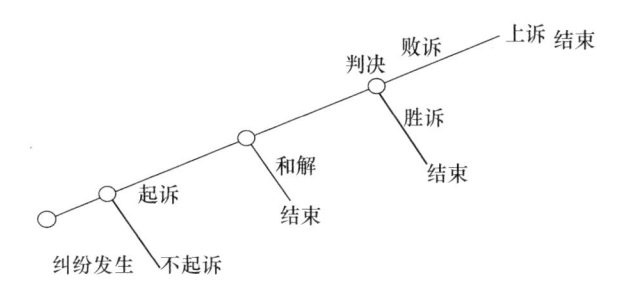

图6-1 诉讼决策的各个阶段

一 当事人诉讼决策的基本模型

最基本的诉讼经济学模型假设纠纷只涉及两个当事人:一个原告和

一个被告。原告是想从伤害他的人那里寻求补偿的受害者；被告是未来可能要对原告负责的人。原告是否会起诉要看追究此案所能带来的收益以及成本。原告的预期净收益等于预期判决乘以原告认为的胜诉概率减去诉讼成本。被告的损失等于预期判决乘以被告认为原告的胜诉概率加上诉讼成本。在以后的大多数模型中，这些变量都被认为是外生的。同时假设，诉讼的成本相对于原、被告而言都是很高昂的，所以对理性的当事人而言，由于纠纷的解决要有所投入，就必须仔细掂量自己的选择。

早期的研究观点对于尚未起诉阶段的当事人行为的分析，都着眼于当事人自身对预期的判断，所描述的当事人的行为都是非策略的——当原告预期净收益为正时，原告会考虑起诉；原告的诉讼预期净收益为负时，会选择和解。但是这种解释很难说明为什么理性当事人在知道自己的预期时仍不能达成和解；甚至有时候原告的预期净收益为负值时，仍会选择起诉，即提起所谓的负值诉讼。于是，又发展出许多模型来解释这些问题，即为什么达成和解或走向判决，其中最为基础和重要的模型就是诉讼的乐观模型。

（一）乐观模型

William M. Landes、John P. Gould 和 Richard A. Posner 等许多学者都认为当事人之所以会选择诉讼或和解，原因在于双方对于审判的最终结果（胜诉概率）的想法是有差异的。

假设被告认为原告的胜诉率为 P_d，原告认为的胜诉率为 P_p，设和解的费用为 0，C_p、C_d 分别表示原、被告的诉讼成本，D 表示判决标的额（原、被告都认可的原告胜诉后得到的赔偿）。原告最小的和解要求 $= P_p D - C_p$，被告的最高和解数额 $= P_d D + C_d$，则诉讼发生的必要条件为：$P_p D - C_p \geq P_d D + C_d$，即 $(P_p - P_d) D \geq C_p + C_d$。由此可以看出，当事人对于决策的选择要受到各自对胜诉概率的预期、判决的标的额、各自庭审成本因素的影响，其中最核心的是双方对胜诉概率的预期。这个式子说明当原、被告双方对原告胜诉的预期有着相同的看法，或原告乐观、被告悲观的情况下（等式左侧将为负值，则总会小于右侧），和解都会发生。相反地，导致审

判的条件为 $(P_p - P_d) D > C_p + C_d$。即当事人对自己胜诉有着乐观的预期，而且当事人对自己胜诉概率的预期越乐观，$P_p - P_d$ 之差越大，越有可能诉讼，而由于不存在和解的合作剩余，则和解不易产生。

乐观模型确立了诉讼或和解决策过程的基础框架。后续的模型和大量的实验研究结论都是以此为基础，在对其假设条件进行放松或变换而得出的。第二个比较常用的模型就是案件选择模型。

（二）案例选择模型

George L. Priest 和 Benjamin Klein 基于乐观模型，提出了案例选择模型。之所以叫案件选择模型，是因为 Priest 和 Klein 据此模型和相关的假设，研究了审判解决的纠纷同诉前或诉中和解的纠纷之间的关系，即什么样的案件被筛选进了法院。他们认为不管案件总体情况如何，诉诸法院的案件的原告大约 50% 的时间会赢。[①] 该模型沿用了乐观模型的框架，增加了对原告和解成本的假设，并强调当事人对于决策的选择是外生的，他们的行动是非策略性的，并不会影响当前或今后其他当事人的行为。

假设被告认为原告的胜诉率为 P_d，原告认为的胜诉率为 P_p，设和解的成本为 S，S_p、S_d 分别表示原、被告的费用，J 表示判决标的额。原告最小的和解要求 $= P_p J - C_p + S_p$，被告最高的和解数额 $= P_d J - C_d + S_d$，则庭审发生的条件可以写作：$(P_p - P_d) > (C - S)/J$，该模型还假设等式的右侧是小于 1 的，如果大于 1 则肯定导致和解。即当诉讼成本与和解成本的差额大于当事人预期的判决额时，当事人将不可能诉讼。

（三）外部性作用模型

上述两个模型认为诉讼之所以发生，是因为双方当事人对未来的诉讼结果预期存在差异，但是由于外部性作用的存在，即使是在当事人对

[①] 后来的许多学者都对此结论提出了质疑，比如 Shavell 认为因为大多数纠纷都是在进入法院之前解决的，诉诸法院的案件恰恰不能代表纠纷总体情况，因此从这些诉讼案件中推导得出相关结论可能是有误导性的。Steven Shavell, *Foundations of Economic Analysis of Law*, Boston：Harvard University Press, 2004, p. 20. 虽然 50% 的结论值得商榷，但 Priest 和 Klein 为我们提供了一个新的视角，就是在研究诉讼制度时，或许我们应该先了解一下到底什么样的案件进了法院。

审判结果预期一致的情况下，也会导致诉讼的发生，所以学者又发展出外部性作用模型。

所谓诉讼的外部性作用主要是本案作为先例对日后当事人的预期产生影响作用。例如，某公司在一次庭审的败诉可能将引起一系列未来的诉讼；再比如，某个原告可能想通过诉讼将被告公之于众并使之名誉扫地。在具有外部性的情况下，有利于原告的判决将产生一个原告的外部性收益 G_p，而被告将遭受一个外部性的损失 L_d。类似地，有利于被告的判决将产生一个被告的外部性收益 G_d，而原告将会遭受一个外部性的损失 L_p。假设原、被告对于胜诉概率的认识是一致的，将概率设为 P，则依据提起诉讼的基本条件，预期收益大于预期损失，导致诉讼的条件变为：

$$P(G_p - L_d) + (1 - P)(G_d - L_p) > C_p + C_d$$

此模型表明，即使是在当事人对审判结果预期一致的情况下，当胜诉当事人的外部性收益超过败诉当事人的外部性损失时，诉讼依然会发生；反之，就会出现和解。比如当某个当事人害怕诉讼会导致自己的隐私或有价值的商业信息被披露时，双方当事人就比较容易达成和解。

二 当事人诉讼决策的信息模型

当事人诉讼决策的基本模型虽然解释了诉讼产生的基本原因，但解释不了为什么当事人的想法会出现这样的差异，并且也不能描述当事人和解时讨价还价的过程。随着信息经济学的发展，从20世纪80年代开始，研究发现当事人所掌握的信息情况影响了他们对预期结果的看法，而且现实情况中这些信息往往是不对称的。所以，学者们主要针对不对称信息条件下当事人判决前的谈判进行了博弈分析，创建出了诉讼的信息筛选模型和信号显示模型。因为这两个模型的分析更贴近现实，所以业已成为研究当事人行为的基础，后续的很多模型都是在此基础上进行的扩展。

（一）信息筛选模型（Screening Models）

Bebchuk 建立了单边信息不对称情况下，由不知情的被告当事人先提出和解报价的模型。① 贝氏的模型认为庭审中的原告对责任的追究有着信息优势，原告一般更为了解自己的损失情况，而被告往往不掌握这些信息，不知道自己面对的是低损失的还是高损失的当事人。该模型假设存在着高损失和低损失的两类原告，并由被告首先作出和解报价，原告要么接受，要么拒绝。

通过该模型主要得出了三个结论：第一，审判成本越大，原告就越倾向于和解；反之，被告的报价会被强势的高损失的原告拒绝。因为审判成本越大，理性的被告给出的和解报价将倾向于大于或等于高损失原告的预期收益，这时候不论哪种类型的原告都将可能接受和解。反之，审判成本越低，被告的和解报价也倾向于较低，可能介于两类原告所能接受的报价之间，则会出现分离的情况，即若是低损失的原告则会接受报价，而强势的高损失原告则会拒绝这一报价。第二，当事人之间的相对信息越近乎一致，越可能达成和解。因为被告就能根据情况作出更为理性的和解报价。第三，在双方当事人都很乐观的情况下，随着案件的标的额的增长，和解的可能性随之下降。Bebchuk、Nalebuff、Cheung 进一步深化了这一模型。② Spier 在此模型基础上对当事人的讨价还价进行了跨期的动态分析。这种分析表明越早的和解主张会被看作是底气不足的表现，将使当事人自己处于一种诉讼策略的劣势中，因此解释出为什么实践中很多和解是在"法院门口的台阶上"达成的。③

Bebchuk 等人通过此模型分析了负值诉讼中当事人的诉讼决策问题。他们认为可能存在大量滥竽充数的或低损失的原告，使得被告不会积极主动地进行和解，从而导致很多真正的原告丧失和解的机会而不得不进行诉讼，即使他们知道自己诉讼的预期净收益为负值；另外，他们

---

① James W. Hughes, Edward A. Snyder, "Litigation and Settlement under the English and American Rules: Theory and Evidence", *Journal of Law and Economics*, Vol. 38, No. 1, 1995.

② Lucian Arye Bebchuk, "Suing Solely to Extract a Settlement Offer", *The Journal of Legal Studies*, Vol. 17, No. 2, 1988; Barry J. Nalebuff, "Credible Pretrial Negotiation", *The RAND Journal of Economics*, Vol. 18, No. 2, 1987.

③ Kathryh E. Spier, "The Dynamics of Pretrial Negotiation", *The Review of Economic Studies*, Vol. 59, 1992.

认为实践中随诉讼进程产生法律支出的情况可能导致负值诉讼。

（二）信号显示模型（Signaling Models）

Reinganum 等人建立了单边信息不对称情况下，由知情的被告当事人先做出和解报价的模型。① 在这个模型中，假设被告当事人了解自己的责任情况（是否尽到应尽的注意义务），原告并不了解此种信息。假设存在低责任和高责任两种类型的被告，并由被告首先作出报价。被告往往低估自己的责任，并且和解报价能够暗示出他所掌握的信息以及自身的类型。在这种情况下，不知情的原告会更加不肯接受较低的和解报价，这会反过来影响原告的和解请求，同时认识到较高的要求可能会引发谈判破裂的可能性，从而导致审判。相对于早期预期差异的模型，此时的诉讼决策不是因为当事人的顽固，而是基于理性的戒心。对于上述模型，许多学者进行了实证性的检验分析。这些研究主要针对一些侵权案件，比如医疗纠纷（医疗事故中医疗单位具有信息优势，是信息不对称理论的典型代表），还有专利侵权案件、劳动争议案件等。

Yasutora Watanabe 发现，关于医疗事故的案件中 75% 是在起诉之后判决之前达成和解的，说明审判过程中信息交流使得当事人双方对于庭审判决的估计趋于一致。② Davids 等人基于墨西哥劳动法院的数据得出：在诉讼中，工人们一般能得到所主张诉讼请求的 30%。之所以如此，是因为针对单个公司的多个索赔一般很少会和解，因为和解的数额往往高于判决额。另外，他们发现那些夸大索赔额的工人往往不太可能和解。③ Kuo-ChangHuang 等人基于台湾的劳动纠纷的实证检验得出：胜诉概率的增加会降低和解概率及和解的条件，并且能够提高和解失败后诉讼的可能性。他们的研究还表明，对于执意诉诸法院的工人们而言，

---

① Lucian Arye Bebchuk, "Litigation and Settlement under Imperfect Information", *The RAND Journal of Economics*, Vol. 15, No. 3, 1984; Daniel L. Rubinfeld, Suzanne Scotchmer, "Contingent Fees for Attorneys: An Economic Analysis", *The RAND Journal of Economics*, Vol. 24, No. 3, 1993.

② Yasutora Watanabe, "Learning and Bargaining in Dispute Resolution: Theory and Evidence from Medical Malpractice Litigation", *University of Pennsylvania Job Market Paper*, 2004.

③ David S. Kaplan, Joyce Sadka, Jorge Luis Silva-Mendez, "Litigation and Settlement: New Evidence from Labor Courts in Mexico", *Journal of Empirical Legal Studies*, Vol. 5, No. 2, 2008.

通过调解机制的作用来使低要求的工人发现有效信息是不可能的。这同时也说明,传统的博弈理论模型对于低要求的当事人行为方面的解释是不充分的。另外,随着工人们最初的诉讼请求的增加,他们对风险的厌恶也会导致最后和解结算的百分比下降。[1]

三 当事人的有限理性与行为经济学模型

上述模型的经济学理论基础都是理性选择理论,都假设当事人是理性的,都是最大化自身利益的。而西蒙(Herbert A. Simon)对经济学中的"理性经济人"提出了批评,并提出了"有限理性"的概念。[2] 他认为当事人在经济决策过程中面临着认知和计算能力两方面的局限性。"有限理性"的提出,引发了经济学家和心理学家开始联袂研究经济行为的发生机制和实际决策过程如何影响最终作出的决策。随着行为经济学和实验经济学的兴起与发展,诉讼决策行为的研究也开始关注这一问题。Farber 和 Bazerman 早就提到过,不论是预期差异模型还是不对称信息模型都不足以解释当事人为什么不能在谈判中达成一致。相反地,认知的限制和有限理性的理论能给予很好的解释。[3]

Jeffrey J. Rachlinski 提出了诉讼还是和解的行为经济学模型。[4] 原告倾向于确定的收益——和解;被告倾向于不确定的风险——诉讼,这样不同的选择,使得诉讼的可能性大大增加。Eric Langlais 认为假定原告将会得到不利于自己的审判结果,损失的厌恶将有助于和解。[5]

---

[1] Kuo-Chang Huang, Kong-Pin Chen, Chang-Ching Lin, "An Empirical Investigation of Settlement and Litigation—The Case of Taiwanese Labor Disputes", *Journal of Empirical Legal Studies*, Vol. 7, No. 4, 2010.

[2] Herbert A. Simon, *Models of Bounded Rationality*, Cambridge: Mass. MIT Press, 1982, p. 2.

[3] Henry S. Farber, Max H. Bazerman, "Why is there Disagreement in Bargaining?", *The American Economic Review*, Vol. 77, No. 2, 1987.

[4] Jeffrey J. Rachlinski, "Gains, Losses, and the Psychology of Litigation", *South California Law Review*, Vol. 70, No. 1, 1996.

[5] Eric Langlais, "An Analysis of Bounded Rationality in Judicial Litigations: The Case with Loss/Disappointment Averse Plaintiffs", *Journal of Advanced Research in Law and Economics*, Vol. 1, No. 1, 2010.

大量行为法经济学的论文以经验的和实证的证据证实了民事诉讼中人们的乐观与利己偏向。Loewenstein 等人提出当事人具有利己偏向（self-serving bias），即原告对自己胜诉概率的估计会更有利于原告，而被告对自己胜诉概率的估计会更有利于被告，因此提出了过度乐观的可能性。[1]

Amy Farmer 在乐观模型和信息筛选模型的基础上，加入了当事人利己偏向的考量。即原、被告双方在评析案件时都有一种更有利于自身的倾向。因此，原告的预期净收益等于 $\gamma_p P_p J - C_p$，$\gamma_p > 1$ 为原告的偏向系数；被告认为的针对他的判决的概率 $\gamma_d P_d$，$\gamma_d < 1$ 为被告的利己偏向系数。而后原告意识到被告会有这种利己性的倾向，但不可能了解到这种倾向的真正程度。具体而言，原告认为被告预期在审判中的败诉的概率为 $\delta \gamma_d P_d$，δ 为原告所能感知到的被告偏向程度。如果 δ 大于 1，那么原告则低估了被告的真实的偏向；反之，δ 小于 1 则高估了被告的真实偏向。原告在作出和解报价时会将他所感知到的被告的偏向纳入考虑范围。[2]

第三节　诉讼成本与程序规则的经济分析

根据前文的模型介绍，可以看出影响当事人诉讼决策的因素可以归结为两部分：一是诉讼成本；二是程序规则。诉讼成本是影响当事人诉讼决策的最直接的因素，除了当事人本身所产生的直接的个人成本外，还要受到诉讼费用制度和律师收费制度等的影响；而程序规则则会影响当事人掌握信息的程度或确定信息的范围，比如证据开示规则会影响当事人对于信息的披露；责任规则会影响当事人对自身责任

---

[1] Bruce H. Kobayashi, Jeffrey S. Parker, "Civil Procedure: General", *Encyclopedia of Law and Economics*, 1999.

[2] Amy Farmer, "Pretrial Bargaining with Self-Serving Bias and Asymmetric Information", *Working Paper*, 2000; Amy Farmer, Paul Pecorino, "Pretrial Bargaining with Asymmetric Information and Endogenous Expenditure at Trial", *Working Paper*, 2010.

的判断等。这些因素在当事人诉前或诉中的和解谈判中的影响具体体现在以下几个方面。

一 诉讼费用

有关诉讼费用的支付有两种可以选择的规则,一是美国规则,二是英国规则。美国规则是当事人不论案件结果如何,自行支付各自的诉讼费用。而英国规则则是败诉的一方不仅要负担自身的诉讼费用,而且要承担对方的诉讼费用。前者因为在美国适用而得名,后者则因为在英国适用而得名。因为在英国规则下实际上原告的诉讼费用发生了转移,所以这种规则又叫费用转嫁规则。诉讼成本的转移规则,能够直接影响当事人的预期净收益从而对诉讼或和解的决策产生影响。

在当事人尚未提起诉讼的阶段,英国规则会刺激胜诉概率比较高的原告当事人提起诉讼。假设原告胜诉的可能性是70%,判决额将是1000元,并且原告的审判成本与被告的各为800元。若依美国规则,原告不会提起诉讼。因为他的成本是800元,超过他预期的所得700元。而若依英国规则,他将提起诉讼,因为他的预期成本将仅为480元。反之,英国规则在原告方不可能胜诉的情况下则不太会刺激诉讼。假设原告胜诉概率现在仅为30%,判决额将是1000元。原告的诉讼成本为100元,并且被告的诉讼成本为800元。依美国规则,原告会起诉,因为100元少于300元的预期收益。但依英国规则,原告不会起诉,因为他的预期支出将是630元。所以,英国规则在原告们可能胜诉的条件下将导致较多的诉讼。

然而,上述结论是在假设当事人是风险中性的情况下做出的,如果当事人是风险厌恶的,则英国规则会因为增加了诉讼费用而使得厌恶风险的当事人放弃诉讼转而和解。

在诉讼已经被提起的阶段,英国规则会提高继续审判而不是和解的可能性。根本的原因在于费用转嫁会放大当事人之间对审判结果判断的差异。如果原告对于胜诉的机会的认识比被告自认正确的更为乐观,那么费用转嫁将提高原告的和解要求。假定原告认为他赢得1000元的机会为80%，庭审费用会是500元；被告认为原告获胜的机会仅为30%，自己的庭审费用为400元，则依美国规则，原告能接受的最小和解数额为300元，而被告所能给出的最大数额为700元，因此存在和解的空间。而依英国规则，原告方能接受的最小数额为（800 – 20%×900）＝620元（900元是当事人诉讼成本的总和），而被告所能给出的最大数额为300 + 30%×900＝570美元，很明显，双方不可能达成和解。因为原告胜诉现在意味着对他而言不仅会赢得一个判决，还可以省掉诉讼费用。Posner和Shavell论证了英国规则下更容易导致诉讼，Bebchuk基于不对称信息筛选模型依据相近的理由得出了同样的结论。[①] 同样，风险厌恶的因素也会使当事人想规避英国规则下的较多的诉讼费用，从而提高和解概率。

二 律师收费制

由于律师收费属于当事人诉讼成本的一部分，会影响当事人的预期；另外，律师利益与代理人利益存在分歧，所以采用何种收费制会对和解产生影响。因为在美国的司法实践中，双方诉讼当事人一般都是由律师代表的，而律师和他的委托人的利益是截然不同的。Miller研究了律师和其委托人之间的利益冲突，他认为律师的行为动机要看采用哪种付费制度，在某些制度下，律师会比其他人更乐意和解。[②]

假设律师对于法律和某一案件可能的审判结果会掌握更多的信息，并且当事人是风险中性的；按照两种基本的律师付费制度：小时服务费和基于审判结果的胜诉酬金制。[③] 在尚未起诉阶段，依照小时收费的律师明显会有动机接受那些预期收益少于诉讼成本的案件。因为不管诉讼结果如何，他都会有收入；而依照胜诉付酬制收费的律师，这种动机不会很强，因为该案如果赢的希望不大，他就不会为一个预期的低收入而

[①] Richard A. Posner, "A Theory of Negligence", *The Journal of Legal Studies*, Vol. 1, No. 1, 1972; Steven Shavell, "Suit, Settlement, and Trial: A Theoretical Analysis under Alternative Methods for the Allocation of Legal Costs", *The Journal of Legal Studies*, Vol. 11. No. 1, 1982.

[②] Geoffrey P. Miller, "Some Agency Problems in Settlement", *The Journal of Legal Studies*, Vol. 16, 1987.

[③] 依照胜诉酬金制，原告的律师费按比例从最后的判决或和解额中抽取。

耗费自己的时间。这种律师也不会愿意接手预期收益超过诉讼成本的案件，因为他得到的仅是收益的一部分却要承担全部成本。总之，小时付费制会导致律师过度插手案件，而胜诉酬金制会使律师不那么轻易接案。

在诉讼过程中和解谈判阶段。按时收费的律师若想工作时间更长就会有继续诉讼的动机；依照胜诉酬金制，律师将更愿意促成和解，因为律师负担的诉讼成本减少了却可以获得和解额的大部分。

三 程序规则及其他因素

（一）证据开示（discovery）

证据开示规则实际上是一种强制的信息披露规则，它会直接影响当事人原本的预期判断。因为信息的分享与交换会减少双方当事人之间对预期判断的差异，从而促进和解，所以证据开示的要求通常会显著地提高和解的可能性，因为它减少了当事人信息方面的差异。但是 Shavell 认为由于可能存在大量自愿的信息交换，以至于通过证据开示的强制披露对和解的影响力不一定是那么显著的。事实上，证据开示规则对和解的促进作用在最基本的诉讼经济学模型中是不存在的，因为模型中拥有私人信息的当事人能够主动披露相关信息，所以在那种情况下由于信息的自愿披露，和解总是能发生。

（二）法律程序的准确性

法律程序的准确性意指认定责任或适用法律的准确度。法律程序的准确性要受到程序本身的影响，还要受到诉讼当事人行为的影响，包括他们对信息的收集、呈堂证据的选择。法律程序的准确性越高，意味着诉讼当事人越可能在对审判结果的评价上达成一致，那么就会促成和解。另外，准确性可能会减少动用制裁的机会及成本。特别是，当准确性的提高能更好地识别无辜者时，就会减少制裁的实施。然而，如果识别犯错之人的准确性越高越会导致更频繁的制裁，也会因此产生更大的制裁成本。

（三）上诉程序

根据前文提到的诉讼模型，学者又进一步分析了当事人提起上诉程序的决策问题。根据基本的诉讼模型分析,当事人只有在初审可能存在错误的情况下才可能提起上诉。假定国家已经设立了一个上诉程序,上诉法院保持着最低的准确性,即比起撤销正确的裁决,他们更可能更正初审法院的错误。那么可能提起上诉的当事人会出现自然的分离,即作为错判受害人的诉讼当事人会愿意提起上诉,而原判并非错误的那部分,当事人则会发现不值得提起上诉。例如,假设变更错误判决的可能性为80%,而一个正确判决之后被变更的可能性仅为30%;那么,若当事人从变更中获得1000元,一个错判之后从上诉中得来的预期收益将是800元,而一个正确的判决之后的上诉收益仅是300元。因此,如果上诉的私人成本少于假定错判的预期收益,同时又超过假定正确判决的预期收益,那对原判不满的当事人就会出现这种分离的状况。如果由于当事人的私人成本等问题导致不能出现这种自然分离时,国家可以通过补贴或收费来实现这种分离。如果原本上诉的成本是100元,这少于300元上诉预期回报。因此,如果对正确判决上诉的案件再征收400元的费用,进行上诉的总成本将变成500元,那将会阻止对正确判决的上诉;但是错判后的上诉仍会被提起,因为当事人从中获得的回报是800元。

(四) 共同连带责任规则

共同连带责任,是指在一个侵害行为是由多个加害人共同造成的情况下,让其中任何一个或几个被告对原告造成的损害全部负责的责任规则。一般情况下,原告是单独对某个被告的损害行为提起诉讼而不必连同其他责任人共同起诉。在共同连带责任的情况下,如果一个被告进行了和解,则剩下的赔偿额对其他未进行和解的被告来说相对减少了其责任,Kornhauser 和 Revesz 研究认为,如果这些被告的案件性质都是相关的,则其他被告会倾向于和解;反之,如果彼此独立,则被告不太可能和解。[①]

[①] Lewis A. Kornhauser, Richard L. Revesz, "Multidefendant Settlements: The Impact of Joint and Several Liability", *The Journal of Legal Studies*, Vol. 23, No. 1, 1994.

除了上述内容，责任保险、替代性纠纷解决方式等诸多因素也会影响当事人的诉讼决策及其相应行为，由于篇幅关系，在此就不一一赘述了。

另外，我们看到进入21世纪后，越来越多的研究者开始关注诉讼经济学模型和结论的实证检验，如对医疗诉讼、专利诉讼甚至世贸组织的纠纷解决机制的研究，得出了一些新的结论。这些研究对诉讼制度的改革，特别对备受各国推崇的替代性纠纷解决方式的完善产生了有益的作用。随着法经济学理论和方法的日益拓展，比如博弈论、行为经济学和实验经济学等理论和方法的日益完善，诉讼经济学的研究方法也将会更加精深，同时对于现实问题的解析和制度的建构也将会做出更大的贡献。

最后，我们必须得承认现实情况的纷繁复杂性，当事人的决策行为会受到诸多因素的影响，诉讼经济学的解释和结论可能不能详尽地解释所有的问题，甚至可能还会有失偏颇。另外，诉讼经济学主要研究成果的现实背景都是普通法的法律体系，这同我们中国法律体系有着很大的差异。很显然，一味地照搬照抄这些理论来研究我国的问题是会水土不服的。但是，不论纠纷环境和当事人的特征有多迥异，值得我们关注和学习的是，诉讼经济学的研究给我们指出了一种新的分析思路和方向。正如开篇所言，诉讼经济学研究的中心问题就是如何通过制度设计消弭当事人行为与社会设计诉讼程序的初衷之间的差距，引导当事人理性地选择纠纷解决方式，以实现社会福利的最大化。这种"兼容性"不仅是诉讼制度设计所要追求的目标，也是我们社会所有制度设计的目标。

第四节 民事诉讼效率的分析

效率是我们经济生活中最为常见的词语之一，充斥于现代市场经济的各个角落。效率到底指的是什么意思？经济学里所说的效率是什么意思？正如诺贝尔经济学奖获得者斯蒂格勒所说，"经济学几乎任何一个关键性的概念,都无法找到完整的和确切的定义",比如竞争、市场、成本等基本概念。① 虽然随着经济学的兴起与蓬勃发展,效率已成为经济学家衡量经济活动社会效果的重要工具(甚或是唯一工具)。但当我们想要找寻经济学里效率的确切定义时,同样难以用只言片语进行全面概括。

对效率最初的解释来自物理学界,是指"有效输出量与输入量的比值";后来,在谈论劳动效率时,效率被认为是劳动所消耗的能量与劳动产出之间的比值。从效率的词源来看,效率的本质在于一种比值,基本含义在于单位时间内投入同产出之间的比值。效率通常意味着投入的成本不会被浪费,而是被最大化地利用,产生最大的效果。随着经济学的不断发展,效率所强调的不仅是指投入与产出之间的比值,更是指资源分配的一种评价标准。

从制度的角度看,民事诉讼是规范解决纠纷过程中当事人、法院、法官行为的一系列程序规则;从动态的角度看,民事诉讼是当事人、法院、法官解决纠纷的一个活动过程;从工具论的角度看,民事诉讼是当事人解决自身纠纷的一种手段。总体来看,民事诉讼是法院依据当事人的选择,对其纠纷进行裁判的一系列程序过程。我国是成文法国家,立法机关通过确立的实体法规则来明确人们行为的边界——法律的权利与义务。社会中绝大多数人能够自觉地遵循这些规则在法律的框架内活动,但是由于现实情况的复杂多变、个体动机的冲突激变,某些人会逾越自身的界限,损害其他人的权利。民事诉讼的作用在于提供一种救济的渠道,以实现实体法所确立的个体权利以及立法所追求的社会最优状态。

一 民事诉讼效率的内涵

从经济分析的角度看,民事诉讼的收益在于提供了一种保护实体法权利的威慑力。这种威慑力的实现要求民事诉讼中法院必须按照实体法

---

① 汪丁丁:《经济学思想史讲义》,上海人民出版社2008年版,第294页。

界定的权利义务界限（法律规范或法律原则）进行裁判。只有民事诉讼的裁判结果能真正实现当事人实体法上所赋予的权利时，才会对潜在的权利侵害人起到威慑作用，从而实现财产法、合同法、侵权法等实体法所要实现的社会最优目标。如果民事诉讼最终的裁判结果出现错误，就会削弱这种威慑力，进而降低实体法的威慑水平。因此，要想最大化地实现民事诉讼的收益，就要求法院所作出的裁判必须是准确的。

然而，民事诉讼不是"无源之水，无本之木"，纠纷的解决、裁判结果的做出需要花费时间以及人力、物力等成本。这些成本既有国家投入的成本，也有当事人、法官等个体投入的成本。从经济学的角度看，资源是稀缺的，国家也好，当事人也好，其投入的成本都是社会资源的一部分，因而也具有稀缺性，要受到主体预算收入的约束。而且，由于民事诉讼是一种事后救济，纠纷发生当时的情景不能再重现，人们只能依据有限的证据来证明当事人的状况，人类认知能力的有限性决定了法院所作出的裁判不可能百分之百的准确。因此，纵然准确性是民事诉讼存在的根基，是民事诉讼追求的第一目标，但也不得不受到各种因素的约束。按照卡尔多—希克斯的效率标准，民事诉讼至少要在其收益——保护实体法权利威慑力大于社会投入民事诉讼的成本时才是有效率的。从积极的角度看，民事诉讼的投入应当有利于提升实体法的威慑力，实现社会收益的最大化；从消极的角度看，民事诉讼应当尽可能地减少错误裁判所带来的损失，实现社会成本的最小化。

民事诉讼效率应当指民事诉讼实现诉讼主体投入的时间、成本约束下的裁判最优准确性，以实现社会成本的最小化，进而促进社会福利的最大化。社会成本包括诉讼的成本、错误裁判造成的社会损失、纠纷发生的成本、预防的成本。民事诉讼效率实际上包含着两个层次的含义：一方面是指民事诉讼程序运行本身的效率，即从成本——"投入"与准确性——"产出"的角度，去衡量程序的运行是否达到了最优的状态；另一方面是指民事诉讼能够促进预防水平的提高或减少潜在的纠纷，从而最小化社会成本。定义所阐释的实际上是民事诉讼效率的一种静态的最优均衡状态；从动态的角度看，民事诉讼效率就是如何能实现这种最优。从社会的角度看，民事诉讼应当追求诉讼的社会净损失与诉讼投入的社会成本之间的均衡；从个案的角度，是否实现了诉讼主体成本投入的最优"产出"。从制度改革的角度看，我国现有的民事诉讼制度能否实现卡尔多—希克斯效率标准要求的均衡状态？如果没有，则需要改进以实现民事诉讼的最优效率。

从社会的角度看，民事诉讼效率所追求的是一种社会最优的均衡状态。不同的观察视角，民事诉讼效率所体现的内容是不同的，不能将个体的效率、个案的效率、社会的效率简单等同。应从个体角度、个案角度、社会角度这三个层次进一步理解民事诉讼效率。

(一) 个体角度的民事诉讼效率

从个体的角度看，民事诉讼的效率在于其投入的诉讼成本获得了最大化的收益。建筑在理性选择理论之上的经济学效率标准，其最基本的前提就是实现个体自身利益最大化，或者说实现个体自身利益的最大化就是实现了个体行为的效率。理性选择理论强调人是追求自身效用最大化的行为主体，认为人们能够明确自身的利益目标，并且能通过收益—成本的分析来采取各种措施实现自身的目标。从经济学的角度看，"没有无缘无故的恨，也没有无缘无故的爱"，任何一个主体行为都是受其利益的驱使。民事诉讼效率实现的基本前提也在于各个诉讼主体利益的最大化。

从当事人的角度看，民事诉讼的效率在于以最小的诉讼成本获得最有利于自己的裁决。当诉讼收益少于其他救济方式所产生的收益时，他会毫不犹豫地放弃诉讼。反之，他将选择诉讼。在诉讼过程中，当事人为实现这一目标，会采取各种策略来降低成本或扩大收益。他们可能隐藏重要的证据以占据庭审上优势；或者通过传递强硬的信号来威胁诉讼以促进和解；还可能聘请律师来协助他实现更高的收益。不管怎样，这一切行为策略都是建立在理性当事人成本—分析的基础之上的。

从法院的角度看，民事诉讼的效率在于以最小的投入作出更多、更准确的裁判。法院在民事诉讼当中的利益目标包括两个方面：作为审判机关，它的目的是最小化其审判成本，以最快的速度解决纠纷。一方面，它通过案件的筛选来促进和解，降低自己的成本；另一方面，在审判过程中，它会通过对举证责任的分配、举证时限等规则的限制来促进纠纷的快速解决。此外，作为管理者，法院通过对法官的监督与激励，促使法官能够快速、准确地解决纠纷。

从法官的角度看，民事诉讼的效率在于以其最小的投入来作出最有利于提升自身收入、地位、声誉等利益的裁决。法官的效用目标要受到个人、制度环境等多重因素的影响。不同制度背景的法官群体往往有着不同的利益诉求。比如担任行政职务的法官们会更重视自身政治地位的提升；或者官僚体制下的法官也都会重视自身的政治表现，以提升自己的地位。再比如普通法系的法官则更重视自身的声誉，因为丰厚的薪水和崇高的法官地位，已经让他们"别无他求"。但是，每一个法官也都有自己具体的利益目标，这是由个体的差异性决定的。比如生活拮据的法官的目的可能就在于提升自身的收入，于是可能会收取当事人的贿赂或者努力工作以获得嘉奖。

总之，不同的社会环境、不同的制度安排、不同的案件事实都会导致主体的利益诉求发生变化，更还有很多细微的因素在起作用。这都是在实现个案效率和社会效率时必须考量的因素。

(二) 个案角度的民事诉讼效率

个案角度的民事诉讼效率是指在某个具体案件中实现当事人、法院、法官等诉讼主体诉讼投入的收益最大化，即在既定的诉讼投入下更快速地解决纠纷或更准确地解决纠纷。要实现个案角度的民事诉讼效率，要实现所有诉讼主体投入的"产出"最大化，既要实现诉讼主体的最优投入，还要实现个案诉讼成本在诉讼主体间的最优配置。

从经济学的角度看，每个诉讼主体都是以实现自身利益最大化为目的的。但在诉讼中他们彼此之间却不是相互独立的，利益往往相互纠缠冲突，所以如何在个案诉讼主体间实现最优配置是实现个案民事诉讼效率的关键。

从当事人与法院的关系看，当事人的起诉行为是实现法院利益最大化和当事人实现诉讼收益最大化的前提和基础。但是法院的审判成本与当事人的诉讼成本之间存在着转嫁的关系。假设某个案件诉讼解决的总成本表示为 C_Z，C_P 表示某个纠纷当事人的诉讼成本，C_C 表示审理某个案件时的审判成本，则 $C_Z = C_P + C_C$。当 C_Z 一定时，C_P 增加，则 C_C 减少；反之，C_P 减少，则 C_C 增加。一个案件的圆满解决必须要耗费一定的资源。当当事人的诉讼成本增加时，意味着法院的成本就会有所减少。比如关于搜集证据的成本，在当事人主义模式下，法院居于中立消极的地位，不会去主动调查取证，这些工作都由当事人耗费时间成本来做，那法院的成本自然就会降低。反之，当当事人的诉讼成本减少时，就意味着法院的投入要有所增加。比如诉讼费用的降低，就很明显会增加法院投入的负担。如何平衡两者关系，个案所要实现的效率目标。比如尽量促进和解，以减少法院和当事人的成本，进而实现民事诉讼效率。另外，有些当事人为实现自身的利益最大化而故意拖延诉讼，这时候必要的审前程序、举证时限和审限制度就会解决这个问题。

从当事人与法官的关系来看，法官是实现当事人利益最大化的决定者；同时法官又是通过个案的审判来实现自身的收益最大化。在某个案件中，为了获得有利于自己的判决，当事人可能会贿赂法官，而法官一旦偏袒其中一方就会导致另一方的利益受损，同时导致自身声誉的下降。要想平衡这种关系，就要加强个案的监督，比如当事人可以提出要求法官或相关人员的回避申请，以剔除可能会偏袒对方当事人的因素。

从法院与法官的关系来看，法院在诉讼中的利益最大化要靠法官来实现，但是法官有自身的利益追求。基于自身利益的考量，法院希望法官勤勉、敬业、专业，但是法官可能基于自身利益的考量不愿意实现法院给自己的目标。如何协调二者的冲突、平衡各自的利益实际上是经济学中委托—代理理论中的激励问题。

(三) 社会角度的民事诉讼效率

社会角度的民事诉讼效率所达到的是一种一般均衡的状态。在这种均衡状态下，任何一个个案当中的各个诉讼主体的利益都达到了最大化，并且社会成本实现了最小化，在此时，任何投入都不能提升社会整体的裁判准确性。社会角度的民事诉讼强调的不仅是每一个具体案件都要实现效率的标准，还要求实现整体司法资源的一个最优配置。因此，实现社会角度的民事诉讼效率的前提在于实现社会最优的民事诉讼数量，即社会的司法资源应当配置给那些能够对增加社会福利有所裨益的纠纷，而不是所有民事纠纷。

在保证最优诉讼数量的前提下，要想实现民事诉讼效率的一般均衡状态，就要实现个案效率所达到局部均衡。社会角度的民事诉讼效率应当是立法者进行制度构建或制度完善的目标。从整个社会的角度来看，如果制度的改进带来了社会整体福利水平的提高，即使损害一部分人的利益；或者只是短期损失一部分收益；只要长期的收益大于损失就是具有效率。个人、国家对诉讼的投入，在短期来看有可能增加社会的成本，但从长期来看如果诉讼的投入能够提升裁判的准确性并有利于减少日后诉讼纠纷的数量，就应当进行投入。反之，如果准确性已无提升的余地，诉讼投入就不宜再增加了。

综上所述，社会角度民事诉讼效率的实现一定是在个体利益最大化的基础上实现了个案效率及其个案资源配置之间的均衡。但是，个体利益的最大化或者说个体效率的实现并不代表社会效率的实现；同样，个案效率的实现也并不代表着社会效率的实现。这是因为个体与社会的整体利益目标往往存在冲突，而各个诉讼主体的利益之间也可能存在着冲突，所以民事诉讼效率要想实现社会的最优状态就必须将这些冲突尽可能地消弭。

二 民事诉讼效率的评价要素

诉讼主体利益的衡量也就是成本收益的衡量。准确的裁判是民事诉讼最基本的收益。民事诉讼效率实现的前提在于对时间、成本与准确性的衡量，民事诉讼效率的基础是实现时间、成本、准确性之间的均衡。因此，时间、成本、准确性是追求、评价民事诉讼效率的基本要素，缺一不可。

（一）时间及其与成本的关系

从"投入产出"的角度看，民事诉讼效率可以看作是单位时间里民事裁判的产出量,其判断标准是民事诉讼个案的处理时间。民事诉讼效率的最优状态应当追求诉讼时间的最小化,时间是评价一个诉讼案件效率的最直观的指标。此外所谓"迟来的正义非正义",时间也是评价民事诉讼对社会资源配置效果的关键指标。

时间从某种角度看也是一种成本,而且时间对民事诉讼效率的影响,主要体现在时间对诉讼成本的影响上,大部分诉讼成本的产生都与时间有关:第一,审理的期限越长,法院投入的审判成本就越多。第二,当事人聘请律师代理案件,计时收费自不必言,即使是在按比例抽取胜诉酬金的情况下,收费比例也要考量律师付出的时间。诉讼代理时间越长,收费越高。第三,机会成本与精神压力、时间成正比。诉讼时间越长,当事人所耗费的机会成本越大,所产生的精神压力也越大。诉讼时间是影响诉讼成本的一个重要因素,特别是在一些经济案件中,诉讼金额的利息也会随之增加。随着时间的增长,当事人所承担的损失会越来越大,而诉讼的期间越短,裁判速度越快,诉讼的效率可能就越高。所以,时间是衡量民事诉讼效率的一个重要指标。

(二) 成本

除了时间的因素,民事诉讼的成本是指国家以及诉讼主体在进行民事诉讼时在人力、物力、财力等方面所付出的具体损失,也就是民事诉讼对社会资源的耗费。民事诉讼成本是追求和衡量民事诉讼效率最为核心的指标。(关于民事诉讼成本的具体分析详见前文)民事诉讼的成本包括公共成本和私人成本。公共成本是司法运行当中的公共耗费,包括国家为民事诉讼运转和进行所投入的成本。私人成本主要指当事人因民事诉讼而付出的成本,包括当事人为诉讼在人力、物力、财力、智力、情感等方面的投入。作为民事诉讼的启动者,当事人的诉讼成本(简称诉讼成本)的产生、发展、变化要受到当事人诉讼策略、法律信息、案件信息、选择偏好等因素的影响。民事诉讼中的公共成本(从法院的角度看,就是法院的审判成本)的产生与发展要受到当事人策略、国家和地方财政投入水平、法院自身利益、法官审判水平等因素的影响。

除了上述诉讼成本,民事诉讼还会产生其他的社会成本,主要是错误判决给社会造成的损失。具体包括错误裁判给当事人带来的直接损失以及由于错误裁判导致后期潜在的当事人诉讼过度或不足、事前预防过度或不足而产生的社会损失。比如一起饲养宠物咬伤人的侵权纠纷,根据我国现行的侵权责任法的规定,其归责原则是无过错责任(严格责任),也就是除非受害人或第三人的故意导致的损害,饲养人均应当承担侵权责任。如果法院依据过错责任原则判定饲养人没有过错而不承担责任,就会使受害人难以得到赔偿。并且,错判的结果会导致饲养人进一步降低预防水平,从而导致社会上此类意外发生的概率增加。因此,民事诉讼效率的最优状态不仅应实现国家、个人的诉讼成本最小化,还应当实现社会成本的最小化。

然而,各诉讼主体对成本投入的策略不是完全独立的,彼此之间既相互关联又相互对立。首先,公共成本与私人成本的产生与变化的相互关联性体现在:第一,当事人的起诉行为不仅会引起自身的诉讼成本,也会引起审判成本的发生;第二,不管当事人还是法院,当有一方拖延诉讼时,都会增加双方的成本。其次,公共成本与私人成本的对立体现在:第一,建立公正、权威的司法机构,提供便捷、可行的诉讼程序是现代国家的必备之举,这体现出国家行使职权维护社会秩序的基本职能。一部分公共成本从性质上说属于沉没成本。投入的最基本目的在于定纷止争,也就是获得一个准确的裁判。第二,公共成本与私人成本之间存在相互转嫁的关系。一个案件的圆满解决必须要耗费一定的资源。当当事人的诉讼成本增加时,意味着法院的成本就会有所减少。比如关于搜集证据的成本,在当事人主义模式下,法院居于中立消极的地位,不会去主动调查取证,这些工作都由当事人耗费时间成本来做,那法院的成本自然就会降低。反之,当当事人的诉讼成本减少时,就意味着法院的投入要有所增加。比如诉讼费用的降低,就很明显会增加法院的负担。再次,当事人之间的私人成本也存在着关联与对立的问题。第一,原告的起诉行为会导致双方当事人产生诉讼费用。第二,当事人之间存在着诉讼成本分担与转嫁的问题,即诉讼成本是否由败诉方承担的问题。在我国，诉讼费用一般是由败诉方承担，或由双方根据诉讼结果按比例分担；而律师费的承担则没有具体的规定，不过现实中当事人往往把律师费作为一项诉讼请求来提出。另外，诉讼成本的分担对当事人的诉讼决策产生影响。Bebchuk（1984）认为诉讼成本由败诉方承担的原则会使风险厌恶的当事人愿意和解。

（三）准确性与时间、成本之间的关系

准确性是指民事诉讼的裁判结果与案件事实、法律原则的契合程度。契合度越高，说明准确性越高；反之，准确性则越低。从理论上来讲，每一个个案都应当追求100%的准确性，但是由于人类自身存在着认知的局限，再加上现实社会资源的稀缺与紧张，准确性的追求要受到客观环境和主体投入的时间、成本的约束。

民事诉讼中法院的审判行为包括两点：一是认定案件事实；二是适用法律。要想作出准确的裁判，不仅要认清案件事实，还要准确适用相关的法律。案件事实的认定由当事人提供的证据、法院调查取得的证据的证明力来决定。当事人与法院投入的时间、成本越多，收集和提供的证据越多、越真实，认定事实的准确性就越高。但是，过去的历史永远不可能重现，事实也不可能完全还原，对事实的认定只能是一种法律的认定。所以，随着诉讼成本的增加，认定事实的准确性增幅会逐渐减少。另外，适用法律的准确性要受到法院投入、法官审判行为的影响。法官的法律专业素质越高，工作态度越认真，投入时间、成本越多，适用法律的准确性就越高。但是，同样法院、法官的投入与准确性之间也存在着边际递减的关系。

准确性越高意味着错误裁判给社会造成的损失越少。准确性的提高不仅意味着减少错误裁决所造成的社会损失，还能减少社会的预防成本。如果准确性的提高能很好地识别无责任的当事人时，那人们就不必提前过度投入去预防未来的危险；如果准确性的提高能很好地识别有责任的当事人，而且当事人又有能力提前预防事故的发生，那么准确性就有利于促进当事人尽到注意义务，从而降低社会成本。假设受害者在意外中遭受的损失为1000元，其诉讼成本是1500元，致害人的诉讼成本为 1000 元。但是伤害人投入 10 元就能将意外的概率从 8% 降到 1%。如果判决错误地认定致害人不承担责任,不仅耗费了双方的诉讼成本,而且致害人也没有理由提高注意义务来降低风险,此时社会总成本就是 8% × (1000 + 1000 + 1500) = 280。但是如果能准确地认定致害人的责任,致害人将为此花费 10 元将风险从 8% 降到 1%,这时社会总成本则是 10 + 1% × (1000 + 1500 + 1000) = 45。因为 45 元远小于 280 元,所以,此时准确性的提高是有意义的。

三 民事诉讼的效率均衡

民事诉讼的经济目标在于最小化社会成本,民事诉讼效率所追求的是在此基础之上的最优准确性,因此民事诉讼的最优准确性应在诉讼的社会净损失与诉讼投入的社会成本之间寻求均衡。诉讼的社会净损失是指错误判决所造成的社会损失。在图 6-2 中,纵轴表示金额(以元为单位),横轴表示准确性水平,横轴上 D 点向右的区域表示无法达到的准确性水平(D=1)。曲线 L 描述了诉讼社会净损失的边际变化,很明显,准确性水平越高,社会净损失(错误判决越来越少)就越小,因此曲线 L 向下倾斜。还必须注意到,随着准确性水平的提高,诉讼社会净损失的减少速度也会降低,也就是说,诉讼社会净损失从 10 元减少 1 元要比从 100 元减少 1 元需要更大程度地提高准确性水平,因此曲线

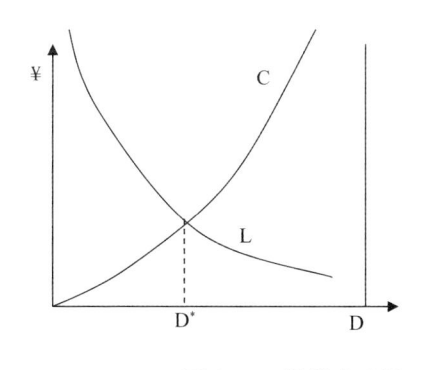

图 6-2 最优准确性

L 的倾斜程度会随横轴的延伸而变小。曲线 C 描述了诉讼投入的社会成本的边际变化。准确性水平越高，社会投入的诉讼成本也越高，因此曲线 C 向上倾斜，并且随着准确性水平的提高，曲线 C 的倾斜程度会变大，当准确性水平无限接近 D 点时（即追求 100% 的准确性），社会投入的诉讼成本也趋向于无穷大。曲线 L 与曲线 C 相交对应于横轴的 D^* 点就代表最优的准确性，将准确性控制在这个点上，诉讼的社会净损失与社会投入的诉讼成本之和降至最低。在 D^* 点往右的区域，社会投入的诉讼成本都会高于诉讼的社会净损失。

四 小结

经济学中的效率所指的不仅是资源投入产出最大化，还指资源配置的一种最优状态，即资源应配置给能被最大化利用的主体。从效率的判断标准来说，帕累托效率和卡尔多—希克斯效率均是判断最大化和均衡是否得以实现的标准，也是判断改革是否得当、制度是否合理的标准。法经济学认为法律的效率不仅在于法律体系运行要符合效率的标准，更重要的在于法律制度应当降低交易成本，促进社会资源的最优配置。评判法律制度效率的标准，一般采用的是卡尔多—希克斯效率标准。因为现实生活中绝大多数法律都是在不同的主体利益之间进行权衡、取舍，在对部分利益保护的同时会对其他主体的利益造成影响。法经济学有关法律效率的分析，实际上就是在经济学理性选择理论的基础上，从法律主体角度出发，通过成本—收益的分析来研究法律是如何在满足个体利益最大化的基础上，实现社会最优均衡状态的。

从经济分析的角度看，民事诉讼的收益在于提供了一种保护实体法权利的威慑力。这种威慑力的实现要求民事诉讼中法院必须按照实体法界定的权利义务界限（法律规范或法律原则）进行裁判。只有民事诉讼的裁判准确才能实现当事人实体法上所赋予的权利时，才会对潜在的权利侵害人起到威慑作用，从而实现财产法、合同法、侵权法等实体法所要实现的社会最优目标。然而，民事诉讼裁判的作出需要花费时间以及人力、物力等成本。这些成本既有国家投入的成本，也有当事人、法官等个体投入的成本。从经济学的角度看，资源是稀缺的，国家也好，当事人也好，其投入的成本都是社会资源的一部分，因而也具有稀缺性，要受到主体预算收入的约束。

基于上述的分析，可以得出民事诉讼的经济目标在于最小化社会成本，社会成本既包括程序运行的成本，也包括错误的裁决结果给社会造成的损失。民事诉讼效率就是指诉讼主体在民事诉讼制度的激励下，实现时间、成本约束下裁判的最优准确性。民事诉讼效率实现的前提在于对时间、成本与准确性的衡量。随着诉讼主体对时间、成本的投入增加，裁判的准确性也会增加。但是准确性的提升存在着边际递减的问题，再加上人类认知能力本身存在的局限性，所以，从社会的角度看，诉讼结果永远不可能达到100%的准确，而时间、成本的投入在达到一定程度后无益于准确性的提升，只会白白损耗社会资源。同时，国家、个体的诉讼投入还都要受其自身预算的约束。因此，从社会的角度看，最优准确性的实现应在诉讼所造成的社会损失与社会成本投入之间平衡，当错误裁判所造成的社会损失的边际变化等于社会对诉讼投入的边际量时的准确性乃是社会所应追求的最优准确性。理论上，提升社会最优准确性有两种途径：一是在准确性较低的情况下，增加社会投入；二是在保持既定准确性的前提下，减少社会成本的消耗。我国目前的审判水平和准确性相对而言并不是很高，需要在合理投入成本的基础上进一步提升准确性，即在预算可能实现的范围内增加社会对于准确性的投入；同时，通过成本激励、案件筛选来控制社会最优的诉讼数量，从而最终实现社会最优准确性。

第七章　法官激励因素与激励效果的实证分析*

员额制与司法责任制被称为本轮司法改革的两个"牛鼻子",是改革中的重中之重。自 2015 年 2 月最高人民法院发布《人民法院第四个五年改革纲要(2014—2018)》正式提出建立法官员额制,至今已有五年多的时间。在此期间,全国各地各级法院皆已完成了法官入额工作。2019 年新修订的《法官法》和《人民法院组织法》将法官员额制在国家法律层面予以了确认,在赋予法官司法权力和加强保障的同时,也强化了监督和制约。随着《关于深化人民法院司法体制综合配套改革的意见》,即《人民法院第五个五年改革纲要(2019—2023)》的发布,跟员额制有关的各项配套制度改革也在如火如荼地推进之中。员额制改革重塑了法官的身份,提升了法官队伍的专业水平,然而,"名归"还要"实至",当前的保障措施是否到位?法官是否受到足够的激励去努力提升司法的公正和效率?这不仅关乎此次改革的成败,更影响着法治的未来,是值得始终关注的问题。而我国 90% 左右的案件都是由基层法院法官审理。[①] 因此,研究影响基层法官工作状态的激励因素及其效果有着重要意义。

---

*　本章主要内容发表在《山东大学学报》(哲学社会科学版)2020 年第 5 期,此处有修改。感谢赵济鹏在数据整理、计量分析方面做出的贡献。

[①]　根据最高人民法院网站的介绍,截至 2015 年底,全国共有 32 个高级人民法院(含解放军军事法院)、413 个中级人民法院(含专门人民法院)、3129 个基层人民法院(含专门人民法院)。2011 年最高人民法院的中期工作报告显示,基层法院受理案件数量占 89.2%,同时,随着近些年各省基层法院受理案件标的额的不断提高,基层法院近些年受理案件数量在不断增加。

同时，随着司法改革的不断推进，国内学术界也对员额制下法官激励问题产生了热烈关注。现有的研究大多从影响法官职业状态的一个或几个因素出发进行研究，尚缺少一个关于法官激励问题研究的理论框架。本书将基于经济学与人力资源管理交叉而成的人事管理经济学理论，结合司法规律的特殊性，构建出法官激励的理论框架，并运用计量分析工具，深入分析法官激励机制的作用效果，为政策的制定提供更科学的理论支撑。

为了更好地构建中国法官激励问题的理论框架，了解基层法官的实际需求，本书采取电子问卷和访谈的方式对S省的法官进行了随机调查，共回收问卷355份，涉及16地市的基层法院。之所以选取S省作为调查对象，一是因为现有的研究鲜有基于S省的调查，本书想要挖掘此处空白，以期和现有被研究省份进行对比；二是S省地处东部，是员额制改革的第二批试点省份，经济相对比较发达，在贯彻落实中央各项政策方面比较到位，具有一定代表性；三是S省的经济和社会发展也存有明显的地区差异，比较能代表全国的地区差异性。诚然，必须承认样本选取存在的局限性，但是，本书仍寄希望于"管中窥豹""以小搏大"，去努力发现法官激励机制存在的问题，为理论和实践贡献应有的力量。

第一节 基层法官激励因素的理论分析

一 法官激励理论的内涵

激励的思想由来已久，我国古代就有关于激励思想的记载。春秋时期的《尚书·尧典》即载有："三载考绩，三考，黜陟幽明，庶绩咸熙。"现代激励理论的历史可以追溯到19世纪末20世纪初，发源于心理学，后被管理学发扬光大，成为人力资源管理的核心理论。随着经济学与管理学的相互交叉融合，又发展出将劳动经济学的理论运用到人力资源管理当中的人事管理经济学。人事管理经济学解决的核心问题是如何设计合理的激励机制来充分发挥员工的潜力，来提高企业管理的效率。

(一) 管理学视角下的激励理论

管理学领域的激励理论派别众多，主要包括内容型激励理论、过程型激励理论和综合型激励理论。内容型激励理论是从考虑人的需求的角度，来研究影响个人努力工作的因素。内容型激励理论最为流行的是马斯洛的需求层次理论、奥尔德弗的 ERG 理论、赫茨伯格的激励—保健理论和麦克利兰的学习需要理论。过程型理论是在内容型激励理论的基础上发展起来的。内容型激励理论关注的是管理者该如何认识激励员工行为的要素，但是却无法解释员工为什么采取某种具体的行为去达到目标。过程型激励理论从动态视角解释了员工的行为如何被引发，如何发展、怎样持续并最终停止的过程。过程型激励理论主要包括弗鲁姆的期望理论、斯金纳的强化理论、亚当斯的公平理论、洛克的目标设置理论。[①] 内容型激励理论和过程性理论从各自的视角对激励问题进行了解释，但是都存在一定的片面性，因而，又有学者将二者相结合，发展出综合型激励理论。罗宾斯从各种理论的主要观点出发，以期望理论为基础把关于激励的知识整合起来，认为激励是以满足个体需要为前提，促使员工持续高水平地努力，最终实现组织目标的意愿。[②]

综上所述（如图 7-1 所示），激励是基于内部或外部的刺激，从而引发个体的需求，进而产生以需求为导向的行为动机和行为，并努力达到目标从而满足需要的过程。激励的方式或路径可以包括内部激励和外部激励两个方面，一方面可以通过内部刺激引发个体的心理需求，进而产生行为和结果；另一方面也可以通过外部刺激，产生行为动机进而发生行为和结果。

(二) 人事管理经济学视角下的激励理论

资源配置和激励问题是经济学研究的核心。人事管理经济学基于经

[①] 苏明城、张向前:《激励理论发展及趋势分析》,《科技管理研究》2009 年第 5 期。
[②] [美] 史蒂夫·P. 罗宾斯:《组织行为学精要》,郑晓明译,中国人民大学出版社 2004 年版,第 203—260 页。

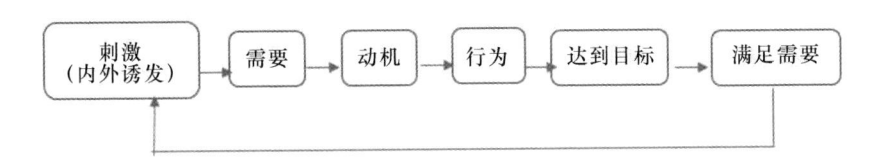

刺激(内外诱发) → 需要 → 动机 → 行为 → 达到目标 → 满足需要

图 7-1 激励过程

济学理性人的基本假设，运用经济学的分析方法来研究人力资源管理问题，聚焦企业内部的激励问题。[①] 由于企业和员工都是自身利益最大化的追求者，而两者之间的利益目标不总是一致的，因而如何设计出好的激励机制来激励员工努力工作成为企业管理的核心问题。而好的激励机制应能达到两个目标：一是激励员工付出适当的努力水平；二是吸引合适的员工为单位效力。人事管理经济学的理论关注"均衡"，考虑多方面作用的结果，效率是其核心概念。[②] 人事管理经济学在关注激励因素作用效果的同时，关注如何实现组织目标和个体目标的兼容。

相较而言，管理学的激励理论偏重于分析激励要素产生和作用的过程，经济学的激励理论侧重于激励机制的均衡和效率分析。

基于上述理论，本书将法官激励界定为，基于法官个体由内外部环境刺激引发的内心需求，法院组织通过多种方式激发法官的动机和行为，在实现法官个体需求效用最大化的情况下，最终实现法院组织目标导向下的各项任务和工作要求的过程。法官激励研究的理论基础是理性选择理论，采用的是均衡分析方法。[③] 研究的起点是法官的个人需求，核心是激励因素（方式）的分析，目标在于建立实现最优效率配置的激励机制。

---

① 人事经济学将博弈论与信息经济学、不完全契约理论、机制设计理论运用到人力资本管理的问题当中，取得了非常丰硕的研究成果。
② 周灵灵：《爱德华·拉齐尔对劳动经济学的贡献》，《经济学动态》2019 年第 9 期。
③ 均衡分析是理性选择理论对决策行为人之间关系的基本分析范法。行为人之间同时实现利益最大化即是一种均衡状态，实现了最佳资源配置效率，是经济运行的目标。参见魏建《法经济学：分析基础与分析范式》，人民出版社 2007 年版，第 29 页。

二 基层法官激励因素的理论构成

(一) 法官激励因素的现有研究

法官激励的前提是了解法官的需求。波斯纳(1994)构建了美国联邦普通法官的需求效用函数,他认为一个联邦法官的总效用受到每天审判工作的时间、可以休闲的时间、金钱收入、声誉、投票所能决定的众望、威望及避免司法判决被撤销等因素的影响。[①] Ahmed E. Taha (2004), Stephen J. Choi、G. Mitu Gulati、Eric A. Posner (2009) 等许多学者运用博弈论、计量分析等理论和方法,对薪酬、政治影响、声誉等因素对美国法官行为的激励进行了实证研究。2013 年,Lee Epstein、William M. Landes 与波斯纳合作,运用理性选择理论在丰富的量化数据支持下,以法学、经济学和政治学的综合视角审视了美国各个层级联邦法院法官的决策选择,并着重讨论了联邦法官避免发表不同意见、谋求职位晋升、向律师发问等行为背后的激励因素。波斯纳是较早研究法官个体需求效用的学者,他为法官行为研究确立了经济学的分析范式,使得法官行为的研究更贴近现实。但是值得注意的是,国外的研究对象是普通法系下的法官,而且美国是联邦制国家,存在两套司法体系,因而不同的法律、政治和社会背景使得国外法官的需求与我国的法官需求存在差异。

王雷(2002)是国内较早运用激励理论来分析法院管理问题的学者,他认为应当使得法官在获得报酬后,在心理上感知到自己获得的报酬是公正的,自己对报酬是满意的,从而获得激励。[②] 侯猛(2006)从声誉的角度,分析了声誉机制对法官的激励作用,认为中国大陆缺乏法官声誉方面的激励机制。艾佳慧(2008)认为法院管理中法官遴选、薪酬、培训、绩效考核等是影响法官行为的重要因素。陈晓聪(2016)、包献荣(2016)、武建(2017)认为薪酬、考核、错案终身

[①] Richard A. Posner, "What Do Judges and Justices Maximize? (The Same Thing Everybody Else Does)", *Supreme Court Economic Review*, Vol. 3, 1994.

[②] 王雷:《论法官的管理激励》,《人民司法》2002 年第 11 期。

制、司法责任制等对法官激励产生重要影响,亟待完善。张青(2019)认为员额法官的薪资待遇是影响法官工作的重要因素。曾玲娟(2018)发现法官的角色压力也会引发法官的职业倦怠,从而导致激励不足。王霞(2017)认为法官的业绩荣誉、职业荣誉以及专业荣誉的提高,会激发法官职业身份认同感,激励法官公正司法。陈灵海(2007)认为法官培训,尤其应当加强法官去往国外培训,可以激励法官更好地工作。张晓冉(2016)、刘桂芝等(2018)、包献荣(2019)认为我国法官的退出制度、养老保障等配套制度也会对法官起到激励作用。总结国内已有的研究,可以看出薪酬、考核、声誉、工作压力、培训、退休等职业保障制度是我国法官激励的主要因素。虽然现有的研究已经关注到法官激励因素的分析,但大都基于从上而下的对现有制度的分析,而缺少从法官个体需求角度出发的激励因素的研究。同时,大多数现有研究并没有对不同级别的法院进行区分,从而使得激励因素的探讨和机制的设计过于宏观。

(二) 我国基层法官的激励因素

法官激励的前提是了解法官的需求。为了更直接地了解基层法官个体的实际需求,本书在调查问卷当中设计了两个问题,即"哪些因素能够激励您当前更好地投入工作?"(多选题)和"您认为还有哪些影响法官激励的因素?对完善法官激励机制您有何建议?"(问答)。在15个选项中,选择人数最多的是薪酬,人数占比接近80%;其次是"晋升""晋级机会""当事人的信任和尊重",占比接近70%;"准确反映个人工作绩效的考核机制""福利待遇""安全保障"三个因素的选择人数占50%左右;"休息时间""培训机会""专业兴趣""个人成就感"选择占比在30%—40%;"法院内部良好的人际关系""法院体系内不良的行为得到及时惩处""工作获得表彰奖励"占比不多,接近30%;而关于"更多的自主权""学术研究成果获得认可"这两项,只有10%左右的法官认为能够激励自己(具体情况参见表7-1)。

表7-1　　　　　基层法官激励因素的调查统计　　　　（单位:%）

序号	因素	人数	比重
1	合理的薪酬体系，较高的工资水平	282	79.44
2	公平通畅的晋升、晋级机会	246	69.30
3	受到当事人的信任和尊重	240	67.61
4	能准确反映个人工作绩效的考核机制	202	56.90
5	退休后的福利待遇	191	53.80
6	人身安全的充分保障	172	48.45
7	有更多的培训机会	146	41.13
8	假期/个人休息时间增多	128	36.06
9	专业兴趣	117	32.96
10	个人的成就感	109	30.70
11	法院内部良好的人际关系	99	27.89
12	法院体系内不良的行为得到及时惩处	95	26.76
13	工作获得表彰奖励	90	25.35
14	更多的自主权	40	11.27
15	学术研究成果获得认可	38	10.70

数据来源：根据对S省基层法官的调查数据统计得到。

关于开放式问题，355人中有76人进行了回答，内容有一部分是对上述问题选项的强化，比如"薪酬""培训""考核""安全""尊重""社会信任"等，还有被调查者提到"法官豁免""公平竞争""均衡分案"等问题，其中呈现最多的是"公平"的字眼。

基于已有的文献研究，结合问卷调查的结果，从理论上看，我国基层法院法官的激励因素至少应包括以下十个方面的内容：

第一，收入。收入是一个劳动者的基本需求。正如汉密尔顿所言，"最有助于维护法官独立者，除使法官职务固定外，莫过于使其薪俸固定"[1]。收入是法官的最基础需求，也是核心的激励因素。

---

[1] [美]汉密尔顿、杰伊、麦迪逊：《联邦党人文集》，程逢如等译，商务印书馆1980年版，第390—391页。

第二，晋升。这里指的晋升包括行政级别的晋升和法官级别的晋升，虽然我国实行的是法官单独序列管理，法官按法官级别晋升，但是法院内部仍然有院长、副院长、庭长、副庭长等行政职务。并且晋升不仅会带来权力或声誉的提升，同时也意味着收入的增加，因此，晋升是法官激励的一个核心要素。

第三，声誉。这里包括社会的信任和尊重，以及不同群体对法官的评价，包括他身为法官被大众知晓、认可并信任的程度。[1] 荣誉称号等精神激励方式是声誉激励的主要表现。

第四，合理的绩效考核。绩效考评既涉及收入，也会涉及晋升，同时反映出法官的工作在本单位被认可的程度，直接影响工作积极性，是一个重要的激励因素。

第五，工作量。工作量包括法官需要完成的工作任务和工作时间等，是影响法官工作效率的直接因素。

第六，福利保障。学习培训、休息时间以及医疗健康、退休后的福利待遇等都属于这个方面，它反映的是法官对于个人成长的需求。

第七，安全保障。根据马斯洛的需求理论，安全需求是第二层次，是较为基本的人类共性需求，也是法官的基本需求。

第八，良好的工作环境。此因素既包括良好的办公硬件设施，也包括良好的人际交往、团队关系等软件环境。在当前审判团队运行模式下，良好的团队合作关系是影响法官工作效率的重要因素。

第九，公平感。公平理论认为，人们对自己在工作中是否受到了公平对待十分在意，即员工不仅关注自己，同时也关心别人的付出与所得。在调查中，有被调查者提到"公平竞争""均衡分案"等问题，呈现出基层法官对"公平"的诉求。在基层法院，法官对于自身的收入、晋升、工作量等问题不仅关注的是自己的获得，而且更在意法院内部、司法部门之间甚至与公务员等公职人员的比较。所谓"不患寡而患不

---

[1] 宁静波：《法官与法院的产出效率——基于基层法院的实证分析》，《山东师范大学学报》（人文社会科学版）2013年第3期。

均",法官的公平感本身不能独立存在,往往来自于分配或考核当中法官的主观体验,不易测度却影响至深。

第十,个人成就感。个人成就感是指法官从工作中基于自我认可而引发的激励要素,包括专业兴趣,工作的领域是否是自己喜好和擅长的,比如有的法官擅长处理家事纠纷,那么家事审判工作就会激发其工作动力和热情;对法律的信仰以及学术研究的关注也属于个人成就感的激励范畴。相比而言,学术研究并不是基层法官主要的激励因素。

上述激励因素中的第一至第九项属于外部激励,第十项个人成就感属于内部激励。外部激励是指基层法官在从事工作时受到的来自工作之外的激励要素,内部激励是指法官从工作中基于个人心理需求而引发的激励要素。外部激励和内部激励要素通过不同的作用路径,影响法官的行为。外部激励要素主要是在行为之后,关注外部的奖励,往往更适用于单调重复的工作;而内在激励往往发生在行为当中,关注法官的自我选择和控制,比较适用于复杂的、富有创新和挑战性的工作。通过调查问卷的统计可以看出,对基层法官影响较大的因素都是外部激励要素。

三 理论假设

为了测量上述激励因素的作用效果,调查问卷将"是否愿意终身从事此工作"设置为激励效果。假设法官受到的来自工作的激励越大,那么从事该职业的意愿就越高,反之则从事该职业的意愿越低。

法官这一职业是以专业知识为核心竞争力,属于进入壁垒比较高的知识集中类行业,这导致法官的"产出"不同于一般企业员工。而且,法官判决的每个案件都有独特性,不同类型的案件难度也不一样,法官的"产出"不易且不宜简单量化。基于人事经济学的理论观点,"好的激励机制应能达到两个目标:一是激励员工付出适当的努力水平;二是吸引合适的员工为单位效力"[①]。如果说入额的法官因为经过遴选而获得了适合的工作机会,那么是否愿意终身为司法工作效力就成为评价法

[①] 周灵灵:《爱德华·拉齐尔对劳动经济学的贡献》,《经济学动态》2019年第9期。

官激励效果的最佳指标。

在此基础上，我们假设：（1）收入、收入公平感、晋升、声誉、福利、安全保障等核心激励因素与激励效果是正相关关系，即这五个方面的激励力度越强，法官越愿意从事法官工作；（2）工作量，包括审理案件数量与工作时间（加班频率）与激励效果是负相关关系，即工作量越大，法官越不愿意从事法官工作。

第二节 问卷设计与基本信息

一 问卷设计

为了研究基层法官所受到的激励以及各类激励因素的效果，研究团队设计了"基层员额法官职业状态调查问卷"[①]。首先，基于前期的调研以及对激励理论的研究，参考前人问卷编制的形式方法，并结合中国基层法官的现实工作情况与真实问题，本书设计了调查问卷的初稿。其次，在问卷正式分发之前，先小范围进行试填，通过试填反馈对问卷修改后进行正式发放。

调查问卷中主要包含四个部分：第一部分是参与调查的基层法官的基本个人情况，包括基层法官的性别、年龄、婚姻状况、教育背景、工作的城市、负责的主要工作、入职年限、行政职务级别与在职年限、法官级别与晋升期限等；第二部分是法官的工作情况，主要是法官在工作中所面临的各种激励因素，包括年办案量、加班频率、年收入、员额制改革后的收入增加幅度、非物质奖励的获得情况、业务培训机会、人身安全保障等客观情况，以及对收入和收入增加幅度的满意程度、对收入的公平感知、个人成就感、获得荣誉对工作的影响程度等主观感受；[②]第三部分为参与调查的法官对当下法官面临的主要问题的个人看法，包

---

① 调查问卷并未采用"激励因素与激励效果"等类似字眼，以防止参与调查的法官对激励因素产生刻意的关注，从而使得参与调查的法官更能客观地进行作答，问卷结果更能体现出法官的真实状态。

② 调查问卷中所调查的收入包括工资、奖金、津贴等各项内容的总收入。

括晋升中存在的问题、审判压力的来源、审判团队存在的问题、影响法官尊荣感的因素;第四部分为激励效果,主要通过基层法官终身从事法官工作的意愿来体现,对于有离职倾向的法官,问卷也进一步了解了其离开法院的原因以及去向。

本书选择了电子问卷的方式,并通过在法院工作的朋友进行投放,由于电子问卷天然的匿名性,参与调查的法官更容易表达出内心的真实想法,这也在一定程度上保证了调查问卷结果的可靠性。问卷于2020年初通过"问卷星"平台,以网络问卷的形式投向 S 省的法官群体,调查周期约为一个月,获得了 355 份基层法官调查问卷。

调查涉及 S 省 16 地市,实现研究地市的全覆盖,并且各地市参与调查的法官与本地人口数目呈正相关关系,即当地人数越多,参与调查的基层法官人数也就越多(基本信息参见表7-2)。

表7-2　　　　　　　　　调查问卷基本信息

问卷样本	调查回收有效 355 份问卷
人员分布	调查涉及 S 省 16 地市,J 市 41 人、Q 市 18 人、B 市 12 人、DZ 市 25 人、DY 市 8 人、HZ 市 12 人、JN 市 14 人、LD 市 25 人、LY 市 39 人、RZ 市 6 人、TA 市 12 人、W 市 9 人、WF 市 35 人、YT 市 62 人、Z 市 13 人、ZB 市 24 人
性别分布	被调查者中,男性 216 人,占比 60.8%;女性 139 人,占比 39.2%
年龄分布	被调查者中,有 2 人处于 25—30 岁,有 127 人处于 31—40 岁,有 130 人处于 41—50 岁,有 96 人处于 50 岁以上
教育背景	被调查者中,本科学历有 275 人,硕士研究生学历有 79 人,专科学历有 1 人,有 56 人获得过非法学学位
职级分布	被调查者中,2 人为正处级,11 人为副处级,60 人为正科级,112 人为副科级,170 人为科员、科员以下或无职务等级

数据来源:根据对 S 省基层法官的调查数据统计得到。

二　参与调查基层法官基本个人情况

本书对参与调查的基层法官的基本情况进行了较为详细的统计分析,究其原因,一是参与调查的基层法官只是 S 省基层法官的一部分,通过对受访的基层法官基本个人情况的分析，有助于我们把握 S 省基层法官的总体情况；二是法官的工作状态、各种激励因素的影响效果可能存在个体差异，在考虑法官个体差异的基础上来研究各种激励因素对不同法官的影响效果，有助于我们进一步得出更为细化的结论，从而提出更有针对性的建议。

（一）性别

在参与调查的 355 名基层法官中，男法官共 216 名，占比 60.85%[①]；女法官共 139 名，占比 39.15%，受访法官群体中，男女法官所占的比例大约是 6∶4（见图 7-2）。总体来看，S 省的基层法官群体中，男性法官的数目明显多于女性法官的数目。

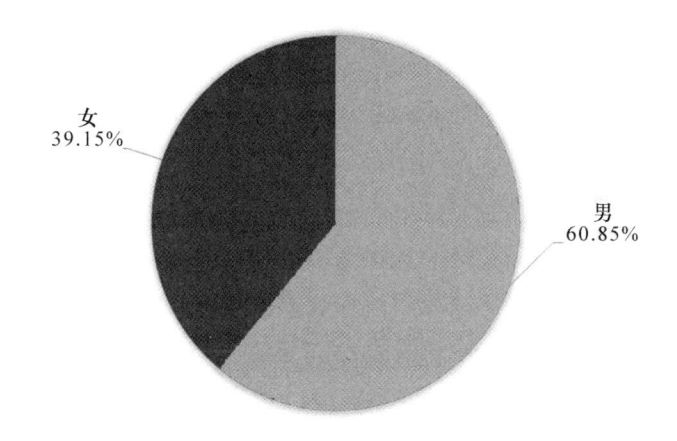

图 7-2　参与调查的法官性别

（二）年龄

所调查的 355 名法官中，没有人处于 25 岁以下的年龄段，故在图中未能体现，25—30 岁的法官 2 名，占比 0.56%；31—40 岁的法官 127 名，占比 35.77%；41—50 岁法官 130 名，占比 36.62%；50 岁以上法官 96 名，占比 27.05%（见图 7-3）。有超过 60% 的基层法官年龄在 40 岁以上，他们共同组成了资历深、经验足的中坚力量。

[①] 本书中用到的百分比为该项目人数/总人数后精确到小数点后两位所得，下同。

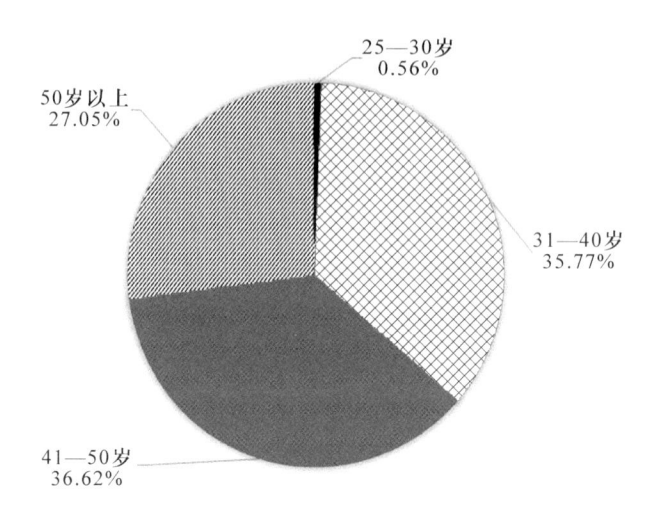

图 7-3　参与调查的法官年龄

（三）婚姻状况

参与调查的 355 名法官中，未婚的法官是 5 名，只占总数的 1.41%；已婚的法官有 350 名，占据绝大多数，占比 98.59%（见图 7-4）。数据体现出法官是处于生活比较稳定的一类群体，他们一般拥有着较为稳定的家庭关系，同样结婚也意味着可能会需要承受较大的家

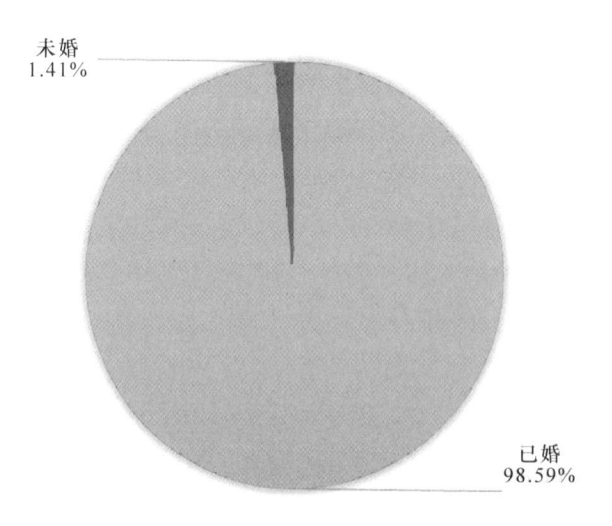

图 7-4　参与调查法官的婚姻状况

庭责任和负担，比如子女的养育、父母的赡养、车房的购买等，这些可能会给法官带来一定的压力和负担。

(四) 教育背景

法官的工作性质，要求法官必须经过正规的法律专业训练，因而法官的教育背景需要着重考量。

1. 最高学历

在本次调查中，最高学历为专科学历的基层法官只有1名，占比0.28%；最高学历为本科学历的基层法官有275名，占比77.46%；最高学历为硕士研究生学历的基层法官有79名，占比22.26%（见图7-5）。但是参与调查的基层法官群体中无人表示获得过博士研究生学历，因而未能在图中表现出来。然而可以看出，随着员额制改革的推行，法官整体的学历情况得到一定改善，基层法官已基本处于本科及以上学历，基层法官队伍正朝着专业化迈进。

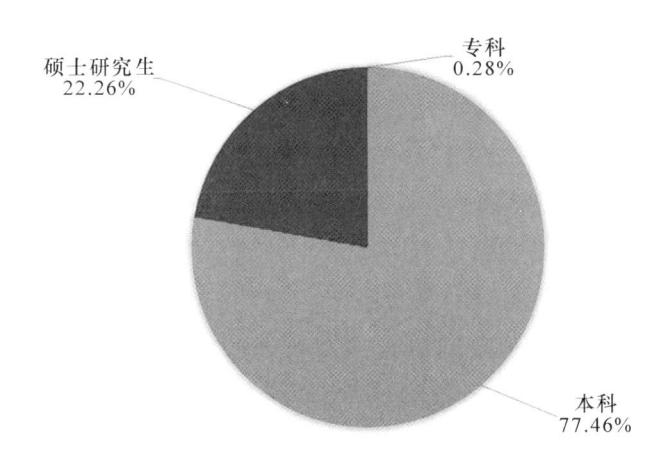

图7-5 参与调查法官的最高学历

2. 专业知识背景

法官这一职业除了有较高的法律知识要求，同时还需要一定的其他专业知识的辅助，因而，基层法官是否接受过非法学专业教育并获得该学位，是法官个人情况存在差别的一个重要方面。调查数据表明，在受访的基层法官中，仅获得法学专业学位的法官有 299 名，占比 84.23%；获得非法学专业的基层法官有 56 名，占比 15.77%。在 56 名法官中，有 14 人获得工学学位，5 人获得经济学学位，5 人获得农学学位，4 人获得管理学学位，3 人获得理学学位，2 人获得医学学位，23 人获得了上述学位之外的其他学位。这表明在基层法官团队中，已经存在了一定规模的复合型人才，他们有着一定的法律专业知识，同时又有着其他专业的辅助知识（见图 7-6）。

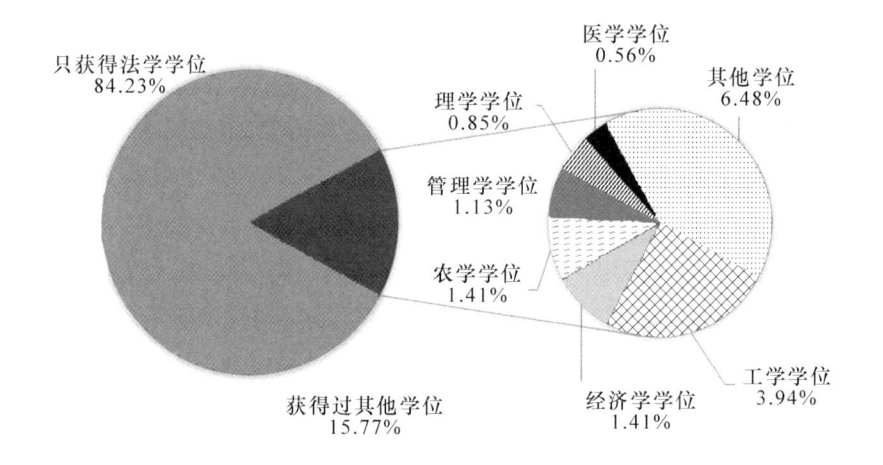

图 7-6 参与调查法官的学位获取情况

三 参与调查基层法官基本工作情况

（一）工作地域

通过对 S 省区域进行划分，划分为东部、中部和西部地区。东部地区受访的法官有 177 名，占比 49.86%，约占总数的一半；中部地区受访的法官有 116 名，占比 32.68%；西部城市数量较少，受访法官有 62 名，占 17.46%（见表 7-3、图 7-7）。中部地区和东部地区所含城市数量相当，但是受访的法官数量相差较大。

表7-3　　　　　　　　参与调查法官的所在地域

所在区域	所在地级市	人数	合计人数
东部地区	DY 市	8	177
	LY 市	39	
	Q 市	18	
	W 市	9	
	WF 市	35	
	YT 市	62	
	RZ 市	6	
中部地区	B 市	12	116
	Z 市	13	
	ZB 市	24	
	J 市	41	
	JN 市	14	
	TA 市	12	
西部地区	LD 市	25	62
	DZ 市	25	
	HZ 市	12	
总计		355	355

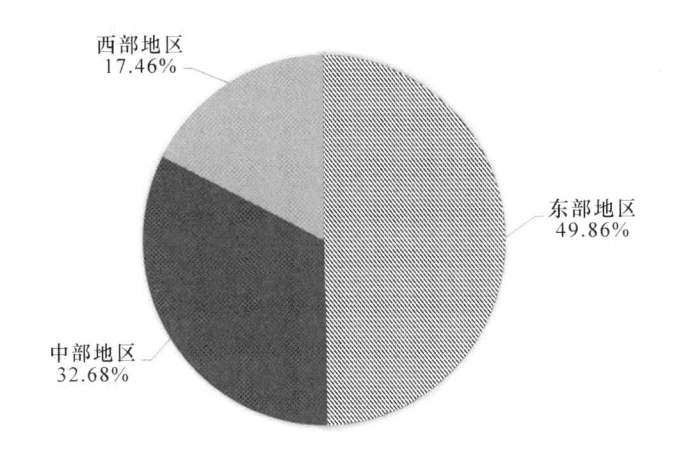

图7-7　参与调查法官所属地域

（二）所在法院

本次受访的法官为基层法院的法官，但是依然有区一级与县（县级市）的细微差别。调查结果显示，区层次基层法院法官有168名，占47.32%；县（县级市）基层法院的法官有187名，占52.68%，两者数量基本相当（见图7-8）。

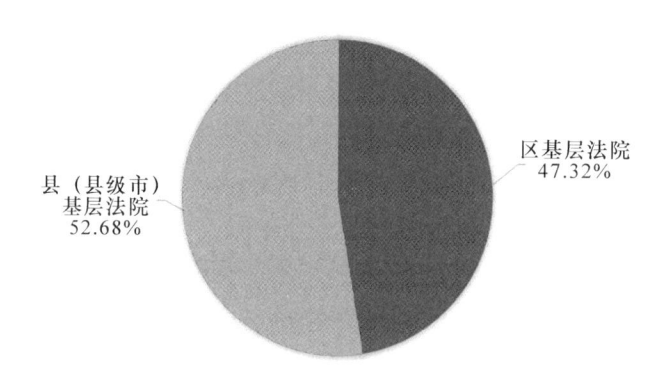

图7-8 参与调查的法官的所在法院层级

（三）工作岗位

"闻道有先后，术业有专攻。"尽管在同一法院的同一部门，但是不同的法官由于自己所长不同从事着不同的工作。本书将法官的主要工作根据工作内容进行了简要区分，数据显示：从事立案工作的有6人，占比1.69%；从事海商事案件工作的有1人，占比0.28%；从事行政案件工作的有14人，占比3.94%；从事民事案件工作的有229人，占比64.51%，超过参与调查的基层法官数目的一半；从事刑事案件工作的有54人，占比15.21%；从事审判监督工作的有4人，占比1.13%；从事执行工作的有34人，占比9.58%；另外从事其他工作的有13人，占比3.66%，如研究室工作与行政工作等（见图7-9）。可以看到，目前基层法官的主要工作为处理民事案件，其次为刑事案件，从事这两类工作的基层法官总数合计超过受访法官数目的3/4。

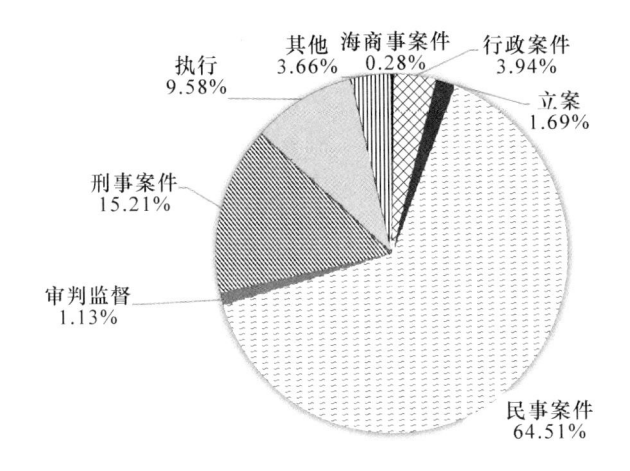

第七章 法官激励因素与激励效果的实证分析　147

图 7-9　参与调查法官的主要工作类型

（四）入职年限

通过对受访基层法官的工作年限进行统计，可以看出基层法官团体工作年限的整体情况（见图 7-10），其中，工作年限在 3 年以下的法官有 6 名，占比 1.69%；工作年限在 3—7 年之间的法官有 12 名，占比 3.38%；工作年限在 8—10 年之间的有 70 名，占比 19.72%；工作年

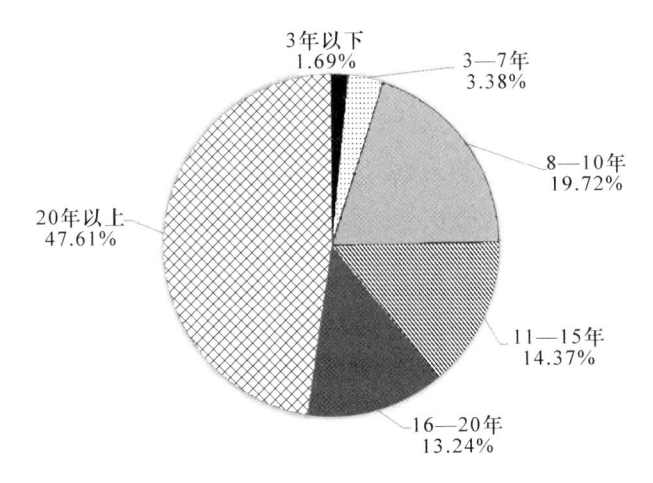

图 7-10　参与调查法官工作年限

限在 11—15 年之间的法官有 51 名，占比 14.37%；工作年限在 16—20 年之间的法官有 47 名，占比 13.24%；工作年限在 20 年以上的法官有 169 名，占比 47.61%，大约占受访法官总人数的一半。可以发现，工作年限在 15 年以上的法官所占比重很高，约占总体的 3/5，仅拥有 20 年以上工作经验的法官就接近总数的一半，这一数据与上文中提到的年龄数据相对应，这一部分法官工作时间长、经验足、资历深，现在依然是法官团队的主力军。

四 参与调查基层法官的职级

（一）法官等级

法官等级是法官职位高低的一个重要表现，调查发现，在十二个等级中，基层法官覆盖了由五级法官至三级高级法官这七个等级，其中，三级高级法官有 3 人，占比 0.85%；四级高级法官有 31 人，占比 8.73%；一级法官有 168 人，占比 47.32%；二级法官 75 人，占比 21.13%；三级法官 58 人，占比 16.34%；四级法官 13 人，占比 3.66%；五级法官 7 人，占比 1.97%（见图 7-11）。数据显示，受访基层法官中有超过 90% 处于"法官"这一等级，最高处于三级高级法官等级，这表明 S 省基层法官总体等级不高。

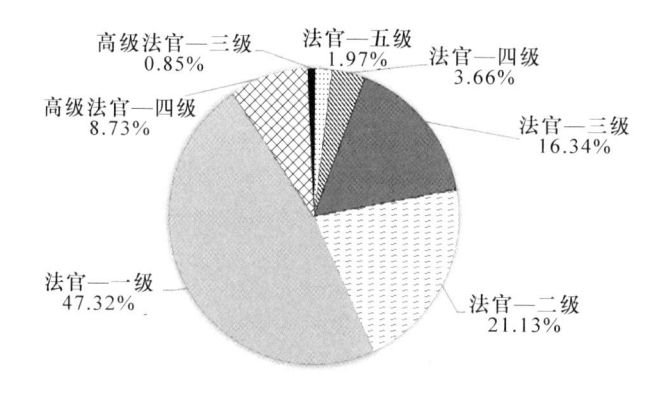

图 7-11 参与调查法官的法官等级

（二）行政职务级别

除了法官级别分析之外，也需要将行政职务级别考虑在内，以进一步研究法官的职位高低。调查发现，在受访的法官中，无职务级别的法官有 12 名，占 3.38%；科员以下的法官有 158 名，占比 44.51%，将占据近一半比例；副科级法官有 112 名，占比 31.55%；正科级法官 60 名，占比 16.90%；副处级法官有 11 名，占比 3.10%；正处级法官 2 名，占比 0.56%（见图 7-12）。

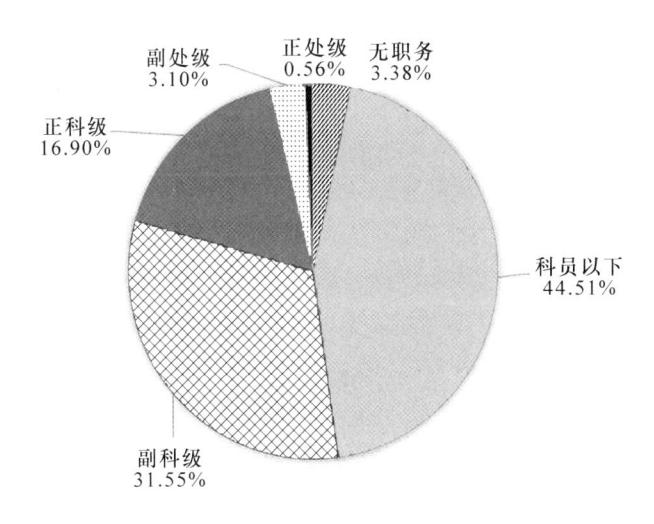

图 7-12 参与调查法官的行政职务级别

第三节 基层法官激励因素的现状分析

根据前文的分析，本书将从收入因素、晋升因素、工作压力、非物质激励、人身安全保障、公平感知、个人发展七个方面对法官的激励因素现状进行分析。

一 收入因素

收入是激励因素中极为重要的一个方面，对法官的收入进行研究非常重要。除此之外，由于增薪是法官员额制改革的一项重要内容，因此在研究法官收入的基础上,分析法官收入的增加情况,也有助于对法官收入水平进行全面把握,并进一步审视员额制改革的效果。

(一)收入的基本情况

调查发现,目前,受访的基层法官有1人的年收入处于26万—30万元这一档次,占比0.28%;有4人处于21万—25万元这一档次,占比0.85%;21人处于16万—20万元这一档次,占比5.92%;201人处于10万—15万元这一档次,占比56.62%;129人处于10万元以下的档次,占比36.34%(见图7-13)。数据显示,大多数被调查法官的收入水平处于10万—15万元档次,占比超过一半,参与调查的基层法官总计有超过90%的人收入集中于15万元以下档次。从事法官行业的一般为社会的精英,世界各地的法官薪资都比较高,但是数据显示,基层法官的薪资并没有想象中那么优厚,大部分的法官收入都处在15万元以下这一较低的水平。

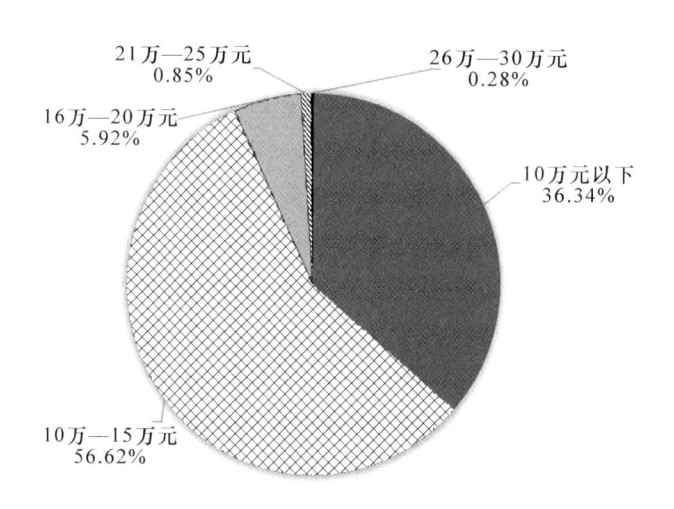

图7-13 受访基层法官的收入基本情况

由于法官存在个体差异,因而即便是同样金额的收入,不同的法官可能有着不同的满意程度。为了进一步研究法官对待收入的态度,笔者进一步通过"当前绩效奖金能否反映您的努力程度"这一问题,了解了法官对自身收入的满意程度。数据表明,仅有2人对目前的收入满意,认为目前收入完全能反映自己的努力程度。另一点值得注意的是,两位法官均处于10万元以下的收入水平。认为当前收入不能够反映自己努力程度的法官共有240人,占比67.61%,这些法官主要处于15万元以下的中低收入水平。① 从图7-14中可以直观地发现,收入在15万元以下水平的法官群体中,认为收入能够反映自身努力程度的法官仅占较小的比例,与之相对应地,收入在16万元以上中高收入水平的法官群体,也有83.33%认为当前收入不能或不太能反映自己的努力程度。

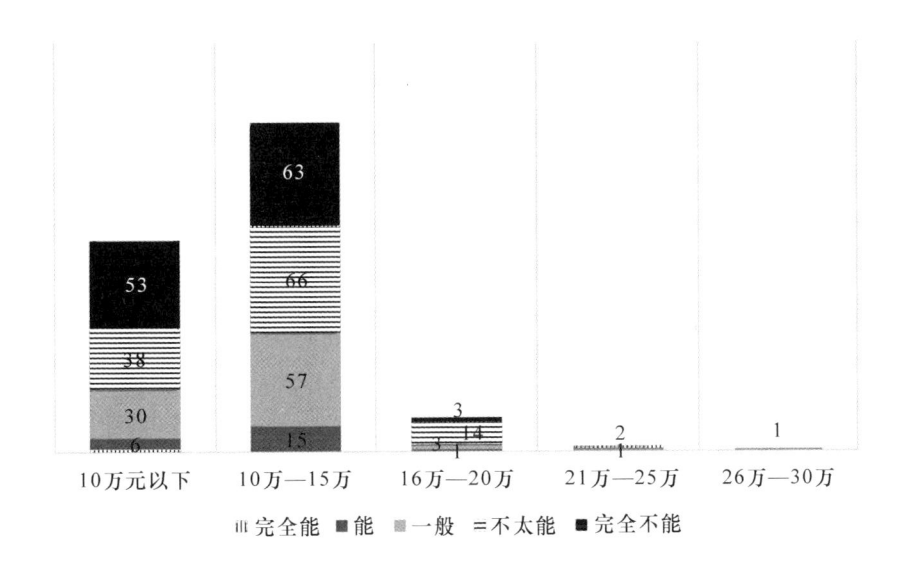

图 7-14 受访基层法官对收入的满意情况

(二)员额制改革后收入的增幅

增加入额法官的工资,是法官员额制改革的一项重要内容。本问题的设计主要为考察员额制改革中增加收入的政策性承诺的落实情况。调查表明,员额制改革后,S省基层法官的收入普遍有所增加。

---

① 此处包含选择"完全不能"和"不太能"两个选项的法官。

数据显示，增幅在20%以下的法官共有160人，占比45.07%；在20%—50%档次的有187人，占比52.68%；在51%—80%以及81%—100%两个档次的各有4人，分别占比1.13%；没有法官的工资增幅处于100%以上，故未在图中体现（见图7-15）。调查结果显示，S省法官员额制改革的确达到了增加员额法官工资的目的，改革政策落地情况较好。

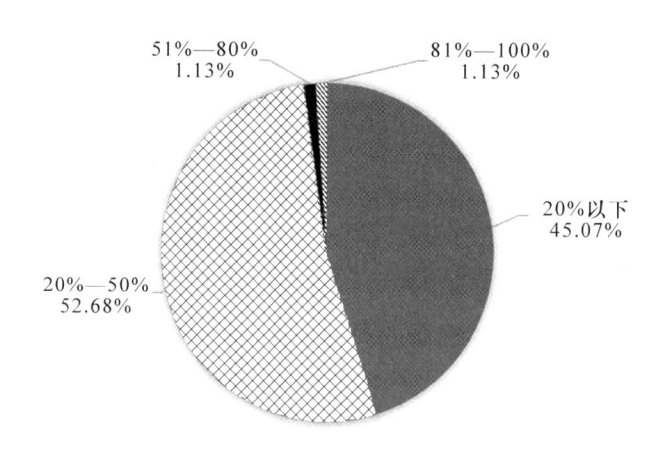

图7-15 受访基层法官的收入增长幅度

进一步对提高薪资的效果进行进一步的研究，笔者通过设置"相比入额前，您对目前收入的满意程度"这一问题来研究法官对于收入增幅的满意程度。数据显示，有91人对收入的增幅表示不满意，占比25.63%；有86人对收入的增幅表示满意，占比24.23%，表示满意的法官人数与表示不满意的法官人数基本持平。尽管在上文中，我们发现有将近七成法官认为当前收入不能够反映自己的努力程度，但是仅有1/4的法官表示对目前的收入增幅不满。这可能是因为人们对于收入的变化比收入的具体数额更敏感，收入的增加给法官带来了正向的反馈，给予了他们对于未来收入更加乐观的预期。

（三）基于基本个人情况的收入差异化分析

法官的收入受到多种因素的影响，如工作量、工作年限、职务级别、教育背景等,甚至性别也有可能会影响到法官的收入。下面我们将基于法官的基本个人情况对收入进行差异化分析。

1. 性别因素

在参与调查的基层法官中,男性法官的数目明显多于女性法官,大约为女性法官数目的1.5倍。尽管男性法官人数较多,但是在参与调查的法官中,收入最高的法官却为女法官,其收入处于26万—30万元这一层次,另外,女性法官中有15人的收入处于16万元以上的中高收入层次,占女性法官团队的10.79%,而男性法官有10人处于16万元以上的收入水平,占男性法官团队的4.63%。在男性法官团队与女性法官团队中,均有超过半数的人处于10万—15万元这一收入层次,其中,男性法官有125人,占比57.87%;女性法官有76人,占比54.68%(见图7-16)。

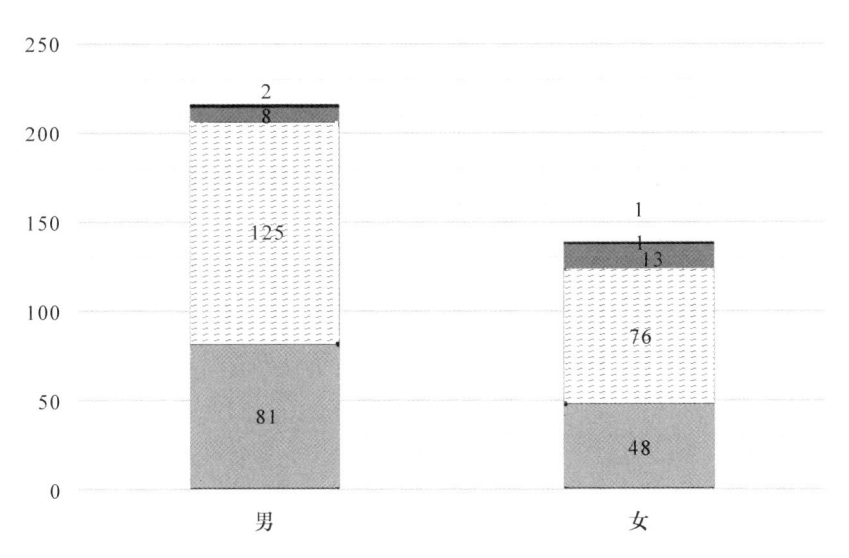

图7-16 不同性别的法官收入分布

根据调查结果测算,男性基层法官的平均年收入为10.42万元,女性法官的平均年收入为 11.01 万元。① 总体来看，尽管女性法官在法官团队中人数较少，但是她们的收入却较男性法官更高，一方面表现在中高收入的人数较多，另一方面表现在平均收入较高。

2. 教育背景因素

在参与调查的基层法官中，获得最高收入的法官最高学历为硕士研究生，仅有的 1 位专科学历的法官收入在 10 万元以下。有 17 位本科学历的基层法官获得了 16 万元以上的中高收入，占比 6.18%，有 8 位硕士研究生学历的法官获得了 16 万元以上的收入，占比 10.13%，说明获得研究生学历的法官，其收入情况普遍好于本科和专科学历的法官（见图 7-17）。

对问卷的数据进行测算，发现最高学历为本科学历的基层法官平均收入为 10.4 万元，硕士研究生学历的法官平均收入为 11.57 万元。这说明法官的收入与其最高学历相关，学历越高，其收入一般也就越高。

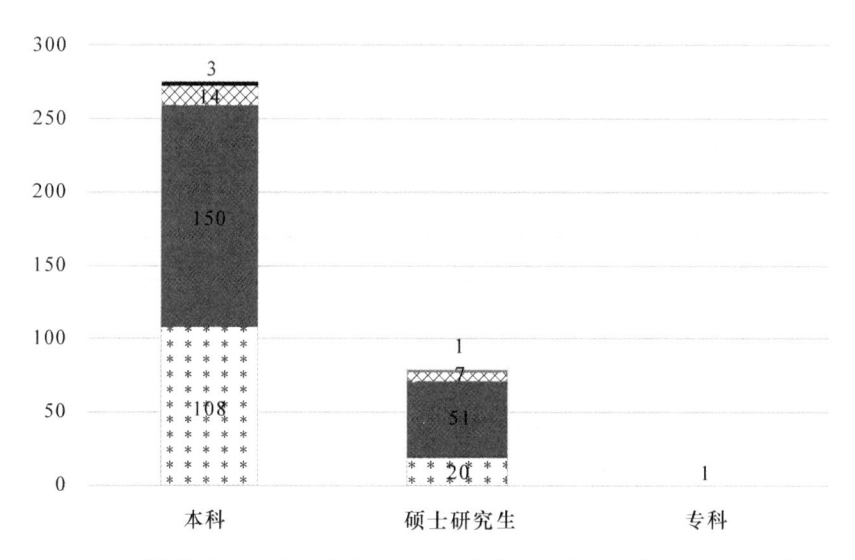

图 7-17 不同学历的法官收入分布

---

① 由于调查所获得的数据均为收入区间，因而我们采用区间中位数乘以处于这一区间的人数百分比来进行计算，问卷中并未能获得最低收入数额，我们采用 S 省 2018 年最低工资标准 2.92 万元/年来粗略代替。

除了最高学历之外，法官的综合知识水平也可能会影响到其收入。数据显示，获得过非法学学位的法官收入全部集中在20万元以下，其中，17人的收入处于10万元以下的层次，占比30.36%；33人的收入处于10万—15万元的层次，占比58.93%；6人的收入处于16万—20万元的收入区间，占比10.71%。未获得非法学学位的法官中收入在10万元以下的有112人，占比37.46%；收入在10万—15万元的有168人，占比56.19%；收入在16万元以上的有19人，占比6.35%（见图7-18）。对数据进行测算后发现，未获得非法学学位的法官平均收入为10.55万元，而获得过非法学学位的法官平均收入为11.16万元，比未获得非法学学位的法官收入高了约6000元。

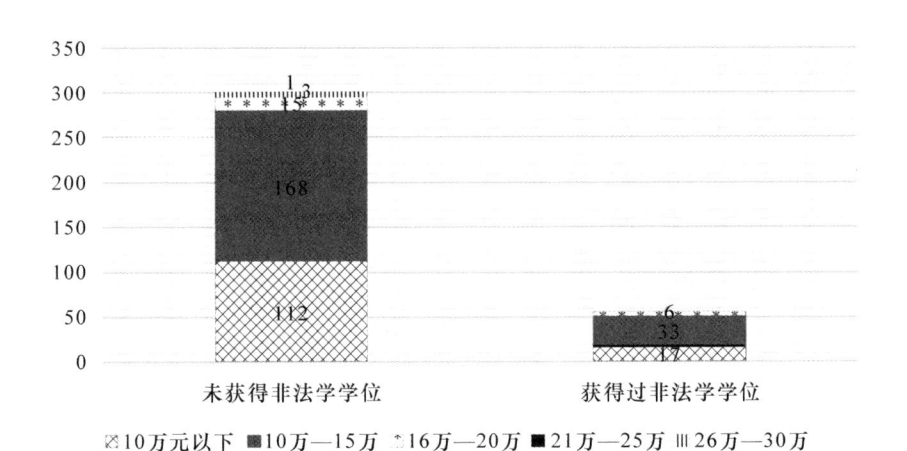

图7-18 不同学位获得情况的收入分布

3. 工作类型因素

根据上文，本书将法官的主要负责工作归纳为四类，分别为立案、执行、审判和其他。从事审判工作的法官数目最多，占总人数的88.57%，平均收入10.59万元；从事执行工作的法官有34人，平均收入10.56万元；从事立案及其他工作的法官人数分别为6人和5人，平均收入分别为15.02万元和9.79万元（见图7-19）。从事审判工作的法官平均收入在所有工作类型中最高，但是由于从事立案、其他工作的

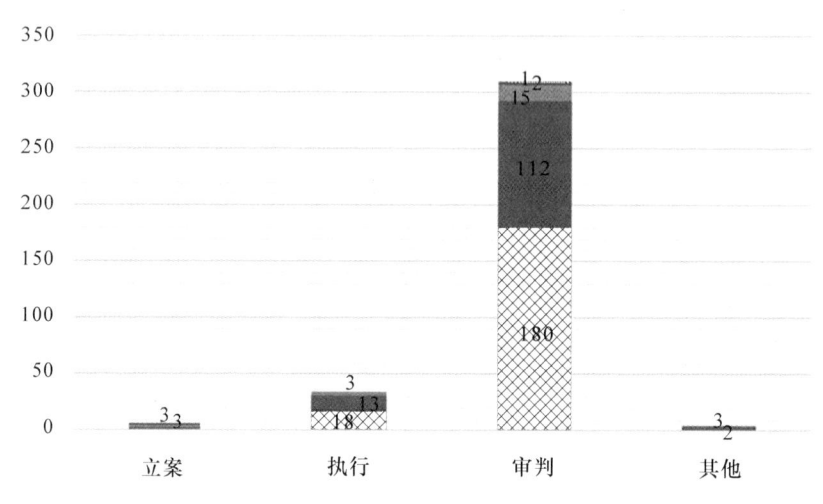

法官过少，所以结果可能会有一定的误差。

图 7-19 不同工作类型的法官收入分布

4. 职务级别因素

由于目前我国法院系统的内部管理依然存在行政级别，因而法官的行政级别会影响到其收入。如图 7-20 所示，正处级别的 1 位法官得到了 26 万—30 万元之间的最高收入，副处级别的法官中有 4 人获得了 16 万元以上的中高收入，占比 36.36%。职务级别在副科以及以下的法官，超过 90% 的收入在 15 万元以下。从平均收入方面来看，正处级法官的平均收入为 23 万元，副处级法官的平均收入为 14.38 万元，正科级法官的平均收入为 11.96 万元，副科级法官的平均收入为 10.6 万元，科员以下的法官平均收入为 9.87 万元，无职务级别的法官平均收入为 9.32 万元。显然，法官的总体收入与其职务级别相关，且职务级别越高，收入越高。

另外，法官等级会影响到法官的收入。我国的法官分为四等十二个等级，分别为首席大法官、大法官、高级法官和法官四等，其中大法官分为一级和二级，高级法官分为四级至一级，法官分为五级至一级。可以

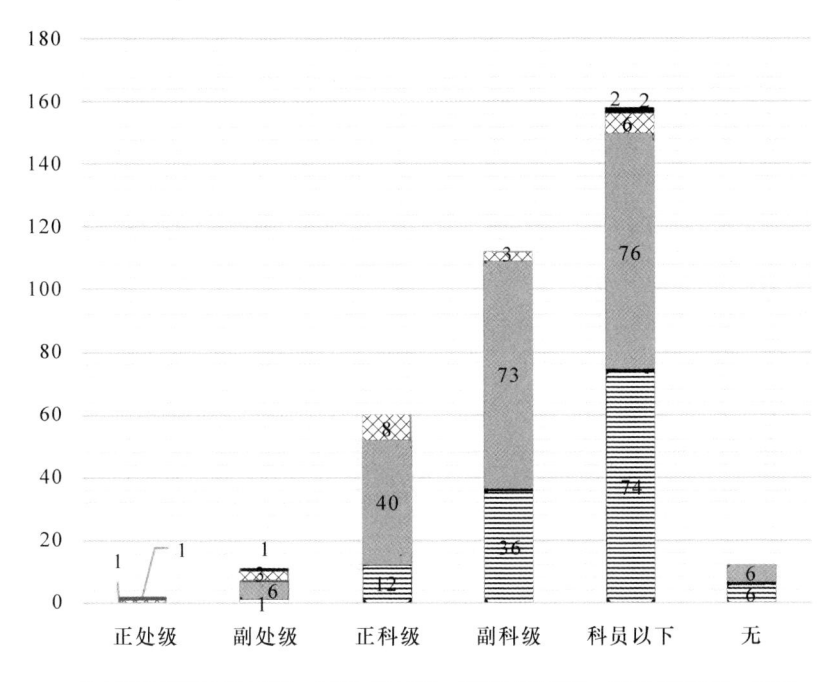

图 7-20 不同职务级别的法官收入分布

看到,参与调查的法官等级以一级法官为中心,往更高等级和更低等级的方向,人数逐渐减少。在五级法官至二级法官这四个等级的法官群体中,均有超过90%的法官收入在15万元以下。根据数据计算,三级高级法官的平均收入为17.38万元;四级高级法官的平均收入为13.08万元;一级法官的平均收入为10.23万元;二级法官的平均收入为10.82万元;三级法官的平均收入为10.26万元;四级法官的平均收入为10.06万元;五级法官的平均收入为9.46万元(见图7-21)。数据表明,等级为高级法官的整体收入要高于等级为法官的收入,而处于法官这一等级的法官群体收入均在10万元左右。总体来说,法官的等级越高,收入越高,尤其是等级升至高级法官时,收入会有明显的提高。

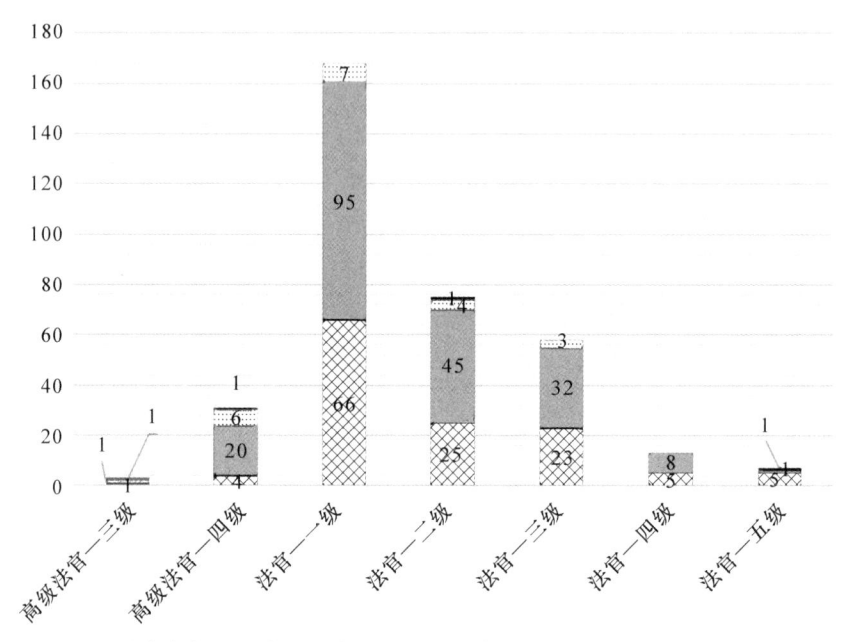

图 7-21 不同法官级别的收入分布

二 晋升因素

(一) 晋升的机会

晋升问题是对法官激励产生影响的重要因素之一，笔者通过前期走访，了解在职法官所认同的目前晋升存在的基本问题，进而在问卷中设置了晋升职位少、晋升周期长、晋升条件不合理、晋升选拔不透明的四个选项，被调查者选择结果见图 7-22。调查发现，参与调查的法官中有 236 人认为当前的晋升职位少，但是等待晋升的法官过多，导致晋升受阻，占比 66.48%；有 213 人认为当前的晋升周期过长，超过了政策规定的各级之间晋升时间间隔，占比 60.00%；有 144 人认为目前晋升条件不合理，占比 40.56%；有 111 人认为晋升选拔不透明，占比 31.27%。数据显示，六成以上的法官认为目前晋升存在的主要问题是职位数目和周期这样的客观问题，晋升条件的设置、选拔过程的透明度等程序性问题虽然也引起法官的关注，但相比较而言，法官对于程序性问题的关注明显较低。

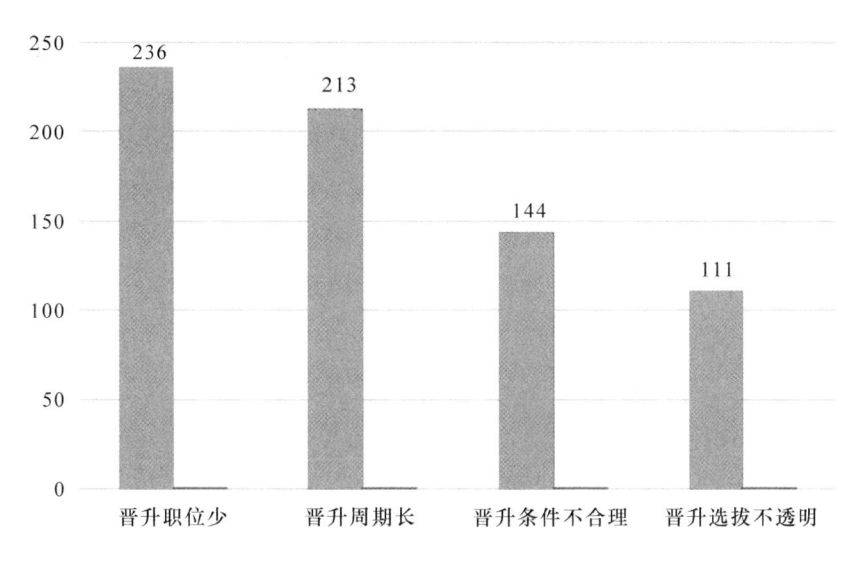

图 7-22 晋升过程中存在的问题

除此之外，部分法官还表示法官在晋升之路上存在一些客观阻碍，如基层法院高级法官晋升名额太少、存在晋升"天花板"等，程序方面存在的问题包括：晋升政策在实际操作方面存在较大差异，晋升过程的公平性、公正性、公开性较为缺乏，晋升制度的落实方面欠佳，许多政策和制度无法落地，法官的晋升受到人为干预等现实问题。

（二）晋升的时间

按照我国法官等级晋升的规定，五级法官至三级法官，每三年晋升一级，三级法官至一级法官，每四年晋升一级，高级法官则需要进行选拔培训，进而才能得以晋升。为了客观研究目前法官晋升存在的问题，我们整理了法官由上一级晋升到目前级别的时间间隔（见表 7-4）。[①]

可以看到，大部分的法官晋升时间基本符合政策要求，尤其是级别比较低的法官，一般来说到期可以自动晋升。由五级法官晋升至四级法

---

① 由于部分参与调查的法官忘记了从上一级法官晋升至当前级别的时间间隔，因此此处笔者删除了相关样本，共得到 345 份样本。

官，有9人经过了0—3年的时间，基本符合政策规定，但是也有1人经过了7—9年的时间，2人经过了10—12年的时间，这明显不符合政策的规定。类似的情况也发生在三级法官与二级法官的晋升中：在53人的三级法官团队里，有47人用了6年以下的时间由四级法官晋升上来，占比88.68%；在75人的二级法官团队中，有58人用了6年以下的时间由三级法官晋升上来，占比77.33%。但是也有一些法官晋升之路比较坎坷，由上一级晋升至当前级别所用的时间远超政策规定的时间，尤其是由二级法官晋升至一级法官的法官群体中，有37人用了10年以上的时间，远超政策规定的4年。在由一级法官向四级高级法官的晋升过程中，由于此时晋升需要进行考核选优，因而大多数人都经历了3年以上的间隔，更有甚者间隔了30年以上。总体而言，基层法官的晋升压力不算太大，除了少数人之外，基本可以在规定时间内得到晋升。但是在由法官级别向高级法官级别晋升的时候，多数法官间隔了比较长的时间，主要是因为越高级别的晋升，竞争越激烈。

表7-4　　　　法官由上一级晋升到目前级别的时间间隔　　　（单位：人）

法官级别＼所用时间	法官—五级	法官—四级	法官—三级	法官—二级	法官—一级	高级法官—四级	高级法官—三级	总计
0—3年	1	9	28	41	81	5	0	165
4—6年	5	0	19	17	34	12	2	89
7—9年	0	1	4	6	12	3	0	26
10—12年	0	2	2	7	27	6	1	45
13—15年	0	0	0	3	5	4	0	12
16—18年	0	0	0	0	1	0	0	1
19—20年	0	0	0	1	3	0	0	4
21—30年	0	0	0	0	2	0	0	2
30年以上	0	0	0	0	0	1	0	1
总计	6	12	53	75	165	31	3	345

数据来源：根据对S省基层法官的调查数据统计得到。

另外值得关注的是，所有级别中一级法官的人数最多，达到 165 人，占总人数的 47.83%，但是四级高级法官的人数只有 31 人，只占总人数的 8.99%，这也进一步印证了向高级别法官晋升的名额有限，法官之间竞争激烈的现状。

三 工作压力

法官的工作压力会影响到法官的激励，工作压力过大，激励减弱，以至于影响到法官的职业安排。调查研究表明，法官工作压力主要来自于工作的数量和复杂程度。工作量过大，经常加班会侵占了休息时间，或者接手的案子比较复杂棘手，处理难度高等。员额制改革后，法官的办案量急剧增加，给法官带来了很大的工作压力。[①] 分析法官工作压力的来源，研究法官目前工作压力的大小，有助于我们进一步了解法官工作现状，进而提出有针对性的解决方案。

（一）办案量压力

调查显示（见图 7-23），基层法官的年判案量自 50 件以下至 300 件以上，覆盖了问卷的全部选项。其中，年判案量在 50 件以下的基层法官有 8 人，占总人数的 2.25%；年判案量在 51—120 件的基层法官有 50 人，占比 14.08%；年判案量在 121—200 件、201—250 件以及 300 件以上的法官人数相当，分别有 83 人、76 人与 86 人，分别占比 23.38%、21.41% 与 24.23%；年判案量在 251—300 件的法官有 52 人，占比 14.65%。参与调查的法官年判案量从 50 件以下至 300 件以上跨度很大，且年判案量在 300 件以上的法官占比将近 1/4，说明基层法官的工作量已经普遍处于较大的状态，甚至某些法官平均每天需要处理一件案件。

（二）审判压力

前文的分析表明，法官的工作压力来源于办案数量的增加，更主要

[①] 根据 2019 年 S 省高级人民法院工作报告，2019 年 S 省全省法院新收案件 194.6 万件，结案 204.2 万件，同比分别上升 11.9%、21.4%。全省法官人均结案 266 件，同比增加 40 件，其中人均办案超过 300 件的有 54 家法院，超过 500 件的有 6 家法院。

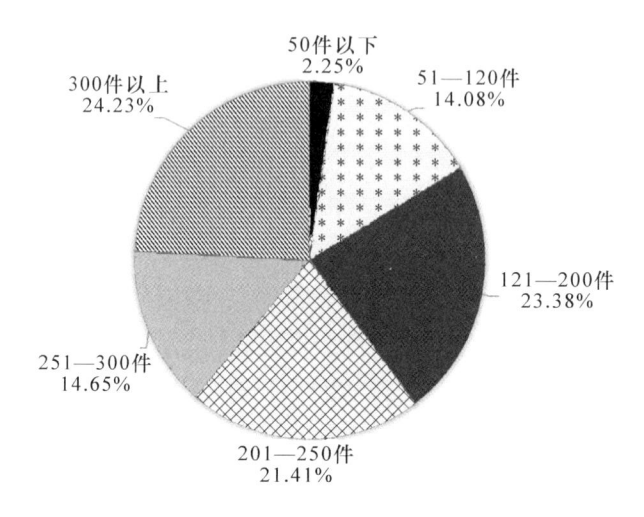

图 7-23 法官年办案量分布

的原因是审判如此多数量的案件所带来的审判压力。为了研究审判压力的来源,本书通过问卷进行了进一步的研究。

研究表明(见图 7-24),认为"审判管理的数字指标"带来审判压力的人数最多,为 264 人,占总人数的 74.37%;认为"案多人少"的法官有 259 人,占比 72.96%;认为"信访压力"带来审判压力的法官有 229 人,占比 64.51%;认为"非业务时间被占用太多"的法官有 204 人,占比 57.46%;认为"绩效考评指标"难以达到的法官有 176 人,占比 49.58%;认为"错案追究"容易引起法官的审判压力的有 151 人,占比 42.45%;认为"新型案件的复杂性"具有压力的法官有 124 人,占比 34.93%;认为存在"他人干预办案"情形的法官有 85 人,占比 23.94%;认为"立案登记制"带来更多的工作量的法官有 68 人,占比 19.15%;认为"执行压力"较大的有 42 人,占比 11.83%。

总体来说,参与调查的法官认为审判压力来源广泛,法官不仅要面对案多人少、新型案件的复杂性等案件本身的压力,同时还要面临着审判管理的数字指标、绩效考评指标、他人干预办案、非业务时间占用太多等体系方面的问题,更有信访、执行等重重压力。因此在基层法官群体中,审判压力是一个普遍存在的问题。

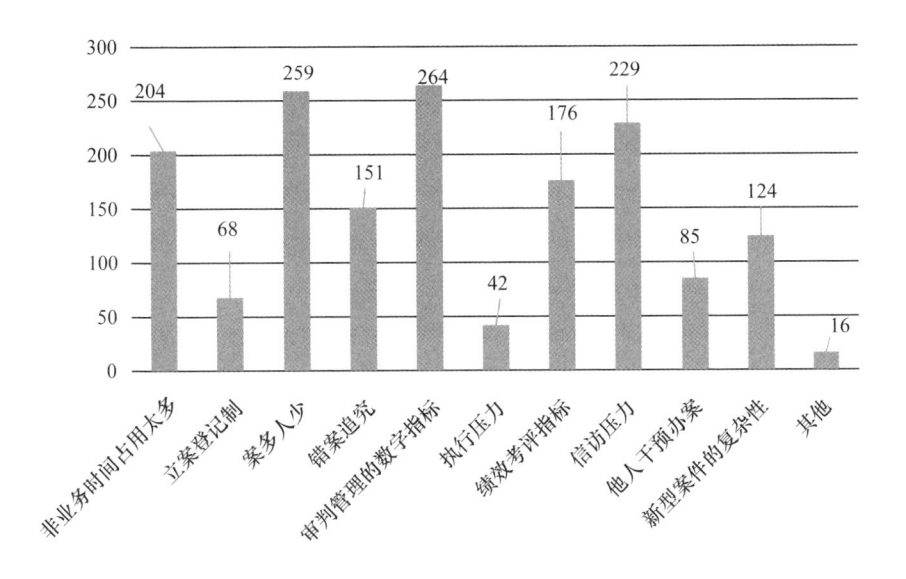

图 7-24 审判压力的来源

(三) 加班情况

巨大的判案量一方面增加了基层法官日常工作的压力,同时也增加了加班的可能性。调查显示(见图7-25),参与调查的基层法官中,仅有1人不存在加班的情况;90人的加班频率一般,会视当天的工作量偶尔加班,这部分法官占比25.35%;129人的加班频率较高,占比36.34%,会在工作日或者周末经常性加班;80人的加班频率很高,工作日经常加班,周末偶尔也会有加班的情况,占比22.54%;55人加班频率非常高,基本每天都会加班,这部分法官占总数的15.49%。数据表明,基层法官团队普遍存在加班的情况,并且超过1/3的法官处在较高的加班频率中。

(四) 基于基本个人情况的工作压力差异化分析

1. 年办案量与年龄

数据显示(见图7-26),处于25—30岁年龄段的2名法官中,1名

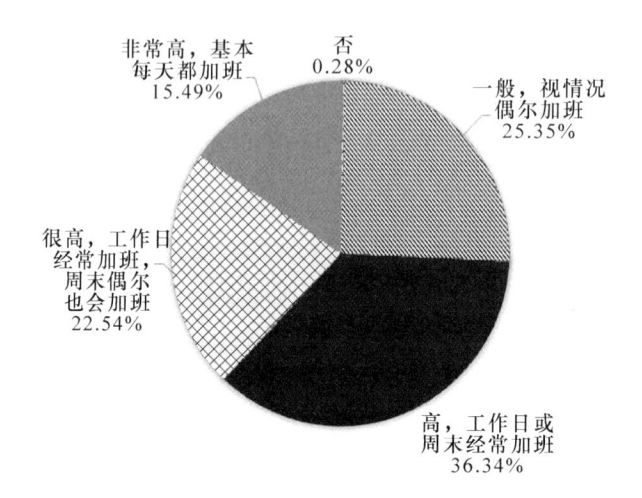

图 7-25 加班情况

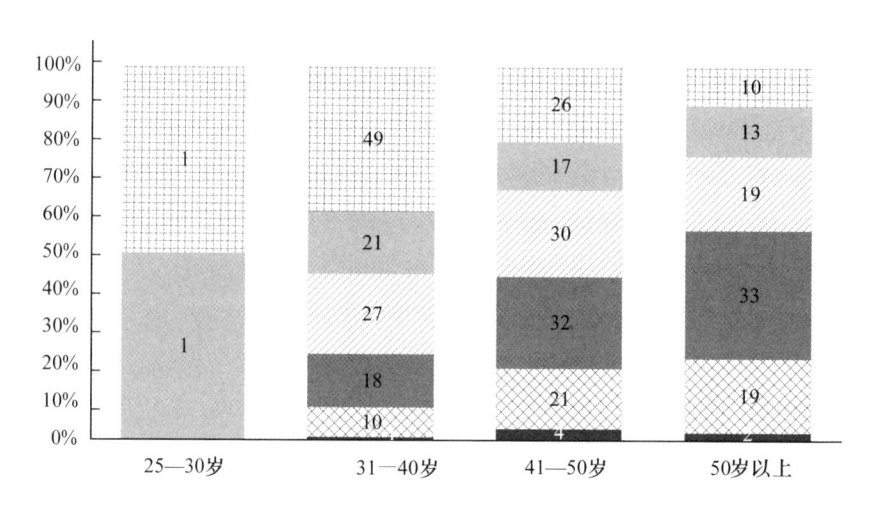

图 7-26 不同年龄段的法官年办案量分布

法官的年处理案件在 251—300 件之间，1 名法官的年处理案件在 300 件以上。处于 31—40 岁年龄段的法官中，年办案量在 300 件以上的有 49 人，占比 38.58%；在 251—300 件之间的有 21 人，占比 16.54%；在 201—250 件之间的有 27 人，占比 21.26%；在 200 件以下的共计 29 人，共计占比22.83%。处于41—50岁年龄段的法官中，办案量在50件以下的法官有4名，占比3.08%；办案量处在121—200件之间的人数最多，为32人，占比24.62%；处在201—250件之间的法官人数次之，有30人，占比23.08%；处在51—120件之间、251—300件之间和300件以上的法官数目相近，分别为21人、17人和26人，分别占比16.15%、13.08%和20.00%。50岁以上的法官中，2人的年办案量在50件以下，占比2.08%；办案量在300件以上的法官有10人，占比10.42%；办案量在121—200件的法官人数最多，为33人，占比34.38%；办案量在51—120件和201—250件之间的法官数量均为19人，占比19.79%；办案量在251—300件的法官数量为13人，占比13.54%。

数据结果显示，青年法官有相当一部分的年办案量在300件以上，随着法官年龄的增大，办案量在300件以上的法官人数降低。办案量在50件以下的法官年龄基本处于40岁以上，而在办案量高于200件的法官中，法官年龄越小，年办案量越多，说明年龄大的法官工作压力可能会小于年龄小的法官。处于41—50岁以及50岁以上年龄段的法官办案量最多的在121—250件之间，这些数据符合S省高级人民法院公布的官方平均办案量。[①]

2. 年办案量与行政职务级别

本书根据调查获得的基层法官年办案量数据结合行政职务级别进行进一步分析，结果如图7-27所示。数据表明，无行政职务的法官年办案量都在121件以上，其中年办案量在121—200件与201—250件的法官数量均为4人，占比33.33%；1人年办案量在251—300件之间，占比8.33%；3人年办案量在300件以上。行政级别在科员以下的法官中，年办案量在300件以上的法官人数最多，为46人，占比29.11%；在251—300件之间的法官有26人，占比16.46%；在201—250件之间的法官有37人，占比23.42%；在121—200件之间的法官有32人，占比20.25%；

[①] S省高级人民法院报告中显示，2017年员额法官人均结案195件，2018年的人均结案数为226件，2019年上升至244件。

在 51—120 件之间的法官有 15 人，占比 9.49%；在 50 件以下的法官有 2 人，占比 1.27%。副科级的法官中，办案量在 121—200 件之间的法官人数最多，有 29 人，占比 25.89%；在 50 件以下的有 3 人，占比 2.68%；在 51—120 件之间的有 15 人，占比 13.39%；在 201—250 件之间的有 24 人，占比 21.43%；在 251—300 件之间的有 18 人，占比 16.07%；在 300 件以上的有 23 人，占比 20.54%。正科级的法官中，办案量在 50 件以下的有 3 人，占比 5.00%；在 51—120 件之间的人数最多，有 18 人，占比 30%；在 121—200 件之间的法官有 14 人，占比 23.33%；在 201—250 件之间的法官有 9 人，占比 15.00%；在 251—300 件之间的法官有 6 人，占比 10.00%；在 300 件以上的法官有 10 人，占比 16.67%。副处级的法官中，办案量在 51—120 件之间、121—200 件之间与 201—250 件之间的人数均为 2 人，占比 18.18%；在 251—300 件之间的有 1 人，占比 9.09%；300 件以上的有 4 人，占比 36.36%。正处级以上的法官有 2 人，办案量均在 121—200 件之间。

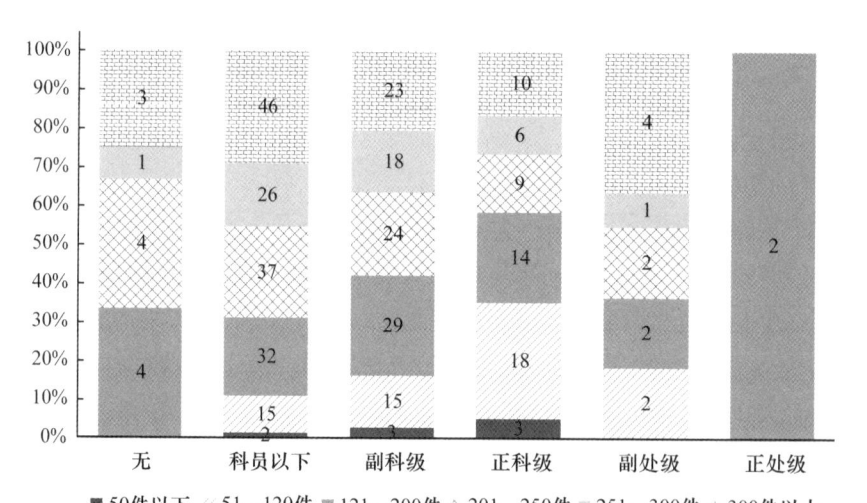

图 7-27 不同职务级别法官年办案量分布

数据表明，行政职务级别较低的法官，年办案量普遍较高。有

45.57%的科员以下法官、36.61%的副科级法官、26.67%的正科级法官办案量在251件以上，31.01%的科员以下法官、41.96%的副科级法官、58.33%的正科级法官办案量在200件以下。级别较高的法官中，有45.45%的副处级法官年办案量在251件以上，其中在300件以上的占比36.36%，是各级别法官中占比最高的，而200件以下的占比36.36%。而所有的正处级法官办案量均在121—200件之间，工作量处于较低的层次。

总体而言，行政级别较低的法官办案量较大，行政级别较高的法官办案量较小。但是并不意味着行政级别高的这部分法官就不工作，如副处级的法官300件以上办案量的比例为各级别最高，而且行政级别越高的法官往往办理案件难度也越大。

3. 年办案量与法官级别

调查显示（见图7-28），五级法官的年办案量分布较为均匀，其中工作量在50件以下、51—120件之间、251—300件之间的分别有1人，在121—200件之间、300件以上的分别有2人。四级法官的办案量集中在201件以上，办案量在201—250件之间的法官有4人；在251—300件之间的法官有3人；在300件以上的法官有5人；在51—120件之间的有1人。三级法官中年办案量在300件以上的数量最多，为16人，占比27.59%；在201—250件之间的次之，为15人，占比25.86%；在121—120件之间的与251—300件之间的均为10人，占比17.24%；在51—120件之间的为7人，占比12.07%。二级法官中年办案量在300件以上的人数最多，为21人，占比28.00%；在251—300件之间的有13人，占比17.33%；在201—250件之间的有17人，占比22.67%；在121—200件之间的为16人，占比21.33%；在51—120件之间的最少，为8人，占比10.67%。一级法官在参与调查的法官中人数最多，办案量在121—200件之间的人数最多，为46人，占比27.38%；办案量在300件以上的有39人，占比23.21%；在251—300件之间的有22人，占比13.10%；在201—250件之间的有37人，占比22.02%；在51—120件之间的有19人，占比11.31%；在50件以下的法官有 5 人，占比 2.98%。四级高级法官的年办案量总体偏少，在 51—120 件之间的人数最多，为 14 人，占比 45.16%；在 50 件以下的有 2 人，占比 6.45%；在 121—200 件之间的有 6 人，占比 19.35%；在 201—250 件之间、251—300 件之间、300 件以上的法官人数均为 3 人，占比 9.68%。3 位三级高级法官的年办案量均在 121—200 件之间。

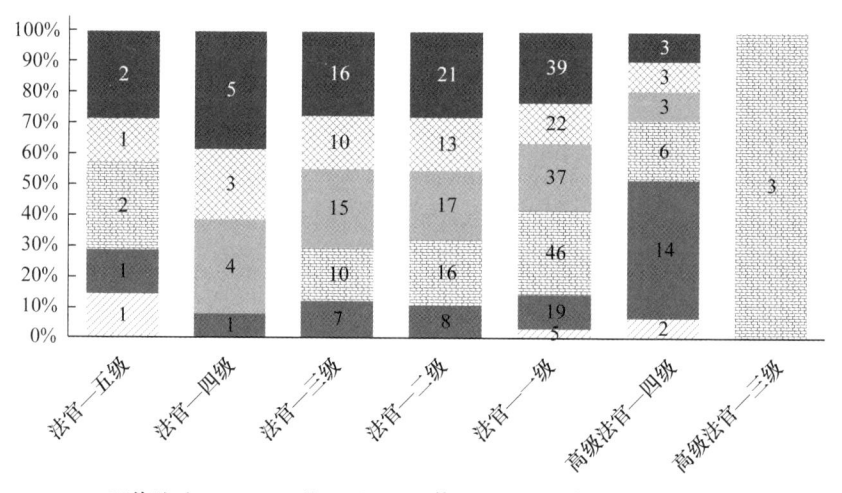

图 7-28 不同法官级别年办案量分布

数据表明，级别较低的法官工作量普遍较高，四级法官中，有 61.54% 的法官年办案量在 251 件以上，但仅有 7.69% 的法官在 200 件以下。三级法官中，有 44.83% 的法官年办案量在 251 件以上，有 29.31% 的法官年办案量在 200 件以下。二级法官中，年办案量在 251 件以上的占 45.33%，在 200 件以下的占 32.00%。一级法官中，年办案量在 251 件以上的占 36.31%，在 200 件以下的占 41.67%。四级高级法官中，年办案量在 251 件以上的占 19.35%，在 200 件以下的占 70.97%。三级高级法官的 3 人均在 121—200 件之间。但是值得关注的是，五级法官年办案量在 251 件以上的占 42.86%，在 200 件以下的占 57.14%，在各级别法官中处于中级水平（见图 7-29）。之所以出现五级法官办案量处于较少水平的现象，可能是因为五级法官基本为新晋法官，经验不足，还处在学习阶段，业务能力还需要提升，因此工作量并不算大。

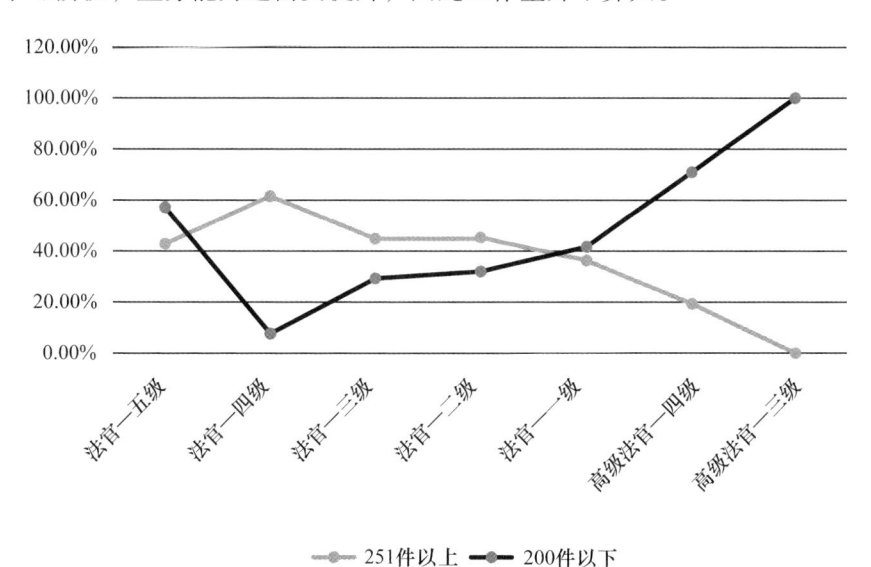

图7-29 251件以上与200件以下办案量走势图

4. 年办案量与收入

调查发现（见图7-30），年收入在10万元以下的法官中，年办案量在50件以下的有1人；在51—120件之间的有24人，占比18.60%；在121—200件之间的有34人，占比26.36%；在201—250件之间的有31人，占比24.03%；在251—300件之间的有16人，占比12.40%；在300件以上的有23人，占比17.83%。年收入在10万—15万元之间的法官中，年办案量在50件以下的有7人，占比3.48%；在51—120件之间的有23人，占比11.44%；在121—200件之间的有44人，占比21.89%；在201—250件之间的有41人，占比20.40%；在251—300件之间的法官有32人，占比15.92%；在300件以上的有54人，占比26.87%。年收入在16万—20万元之间的法官中，年办案量在51—120件之间的有2人；在121—200件之间的有3人；在201—250件之间的有4人；在251—300件之间的有3人；在300件以上的有9人。年收入在21万—25万元之间的3名法官,年办案量分别在51—120件之间、121—200件之间以及251—300件之间。年收入在26万—30万元之间的1名法官年办案量在121—200件之间。

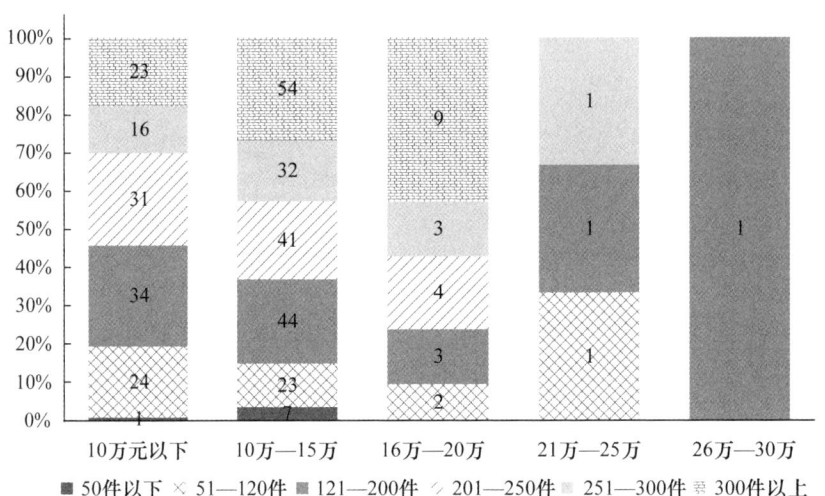

图7-30 不同收入法官的年办案量分布

数据表明,法官的工作量与收入存在轻微的错配,部分工作量在300件以上的法官年收入却并不高,说明办案量不是衡量法官收入的唯一尺度,其收入还受到其他诸多因素的影响。

四 声誉激励

精神奖励是物质奖励之外各行各业普遍采用的一种非物质奖励手段。精神奖励可以在一定程度上满足一个人的自我实现需要,这是马斯洛需求层次理论中最高一级的需要。精神奖励虽然不能给人带来物质上的实际好处,但是可能会给被奖励者的内心带来获得感,充分肯定自己的努力,对未来的工作产生激励作用。在众多精神奖励中,荣誉称号的授予是广泛采用的一种比较经济的方式。

(一)荣誉称号获得情况

本书将荣誉称号的等级划分为国家级、省部级、地市级、区县级、本院级等级别。当然，每个法官可能不止一次地获得过不同级别的荣誉称号，本书所收集的为获得过最高级别荣誉称号的情况。

调查显示（见图7-31），绝大多数的法官都获得过各种各样的荣誉，只有41人没有获得过荣誉称号，占比11.55%。参与调查的基层法官中，获得国家级别荣誉称号的有16人，占比4.51%；获得省部级别荣誉称号的有61人，占比17.18%；获得地市级别荣誉称号的有124人，占比34.93%；获得区县级别荣誉称号的有66人，占比18.59%；获得本院级别荣誉称号的有44人，占比12.39%。

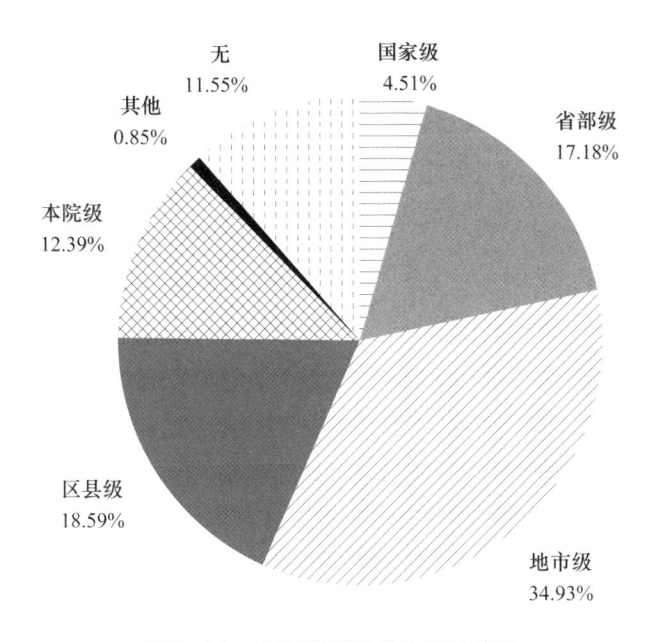

图7-31 法官获得荣誉称号的等级

（二）荣誉获得对工作的影响

为了进一步了解荣誉获得对参与调查的法官工作的影响，笔者在问卷中进一步设计了"获得荣誉与否对您的工作是否产生影响"这一问题，并提供了如下四个选项："基本没影响""影响一般，工作的积极性有所增强""影响较大，坚定了继续从事此项工作的决心""影响很大，工作环境、职位发生了很大变化"。法官回答情况见图7-32。

调查结果显示，获得国家级荣誉的法官认为该荣誉影响较大，坚定了继续从事此项工作决心的有3人，占比18.75%；认为影响一般，工作的积极性有所增强的有6人，占比37.50%；认为基本没影响的有7人，占比43.75%。获得省部级荣誉的法官中，有6人认为影响很大，占比9.84%；有17人认为影响一般，占比27.87%；有38人认为基本没影响，占比62.30%。获得地市级荣誉称号的法官中，有1人认为影响很大；有14人认为影响较大，占比11.29%；有47人认为影响一般，占比37.90%；有62人认为基本没影响，占比50.00%。获得区县级荣誉的法官中，有2人认为影响很大，占比3.03%；有6人认为影响较大，占比9.09%；有26人认为影响一般，占比39.39%；有32人认为基本没影响，占比48.48%。获得本院级荣誉的法官中，1人认为荣誉影响很大；2人认为影响较大；14人认为影响一般，占比31.82%；27人认为基本没影响，占比61.36%。另外，在没有获得过荣誉称号的法官中，有8人认为如果获得荣誉称号会对自己的工作影响很大或者比较大；有17人认为即使获得荣誉称号，该荣誉的影响也一般；有16人认为获得荣誉称号对工作没什么影响。

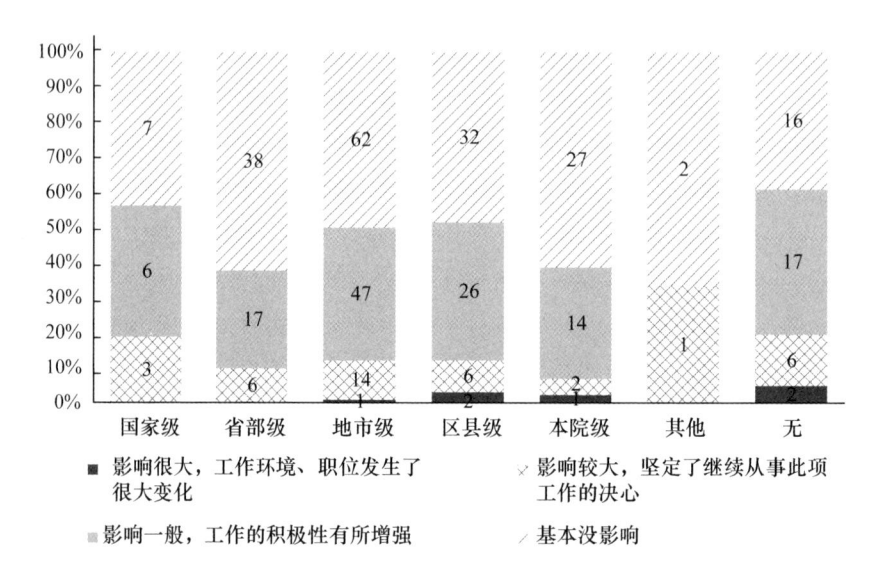

图 7-32　荣誉称号对工作的作用分布

第七章　法官激励因素与激励效果的实证分析　173

从数据中我们可以看到，获得过荣誉称号的基层法官，普遍认为获得的荣誉称号对自己的工作基本没有影响，这部分法官在获得该等级荣誉的法官群体里占比普遍超过四成，甚至在获得某些等级荣誉的法官群体里占比超过六成。没有获得过荣誉称号的法官中，多数人还是认为获得荣誉称号对工作或多或少会有一些积极的影响。

五　人身安全保障

法官作为宣判案件判决结果的人，直接面对着原告与被告。对判决结果不满的原告或者被告，很可能将怒气发泄到宣布判决结果的法官身上。在前期调研当中，法官们普遍反映曾经遭受过不同程度的人身安全威胁，问卷中将问题进一步细化，详细调查了法官遇到的威胁自身安全的各种类型。法官回答情况见图7－33。

调查发现，基层法官曾经受到言语攻击的有320人，竟然达到参与调查法官的90.14%。而遇到当事人闹访现象的有273人，占参与调查的法官总数的76.90%。遭受过当事人缠访的有250人，占比70.42%。有201人曾经遭受过人身威胁，此部分法官占参与调查法官总人数的

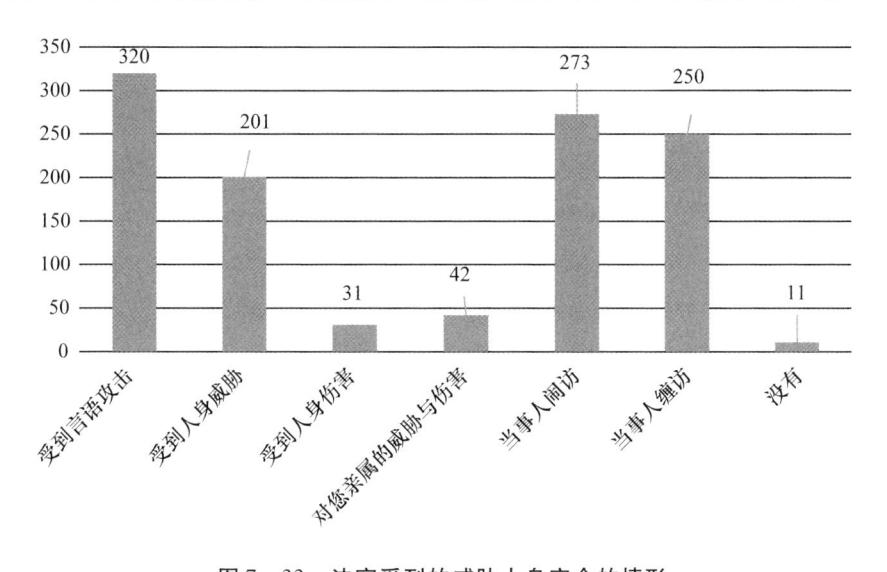

图7－33　法官受到的威胁人身安全的情形

56.62%。法官亲属遭遇威胁与伤害的有42人，占总人数的11.83%，而法官本人受到人身伤害的有31人，占比8.73%。在职期间完全没有遭受过个人人身安全威胁的法官仅有11人，占比3.10%。

数据表明，法官的人身安全面临着极为严重的威胁，有344人曾经遭受过或严重或轻微的安全威胁。大多数法官遭受过言语威胁、当事人闹访缠访等情况，少部分法官个人或者亲属遭受过人身伤害。可以说，法官面临人身威胁这一现象在基层法官中是普遍存在并且极为严重的，因而研究如何保证法官的人身安全是一个紧迫而又重要的问题。

六 公平感

法官对于自己收入的态度，一方面来源于对自己收入的预期，另一方面来源于对他人收入的预期。这两方面共同构成法官对收入公平的感知。

（一）法官的预期收入与实际收入

本部分笔者根据调查数据，统计了法官的预期收入，并引入了法官的实际收入来进一步分析理想收入与现实收入的差距。通过分析法官实际收入与预期收入的差距，可以较为准确地反映出法官对目前收入的态度，有助于在未来进行薪资调整时留作参考。

结果显示，参与调查的法官均表示目前的收入等于或者少于自己的预期收入，没有法官认为出现实际收入偏高，预期收入更低的情况。如表7-5所示，4名收入在10万元以下、4名收入在10万—15万元之间、2名收入在16万—20万元之间、2名收入在21万—25万元之间的法官实际年收入与预期年收入处在一个层次，这部分法官认为目前的收入比较客观，基本能反映出自己的工作。实际收入在10万元以下的法官中，预期收入在16万—20万元的法官最多，有56人，预期收入在10万—15万元的有30人，预期收入在21万—25万元之间的法官有20人，预期收入在26万元以上的共有19人，处在各收入层次的具体人数见表7-5。实际年收入在10万—15万元的法官中，有83人的理想年收入在21万—25万元之间，人数最多，54

人的理想年收入在 16 万—20 万元之间，33 人的理想年收入在 26 万—30 万元之间，27 人的理想年收入在 31 万元以上。实际年收入在 16 万—20 万元的法官中，10 人的理想年收入在 26 万—30 万元之间，理想年收入在 21 万—25 万元之间以及 31 万—35 万元之间的法官均有 4 人，1 人的理想年收入在 45 万元以上。实际年收入在 21 万—25 万元之间的法官中，1 人认为理想收入应在 45 万元以上，而实际收入在 26 万—30 万元的法官认为自己的收入应该在 31 万—35 万元之间。

结果显示，绝大多数法官认为实际收入与理想收入之间存在差距，实际收入要低于自己的预期。尤其是在实际年收入在 20 万元以下的三个收入级别中，认为自己的收入应该比当前收入高两个等级的法官人数最多，但是比较明显的，部分法官实际收入与预期收入差距过大，如实际收入在 10 万元以下的法官预期收入在 45 万元以上，这说明这部分的法官预期收入设定得不合理，应该综合各个方面评判自己的工作，从而设定科学合理的预期收入，以便对自己形成更好的激励。

表 7-5　　　　　　　理想年收入与实际年收入　　　　（单位：人民币）

实际年收入＼理想年收入	10 万元以下	10 万—15 万	16 万—20 万	21 万—25 万	26 万—30 万	31 万—35 万	36 万—40 万	45 万以上	总计
10 万元以下	4	30	56	20	9	3	4	3	129
10 万—15 万	—	4	54	83	33	17	5	5	201
16 万—20 万	—	—	2	4	10	4	1	—	21
21 万—25 万	—	—	—	2	—	—	—	1	3
26 万—30 万	—	—	—	—	—	1	—	—	1
总计	4	34	112	109	52	25	10	9	355

(二) 与他人收入比较的满意度

公平理论认为，工作中，不仅会关注自己的收入金额，同时也关注其他人的收入金额。当他人的收入超出自己对他人收入预期的时候，自己就会产生不公平的感觉。当他人的收入低于自己对他人收入预期的时候，自己也会产生不公平的感觉，但是由于自己是优势方，所以不会产生不满情绪。当他人的收入与自己的预期相近，则会觉得公平。问卷中设置了法官分别与本院内部司法辅助及行政人员、本地区司法系统不同单位工作人员以及本地区政府部门公务员的收入相比较的满意度，并做了如下统计。

1. 与本院内部司法辅助及行政人员收入的比较

法官与本院内部人员的关系最为密切，接触最为紧密，他们的收入也更容易获取。因而基层法官对本院其他人员的收入比较在意，也更容易激发起法官们的不公平感觉。问卷收集了与本院内部司法辅助与行政人员收入比较的满意程度情况，具体如图 7-34 所示。

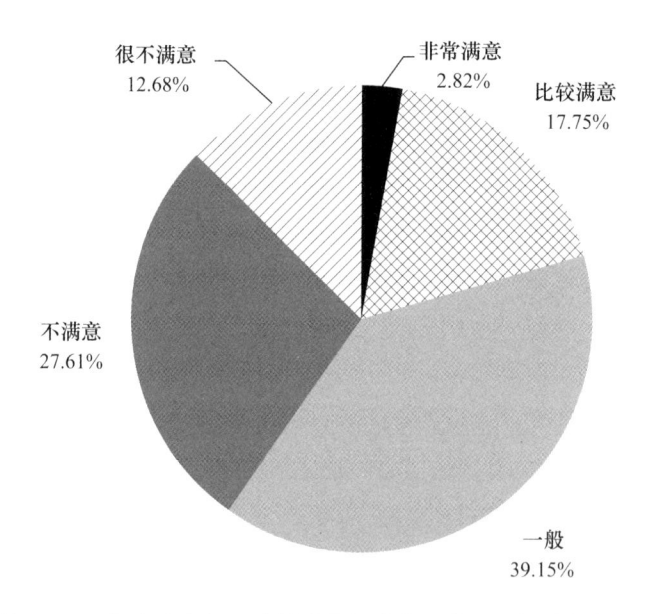

图 7-34 与本院内部司法辅助及行政人员收入比较的满意程度

与本院内部司法辅助与行政人员收入比较后，有 10 人对收入表示非常满意，占比 2.82%；有 63 人对收入表示比较满意，占比 17.75%；有 139 人对收入感觉一般，占比 39.15%；有 143 人对收入表示不满意，其中有 98 人表示不满意，占比 27.61%，有 45 人表示很不满意，占比 12.68%。

2. 与本地区司法系统不同单位人员收入的比较

司法系统的薪资有着比较鲜明的地域特征，因而与本地区司法系统的不同单位人员收入进行比较，可以有效地分析同一地区不同单位的收入待遇差别。

调查显示（见图 7-35），与本地区司法系统不同单位人员比较，有 167 人的满意程度一般，占比 47.04%；有 56 人认为满意，其中 4 人表示非常满意，占比 1.13%，52 人认为比较满意，占比 14.65%；有 132 人表示不满意，其中 40 人表示很不满意，占比 11.27%，92 人表示不满意，占比 25.92%。

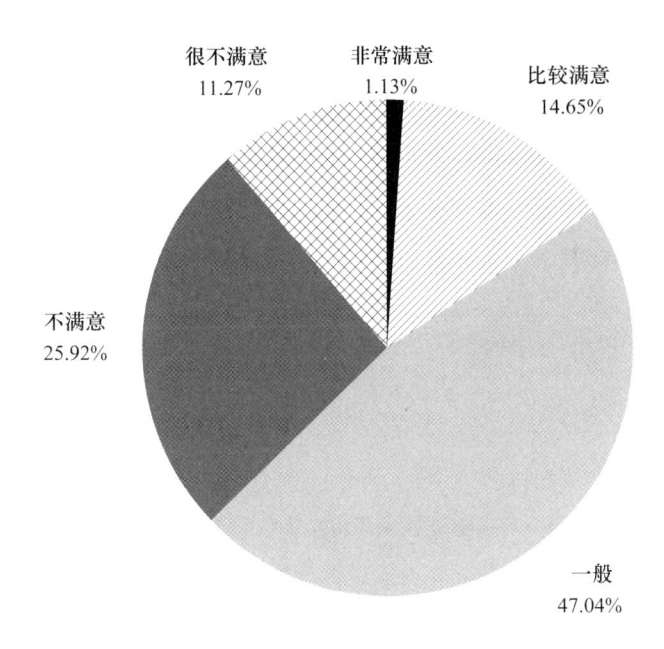

图 7-35　与本地区司法系统不同单位人员收入比较的满意程度

3. 与本地区政府部门公务员收入的比较

我国法官目前的招录方式采用的是公务员考试招录制度，因此，研究法官与本地区政府部门公务员收入相比较的满意程度，对于制定法官薪酬标准也有着重要的参考价值。尽管法官与公务员采用的是统一考试招录制度，但是由于法官的工作的专业性要求，同级别的法官收入应该高于公务员的收入。

调查结果显示（见图7-36），有10人非常满意，有102人比较满意，占比28.73%，这是在与三类人收入对比之中满意人数最多的。表示不满意的法官有84人，其中表示很不满意的有24人，占比6.76%，表示不满意的有60人，占比16.90%。在与本地区政府部门公务员收入对比中表示不满意的法官人数，为三类人中最少。

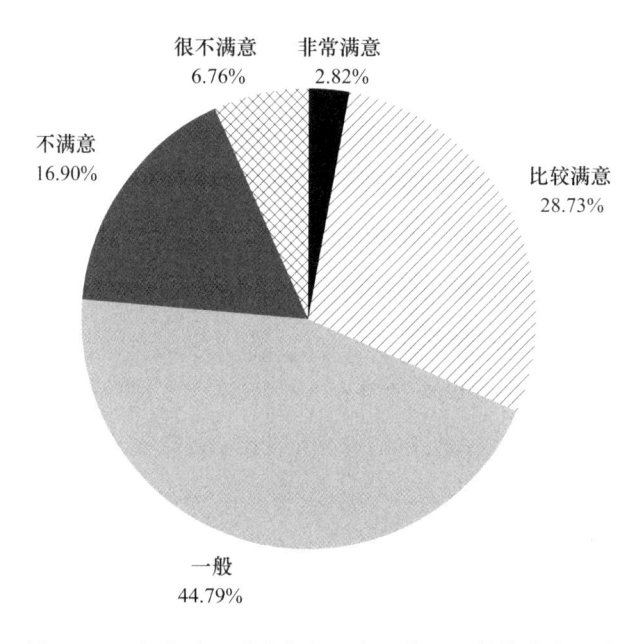

图7-36 与本地区政府部门公务员收入比较的满意程度

总体而言，在与本院内部司法辅助及行政人员收入比较、与本地区司法系统不同单位人员收入比较的结果中，表示不满意的法官人数要多于表示满意的法官人数。但在与本地区政府部门公务员收入比较的结果中，表示不满意的法官与表示满意的法官人数基本持平，这表明与公务员相比，法官对于自己的收入要更满意一些，但是与本院其他人员以及本地区其他单位人员相比，法官对自己的收入更不满意。

七 职业保障

由于当前案件逐渐复杂,新型案件数目渐多,这就要求法官随时学习,补充相关的知识,参加各种类型的业务培训是非常重要且有利于自己的个人发展的方式。通过问卷数据发现(见图7-37),有超过半数的法官基本没有参加业务培训的机会,这部分法官有195人,占比54.93%;有150人每年有1—2次参加业务培训的机会,占比42.25%;每年有3次及以上参加业务培训机会的法官有10人,其中7人有3—5次业务培训机会,3人有5次以上的业务培训机会。

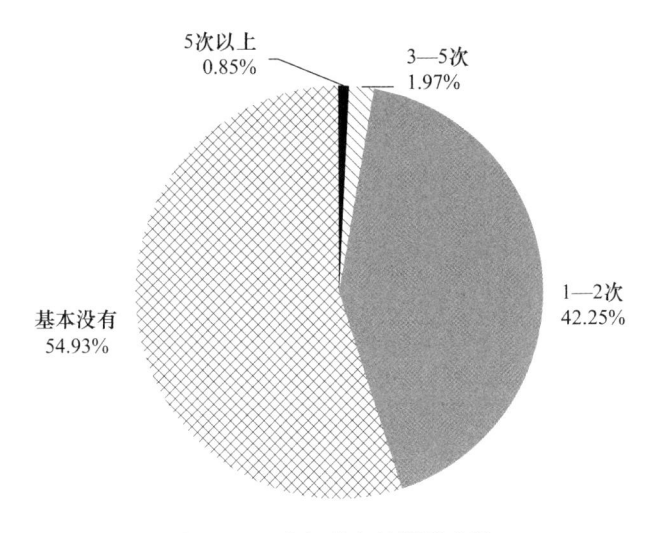

图7-37 参加业务培训的次数

八 参与调查的法官的职业规划

(一)法官终身从事目前工作的意愿

问卷调查的最后,笔者进一步调查了基层法官的职业规划,了解他们是否愿意终身从事目前的工作,并提供以下选项供法官选择:"非常愿意,为社会的公平正义献出自己毕生的精力""愿意,尽自己所能把工作做好""一般,偶尔会有离开的念头""不愿意,认真考虑过离开,但还没有付诸实践""很不愿意,已经在为离职做准备"。问卷结果如

图 7-38 所示。

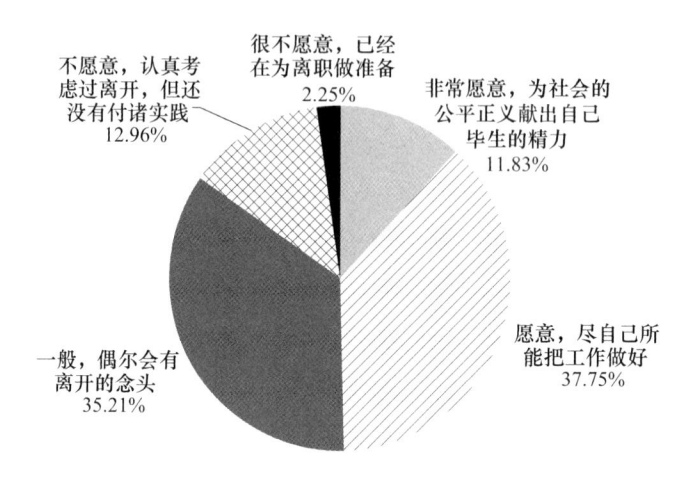

图 7-38 终身从事本职业的意愿

- 非常愿意，为社会的公平正义献出自己毕生的精力 11.83%
- 愿意，尽自己所能把工作做好 37.75%
- 一般，偶尔会有离开的念头 35.21%
- 不愿意，认真考虑过离开，但还没有付诸实践 12.96%
- 很不愿意，已经在为离职做准备 2.25%

结果显示，非常愿意从事目前工作的法官有 42 人，占比 11.83%；愿意从事目前工作的法官有 134 人，占比 37.75%；有 125 人偶尔会有离职的念头，占比 35.21%；有 46 人考虑过离开，但还没付诸实践，占比 12.96%；有 8 人正在为离职做准备，占比 2.25%。

（二）法官想要离开法院的主要原因

调查数据表明，有超过半数的法官有过离开的念头，而且有小部分法官已经开始在为离职做准备，换句话说，法官系统里有潜在离职倾向的法官数量较多。为了分析法官产生离职想法的原因，本书进行了进一步调查。问卷显示，法官离开法院的主要原因包括"津贴、工资等收入问题""职业风险高、责任大""奖励、晋升机制没有很大的激励性""法律职业群体中法官的尊荣感低""信访的压力""司法公信力低下""办案压力剧增，年龄、身体等条件难以适应办案""考核机制不合理，不能反映个人价值""退休待遇问题""个人能力问题"这些方面（见图 7-39）。

基于上文提到的数据，参与调查的法官中，有 179 人有过离职的想法。其中，认为法官职业风险高、责任大的人数最多，有 163 人，占比

第七章 法官激励因素与激励效果的实证分析　　181

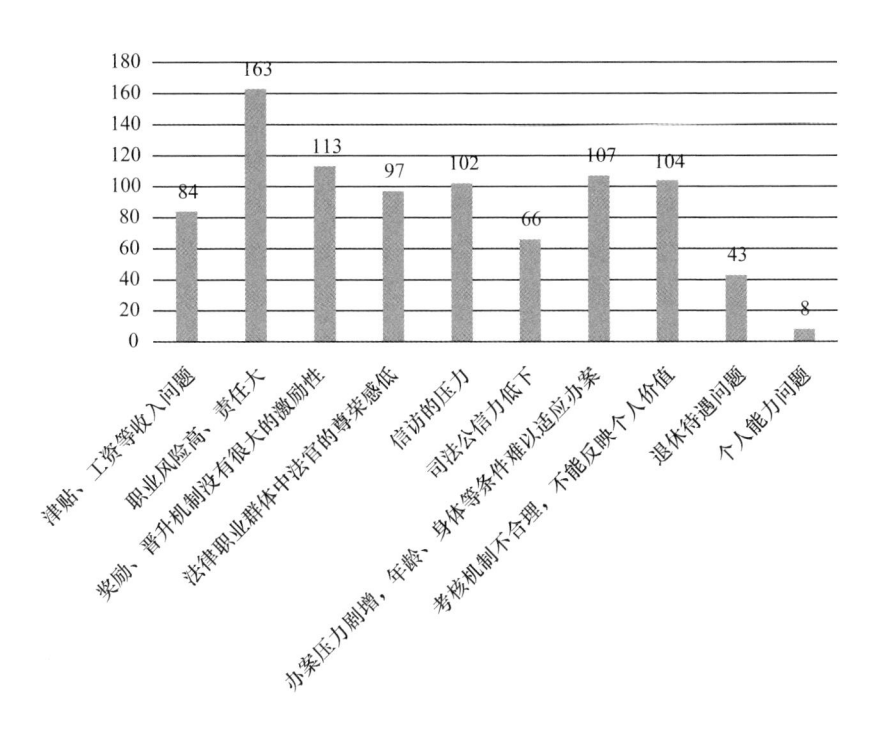

```
180
160        163
140
120        113
100   84         97   102      107  104
 80
 60                       66
 40                                    43
 20                                         8
  0
   津贴  职业  奖励  法律  信访  司法  办案  考核  退休  个人
   、工  风险  、晋  职业  的压  公信  压力  机制  待遇  能力
   资等  高、  升机  群体  力    力低  剧增  不合  问题  问题
   收入  责任  制没  中法       下    ，年  理，
   问题  大    有很  官的            龄、  不能
              大的  尊荣            身体  反映
              激励  感低            等条  个人
              性                    件难  价值
                                    以适
                                    应办
                                    案
```

图 7-39　想要离开法院的原因

91.06%；认为津贴、工资等收入不高的有 84 人，占比 46.93%；认为奖励、晋升机制没有很大的激励性的有 113 人，占比 63.13%；认为法律职业群体中法官的尊荣感低的有 97 人，占比 54.19%；认为信访的压力过大的有 102 人，占比 56.98%；认为司法公信力低下的有 66 人，占比 36.87%；认为办案压力剧增，自己的年龄、身体等条件难以适应办案的有 107 人，占比 59.78%；认为考核机制不合理，不能反映个人价值的有 104 人，占比 58.10%；认为退休待遇不合理的有 43 人，占比 24.02%；认为个人能力存在问题的有 8 人，占比 4.47%。

(三) 法官的再求职目标

本书进一步对有离职念头的 179 位法官进行了调查（见图 7-40），其中希望进入律所的法官人数最多，有 65 人，占比 36.31%；希望进入高校或其他事业单位的有 37 人，占比 20.67%；希望进入国有企业的有 4 人，占比 2.23%；希望进入检察院的法官有 17 人，占比 9.50%；希望进入其他机关单位的有 14 人，占比 7.82%；希望进入上级法院的有 7 人，占比 3.91%；希望进入私营企业的有 3 人，占比 1.68%；准备自主创业的有 8 人，占比 4.47%；有其他打算的有 24 人，占比 13.41%。

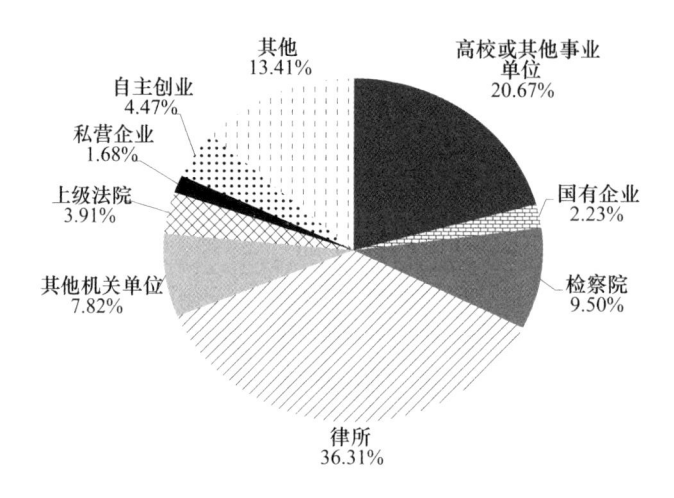

图 7-40　法官的再就业意向

第四节　基层法官激励效果的实证分析

一　模型设计及变量设定

为了研究假设中的各类激励因素对实际激励效果的影响，本书利用 SPSS 23 对问卷数据进行计量分析，计量模型设定如下：

$$Y_i = \alpha_0 + \alpha_1 X_i + \gamma Z_i + \varepsilon \qquad (7-1)$$

Y_i 为激励效果。基于前文的分析，法官的激励效果直接体现在法官继续从事本职业的意愿上，按照法官从事该职业的意愿由低至高赋值 1—5。

X_i 为核心解释变量，本书所用到的收入、晋升、压力、收入公平、荣誉、安全保障等核心解释变量，均根据问卷结果采取由低至高进行赋值处理，并对个别多变量表示的核心解释变量采用主成分分析法处理。

Z_i 为控制变量,在考察各激励因素与激励效果关系时,本书控制了法官的性别、年龄、最高学历、入职年限、行政职务级别、法官级别等法官个体差异。①

二 实证结果的分析

（一）收入因素的激励作用

表7-6中列（1）以法官目前的年收入为核心解释变量,结果表明法官年收入对法官终身从事目前工作的意愿没有显著的影响。这与我们的假设产生了差异,究其原因是收入与激励效果之间存在非线性关系,呈现倒"U"型,说明收入存在一个临界点,在这个临界点之前收入有着促进作用,在这个临界点之后有着抑制作用。

表7-6　　　　　　　　　收入的激励作用

解释变量	收入的激励作用			
	（1）	（2）	（3）	（4）
年收入	-0.095 (0.081)	—	—	—
员额制后的收入增幅	—	0.147* (0.087)	—	—
对目前收入的满意程度	—	—	0.342*** (0.057)	—
绩效奖金对努力的反映程度	—	—	—	0.304*** (0.307)
性别	0.193* (0.105)	0.189* (0.106)	0.202** (0.100)	0.181* (0.094)
年龄	0.090 (0.089)	0.082 (0.089)	0.041 (0.085)	0.004 (0.003)
最高学历	-0.090 (0.127)	-0.062 (0.129)	-0.100 (0.122)	-0.127 (-0.057)

---

① 在此控制个体差异是为了更好地观察激励因素对激励效果的影响。个体特征分析在激励机制的设计时,仍然具有重要作用。

续表

解释变量	收入的激励作用			
	(1)	(2)	(3)	(4)
入职年限	-0.029 (0.050)	-0.027 (0.051)	-0.023 (0.048)	-0.021 (-0.032)
行政职务级别	0.056 (0.037)	0.064 (0.037)	0.048 (0.035)	0.053 (0.081)
法官级别	-0.080 (0.059)	-0.065* (0.059)	-0.072 (0.056)	-0.045 (-0.053)
常量	3.167*** (0.473)	3.444*** (0.456)	2.538*** (0.456)	3.022***

注：(1) ***、**、*分别表示1%、5%和10%的显著性水平；(2) 括号内数字为标准误。

列（2）的结果表明，入额后的收入增加幅度对法官终身从事本职业的意愿有显著的正向影响，并在1%的水平上显著，说明适当提高法官的工资，能使法官更愿意终身从事法官职业。目前基层法官的收入普遍不高，法官对于收入的增加幅度更为敏感，与检验结果具有一致性。

列（3）与列（4）结果表明，法官对收入的满意程度和绩效奖金对努力的反映程度对激励效果有着显著的影响，说明法官对当前的收入越满意，越愿意继续从事这份工作；绩效工资越能反映法官的努力程度，法官越愿意坚守岗位。

除此之外，我们可以看到年龄对法官的满意程度有显著的正向影响，年龄越大，更容易对目前收入满意，这可能是因为随着年龄的增大，法官的财富积累越多，养育子女、供给房贷等负担减少，从而对收入的期望值降低。

（二）收入公平因素的作用分析

公平理论认为，工作中，人们不只在意自己获得的报酬的绝对值，还在意与别人比较而言的相对值，这一过程可能是下意识进行的。为了考察公平性对基层法官的激励作用，问卷设置了法官分别与本院内部司法辅助及行政人员、本地区司法系统不同单位工作人员以及本地区政府部门公务员的收入相比较的满意度,对满意度由低至高赋值1—5,以检测收入公平对激励效果的作用。

表7-7的计量结果显示,不论与本院内部司法辅助、行政人员的收入相比较,还是与本地区司法系统不同单位人员以及本地区政府部门公务员的收入相比较,法官的满意度对终身从事目前工作的意愿有着显著的正向影响,即满意度越高,受到的正向激励越大。这一路径可能是通过法官的心理预期来实现的。法官对于本院内部同事的收入较为敏感,也更为在意,因为平时在一起共事较多,对于双方的工作量有一定清楚的判断。若他人的收入比自己预期的少,会对自己的收入有着更高的满意度。相反,对自己的收入的满意度会下降。与本地区司法系统不同单位工作人员的比较,也遵循同样的逻辑。我国法官目前的招录方式采用的是公务员考试招录制度,因此,研究法官与本地区政府部门公务员收入相比较的满意程度,对确定法官的薪酬标准有重要的参考价值。

表7-7 比较收入满足感的激励效果

解释变量	因变量		
	终身从事目前工作的意愿	终身从事目前工作的意愿	终身从事目前工作的意愿
与本院内部司法辅助、行政人员的比较收入满意度	0.231*** (0.049)	—	—
与本地区司法系统不同单位人员的比较收入满意度	—	0.293*** (0.054)	—
与本地区政府部门的公务员的比较收入满意度	—	—	0.319*** (0.052)
性别	0.224** (0.103)	0.176* (0.101)	0.195** (0.100)
年龄	0.043 (0.087)	0.021 (0.086)	0.036 (0.085)
最高学历	-0.114 (0.124)	-0.095 (0.123)	-0.091 (0.122)

续表

解释变量	因变量		
	终身从事目前工作的意愿	终身从事目前工作的意愿	终身从事目前工作的意愿
入职年限	-0.022 (0.049)	-0.010 (0.049)	-0.016 (0.048)
行政职务级别	0.063* (0.036)	0.079*** (0.036)	0.074** (0.035)
法官级别	-0.072 (0.057)	-0.068 (0.056)	-0.052 (0.056)
常量	2.882*** (0.455)	2.726*** (0.454)	2.417*** (0.461)

注：(1) ***、**、*分别表示1%、5%和10%的显著性水平；(2) 括号内数字为标准误。

(三) 晋升的激励作用

表7-8列(1)、列(2)研究的是晋升的激励作用。列(1)选择被调查者的晋升间隔和对晋升主要问题的回答作为核心解释变量，发现是不显著的负向影响。也就是说，在被调查的基层法官中，由上一级法官晋升到现在级别的时间间隔越长，法官终身从事目前工作的意愿就越低。为了使我们的结果更为可信，我们选取了被调查者对晋升存在的主要问题的回答作为核心解释变量来进行分析。由于问卷中提供的四个问题数目较多，且具有一定的共线性，本书使用SPSS结合主成分分析法选取两个主成分来进行研究。主成分一为晋升职位数量少与晋升周期长的合成成分，我们用"现实问题"变量代替，该变量数值越大，表明法官在现实情境中遇到的问题越严峻。主成分二由晋升条件合理性和晋升选拔透明性合成，我们用"程序问题"来代替，该数值越大，说明法官对晋升的程序越不满。

尽管计量结果并没有满足显著性要求，但是我们不能忽视其表现出的当前晋升问题的负向激励作用。之所以出现负向激励作用，可能是因为基层法院存在晋升"天花板"，获得高级别称号的基层法官本就不多，低级别法官称号的晋升竞争不激烈，所以晋升问题并没有表现出显著的抑制作用。但是晋升名额少和晋升周期长的问题是确定存在的，而且随着级别的升高这两个问题会越发突出。考虑到激烈的晋升之路，不少法官终身从事目前工作的意愿会有所降低。晋升程序问题对法官终身从事目前工作的意愿有着不显著的正向影响，说明目前晋升条件的合理性和选拔的透明性没有对法官产生太大影响。

(四) 工作压力的激励作用

表7-8中列(3)、列(4)、列(5)研究的是工作压力的激励作用。列(3)的结果为基层法官办案量的激励作用，呈现不显著的负相关，即法官的工作量越大，就越不愿意从事该行业。除了上述提到的压力来源之外，法官的压力还来自案件本身的审判压力。问卷从非业务时间占用太多、立案登记制、案多人少、错案追究、审判管理的数字指标、执行压力、绩效考评指标、信访压力、他人干预办案、新型案件的复杂性等方面来刻画法官的审判压力。本书利用主成分分析法将以上选项合称为三个因素："案件外压力""案件压力""指标压力"。如表中第(5)列所示，整体上，审判压力对法官终身从事目前工作的意愿有负向影响，这与我们的预期判断一致。而案件外压力对法官终身从事目前工作的意愿呈现显著的负向影响，说明在审判中，法官的压力不只是来自案件本身，案件之外的执行、信访以及错案追究制度都给法官带来了很大压力。上文提到的各种案内外的审判压力或多或少地影响着法官的信心，从而降低了法官们从事这一职业的激励。

(五) 荣誉称号的激励作用

表7-8中列(6)为荣誉称号因素的激励作用。我们将未获得荣誉的法官赋值为0，获得荣誉的法官按照荣誉由低到高的级别赋值1—5，被解释变量为获得该荣誉的法官终身从事目前工作的意愿。研究发现，荣誉等级对终身从事目前工作的意愿的影响呈现不显著的正向影响，说明法官获得的荣誉等级越高，法官越愿意终身从事目前的工作，但总体上对激励效果影响不大。

表7-8　　　　　　　晋升、工作压力、荣誉的激励作用

解释变量	晋升的激励作用		工作压力的激励作用			荣誉称号的激励作用
	(1)	(2)	(3)	(4)	(5)	(6)
晋升时间	-0.015 (0.012)	—	—	—	—	—
现实问题	—	-0.038 (0.051)	—	—	—	—
程序问题	—	0.052 (0.050)	—	—	—	—
加班频率	—	—	-0.063 (0.049)	—	—	—
办案量	—	—	—	-0.035 (0.036)	—	—
案件外压力	—	—	—	—	-0.087* (0.051)	—
案件压力	—	—	—	—	-0.041 (0.051)	—
指标压力	—	—	—	—	-0.022 (0.050)	—
获得荣誉称号等级	—	—	—	—	—	0.014 (0.034)
性别	0.186* (0.107)	0.168 (0.106)	0.173 (0.105)	0.189* (0.106)	0.165 (0.107)	0.183* (0.106)
年龄	0.104 (0.091)	0.075 (0.089)	0.076 (0.089)	0.060 (0.091)	0.072 (0.091)	0.079 (0.090)
最高学历	-0.099 (0.129)	-0.088 (0.128)	-0.072 (0.128)	-0.083 (0.128)	-0.083 (0.128)	-0.086 (0.128)
入职年限	-0.017 (0.052)	-0.026 (0.051)	-0.025 (0.051)	-0.027 (0.051)	-0.028 (0.051)	-0.030 (0.052)
行政职务级别	0.057 (0.037)	0.061 (0.037)	0.061* (0.037)	0.059 (0.037)	0.062* (0.037)	0.057 (0.038)
法官级别	-0.087 (0.060)	-0.074 (0.059)	-0.071 (0.059)	-0.072 (0.059)	-0.070 (0.059)	-0.073 (0.059)
常量	3.440*** (0.459)	3.411 (0.457)	3.517*** (0.464)	3.593*** (0.499)	3.423*** (0.461)	3.373*** (0.458)

注：(1) ***、**、* 分别表示1%、5%和10%的显著性水平；(2) 括号内数字为标准误。

（六）安全保障的作用分析

表7-9为安全保障的激励作用，我们对问卷中6个选项进行了主成分分析，当事人闹访、当事人缠访、受到人身威胁、言语攻击合称为"不满情绪威胁"，本人受到人身伤害和亲属受到的威胁与伤害合称为"人身伤害威胁"。如表7-9所示，不满情绪威胁和人身伤害威胁对法官终身从事目前工作的意愿有着显著的负向影响，说明法官在工作中遇到的不安全因素，不管是何种程度，都严重影响法官从事该工作的积极性。之所以会出现这样的情况，主要是因为法官的职业特点决定了其始终处于公众关注之下，并且由于承担着判定案件胜负的责任，更容易引发当事人，特别是败诉方的不满，从而产生针对法官的报复行为。法官遇到的此类情况越多，对目前的安全保障工作就越失望，进而为了保护自身以及家人的生命安全，会希望更换一个更安全的行业。

表7-9　　　　　　　　　安全保障的激励作用

解释变量	安全保障的激励作用
不满情绪威胁	-0.118** (0.049)
人身伤害威胁	-0.120** (0.050)
性别	0.133 (0.105)
年龄	0.040 (0.089)
最高学历	-0.062 (0.126)
入职年限	-0.023 (0.050)
行政职务级别	0.067* (0.037)
法官级别	-0.048 (0.058)
常量	3.420*** (0.449)

注：（1）***、**、*分别表示1%、5%和10%的显著性水平；（2）括号内数字为标准误。

第五节 基层法官激励效果折射出的问题及其原因分析

根据前文的分析,基层法官目前的收入、晋升、工作量、荣誉、安全保障等各激励因素所发挥的作用,并不尽如人意。法官终身从事本职业的意愿调查结果如表7-10所示,不到50%的基层法官愿意继续从事目前的工作,有15%的基层法官存在离职的想法,还有35%多的法官产生了游移不定的念头。虽然本次调查的样本数量不多,但是因为是完全随机的,所以即便扣除掉调查问卷本身带来的隐性影响,所折现出来的问题仍值得特别注意。[①]

表7-10　　　　　　　　　　激励效果　　　　　　　　　　(单位:%)

项目	人数	比重
非常愿意,为社会的公平正义献出自己毕生的精力	42	11.83
愿意,尽自己所能把工作做好	134	37.75
一般,偶尔会有离开的念头	125	35.21
不愿意,认真考虑过离开,但还没有付诸实践	46	12.96
很不愿意,已经在为离职做准备	8	2.25

数据来源:根据对S省基层法官的调查数据统计得到。

一 不满收入分配,物质激励不足

员额制改革后,S省绝大多数基层法官的收入有所增加,但绝大多数S省基层法官的收入包括基本工资、各类津贴补贴、绩效考核收入和

[①] 问卷调查的缺陷在于存在可能的心理暗示和内生性问题,即被调查者会受到问题的不自觉的代入影响,比如调查者在回答完前面的问题后,会引发一种质疑,从而带来负面情绪的答案;内生性问题体现在问卷进行发放时,关注此问题或者存有意见的法官会更愿意参与调查,而此问题不予关注的法官选择不参与调查。所以,基于以上两点,问卷调查的结果可能存在一定的偏误,但是总体的趋势往往还是比较能反映真实情况。

政策性工资收入，即法官全年的实际收入处在低于 15 万元以下的水平（见表 7-11），同法官的预期有着明显距离，对法官没有产生足够的激励作用。

表 7-11　　　　基层法官实际收入与预期收入的差异　　（单位：人民币）

实际年收入 ＼ 理想年收入	10万元以下	10万—15万	16万—20万	21万—25万	26万—30万	31万—35万	36万—40万	45万以上	总计
10 万元以下	4	30	56	20	9	3	4	3	129
10 万—15 万	—	4	54	83	33	17	5	5	201
16 万—20 万	—	—	2	4	10	4	1	—	21
21 万—25 万	—	—	—	2	—	—	—	1	3
26 万—30 万	—	—	—	—	—	1	—	—	1
总计	4	34	112	109	52	25	10	9	355

数据来源：根据对 S 省基层法官的调查数据统计得到。

究其原因，一是员额制改革后，政策红利没有完全释放，增资承诺没有落实。按照省级统管的政策设想，入额法官属于省管干部，级别待遇应该不低于公务员的正处级。[1] 而以 S 省为例，省级机关正处级公务员 2019 年的年收入约为 21 万元，而绝大多数基层法官收入在 15 万元以下。员额之后，由之前的地方财政分级负责转变为由省级财政统一管理，囿于经费限制以及各方关系仍待协调，部分省份与员额制改革相配套的工资方案尚未全面施行，使得部分法官的整体收入增长有限，甚至出现下降。[2]

二是考评机制不统一、不合理，导致基层法官对公平性产生质疑，从而影响激励作用。调查问卷中 66% 的法官认为绩效考核不能够反映

---

[1] 陈卫东：《当前司法改革的特点和难点》，《湖南社会科学》2016 年第 2 期。
[2] 张青（2019）在对 Y 省基层法院法官进行调研时发现，部分法官的工资和整体收入不升反降。参见张青《基层法官薪酬制度改革的现实困境及其因应》，《思想战线》2019 年第 5 期。

自身的努力程度。当前的考评机制根源于《公务员法》，新《法官法》第四十一条明确规定，对法官的考核内容包括：审判工作实绩、职业道德、专业水平、工作能力、审判作风，重点考核审判工作实绩。但到各法院具体考核方式差异很大，从而导致有时司法辅助人员奖金超过法官的情形存在，极大地挫败了法官的积极性。另外，考评制度仍然存在"双轨制"的问题，即同在一个法院中具有行政级别的法官的考核要求不同于普通法官，从而使得考评的激励效果大打折扣。

此外，虽然入额法官实行法官单独职务序列管理，但按照工资套改办法主要依据其行政级别确定法官等级与工资待遇，审判辅助人员与司法行政人员则按照综合管理类公务员确定工资待遇。因而其他类人员在改革前的级别与待遇亦基本得以保留。这导致一些未入额而行政级别高的司法辅助人员工资高于员额法官工资的现象出现，从而挫伤员额法官增资所带来的积极性。

二 晋升阻力大，存在晋升"天花板"

现阶段部分法院实施的法官单独职务序列管理，理论上与行政体系相比晋升会较容易些，但事实并非如此。原因在于根据《法官职务序列设置暂行规定》的规定，基层法官的最高职务等级只能达到四级高级法官。该规定对法官职务等级以及职数比例有着明确的限制，改革前一般仅基层法院院长能晋升至四级高级法官，改革后虽有所放宽，但仍受到严格限制。[①] 对于很多基层法官而言，终其一生也只能晋升到一级法官，客观上基层法院存在晋升"天花板"的事实，这成为法官晋升的很大阻力，同时与晋升相挂钩的职级工资也难以提升，因而对法官产生了极大的消极影响，产生了负向激励。

三 工作压力大，责任风险高

目前，基层法院普遍采取以法官为中心的审判团队运行体系，强化

---

① 张青：《基层法官薪酬制度改革的现实困境及其因应》，《思想战线》2019年第5期。

法官的独立审判权，在一定程度上使法官的权力有所增加，但是也加大了法官的工作压力。一是诉讼案件持续增长，工作量加大。法院本该是解决纠纷的最后一道防线，但是现实中却成为了"第一道防线"，导致基层法官不堪其累。办案量增加太多，势必会有加班的情况发生，过于频繁的加班也会占用基层法官原本的休息时间，增大法官的压力。院长、庭长等承担行政职务的法官，在一定程度上会占用审判工作的精力，对实现法官的独立审判、专注审判产生了不利的影响。

二是司法责任制的推行，特别是错案追究制给法官带来很大的压力。司法责任制的目的是在确认法官独立审判权的同时进行约束，是非常必要的制度安排，但是由于错案追究制等具体制度在实施时存在的一些弊端，导致基层法官如履薄冰。正是基于此，有91%离职想法的人选择"职业风险高、责任大"，使之成为引发离职的最主要原因。

四 荣誉称号形式宽泛，声誉激励效果不足

根据调查，355个被调查法官中仅有41人没有获得过任何荣誉称号的奖励，将近90%的人获得过各种荣誉。整体来看，荣誉称号对激励效果的影响不大，但是省部级以上较高级别的荣誉还是会对法官产生一定的激励作用。究其原因，过多的荣誉授予使得这种精神激励变为一种安慰形式，甚至有些荣誉是论资排辈的结果，含金量随之降低，因而使得激励作用减弱。另外，在物质需求还没完全满足的前提下，精神激励效果最终会有上限，除非极高的荣誉和社会认可度，否则法官感受不到激励，甚至会产生淡漠的情绪。

五 安全保障不到位，职业风险高

通过调查问卷可以看到，在职法官工作期间面临着的安全问题远比预想的严重。法官遇到的安全问题包括危险较低的言语攻击和人身威胁，危险较高的人身伤害，甚至还会波及亲人。现有的法官安全保障体系不论是安保的硬件措施，还是法律法规等软件皆不完备，不足以威慑一些当事人的过激行为。另外，退休问题也是在职法官的重点考虑因

素。目前退休法官的物质待遇普遍偏低，与行政人员相比没有优势，退休法官的待遇不一，人身保障不完善，都没有起到激励作用。当前，由于参照一般公务员的退休标准，一些年富力强、审判经验丰富的50岁左右的法官不得不提前退居二线，其中绝大部分离开岗位后不再从事审判工作。法官职业的职业特性注定了更加注重工作经验的积累，法官办案经历和社会阅历的增多，更有利于其对矛盾纠纷的判断，从而更能做出合法、合理、合情的审判，提高审判的满意度和效率。当前的退休制度，不仅无法激发法官为司法事业努力奋斗终身的动力，更是一种人力资本的浪费。

第六节 提升基层法官激励效果的建议

一 建立公平、动态的法官薪酬体系

首先，要抓紧落实基层法官薪酬增幅政策。根据前文的分析，现在基层法官的收入还普遍较低，远没有达到员额改革所承诺的标准。所以，落实政策承诺，提升基层法官的收入仍是下一步配套设施完善的重中之重。其次，实证研究表明法官的薪酬激励存在非线性关系，具有边际效用递减的效果，所以并不是越多越好，在薪酬与绩效挂钩的情况下，反而会使得法官过于关注案件的数量而忽视质量。各地方应根据自身的经济发展状况、法官的工作量等综合确定基层法官的薪酬标准。此外，实证研究也提示我们薪酬的分配"不患寡而患不均"，基层法官的薪酬及绩效奖励只有能比较准确地反映法官的努力程度，才会具有良好的激励效果，否则高薪也未必"养"得住法官。因为作为外部激励要素，薪酬的激励具有外在性和短期性，无法使法官产生长期的幸福感。

此外，在法院内部要注意人员结构和级别的差异。在法院内部进行工资分配时也要实施科学的绩效考核，对于法官和其他审判团队组成人员，应保持合理的差距。最后，可以参考国外的一些做法，实行动态薪酬体系，根据当地经济增长速度和发展水平，确定一定比例，逐年进行动态调整，减少通货膨胀等因素造成的实际贬值效果。

二 建立灵活、透明的科学晋升机制

首先，应落实按时晋升制度。我国2019年10月实施的新《法官法》明确规定，法官晋升采用按期晋升和择优选升的方式。根据《中华人民共和国法官等级暂行规定》，五级法官至三级法官，每晋升一级为三年；三级法官至一级法官，每晋升一级为四年；考核合格，即可晋升。但现实中还存在严重超期的现象，当务之急应当尽快落实按时晋升制。

其次，提高晋升制度的灵活性，建立常态性和机动性相结合的晋升机制。在法官进行级别晋升时，明确一定的期限以及考核要求，对于远优于考核标准的法官可以在一定程度上缩短晋升年限。

此外，针对基层法官晋升"天花板"的问题，要进一步扩大上级法院从基层法院遴选法官的通道，鼓励基层法官通过交流提升业务能力，也鼓励高级别法官到基层法院交流。同时，可以设立高级别法官推举制，由高级别法官对基层法院表现突出的法官予以推举，不至于优秀的基层法官一直在基层默默无闻。

三 建立司法责任豁免制度

司法责任制是对法官独立行使审判权的约束机制，但制度运行的前提在于不会对法官激励产生负面影响。现在的司法责任制度更多地强调法官的责任，并且以结果为导向的错案追究判断标准也不尽合理，应当赋予法官司法责任豁免权，允许法官在遵循正当程序和职业操守的情况下，对于自己无法避免和克服的问题行使豁免权。司法责任豁免制度的建立，应使得法官在获得独立审判权的激励与责任约束之间达成平衡。

四 完善职业保障体系

第一，加强法官的职业培训，增强教育经费的投入，使法官成为专用型人力资本。同时，对基层法官的退休制度予以完善，对法官的辞职、罢免等进行相对明确的规定，进而实现法官的终身制，在节约人力资本的同时，激励法官为自身的声誉以及未来而保持公正司法。第二，加强对法官安全的特别保障，增加干警、加强审查、完善信访制度，通过合理的渠道及时解决与当事人之间的矛盾，切实保障法官的人身安全。针对闹访、不执行判决结果等行为，予以立法限制，针对法官的恶性人身伤害事件，在原有罪名下增设加重处罚的情节。第三，建立基层法官权益保护控诉机制，根据法官的投诉对侵犯法官合法权益的行为进行调查，查清事实后依法作出相应处理。第四，建立法官职业风险保险制度，以降低法官的职业风险。此外，也要注意保障法官的休息权，使得法官能够保证充足的体力和精力完成自身的工作任务。

综上所述，本书通过对S省基层法官的问卷调查，采用人事管理经济学的理论，对基层法官激励因素进行了统计分析和计量分析。研究结果表明，法官的收入增加、比较收入的满足感都有着显著的正向激励作用；晋升难度变大、工作压力、安全保障的不完善都有着显著的负向激励作用；精神奖励的激励作用则并不显著。员额制改革下，司法系统暴露出了很多的问题，改革带来的问题，也只能用改革的手段来进行解决。为了解决目前激励不足的问题，本书提出如下建议：（1）通过完善薪酬立法、落实公平原则、建立随经济发展而变化的动态薪酬方式来改善收入激励；（2）通过设置科学的晋升制度、完善员额法官的遴选机制、设立合理的考核制度等方式完善晋升激励；（3）通过建立司法责任豁免制度，使得对法官的激励与约束达到平衡状态；（4）通过完善法官退休制度、培训机制、法官权益保护机制等方式完善法官的职业保障激励。

第八章　合同违约金变更问题实证研究[*]

违约金是合同法领域中的一项重要制度，对防范合同履行过程中的风险具有举足轻重的作用。我国《合同法》第114条（以下简称114条）是关于违约金制度的基础条款，114条规定了违约金变更增减并举的思路，同时采用依照当事人申请的方式启动违约金变更程序。司法机关在当事人的申请下有权进行干预，变更不合理的违约金，包括增加和减少不合理的违约金。但《合同法》的规定过于粗略，无法准确地指导司法实践，为此，《合同法解释（二）》第27、28、29条进一步细化了违约金变更的具体规则。其中第27条明确当事人有权以反诉或抗辩的方式请求变更违约金，第28条规定了"增加违约金与损害赔偿不得并用"，第29条规定法院或者仲裁机构变更违约金的数额标准和考量因素。

尽管司法解释细化了违约金变更规则，但在司法适用中依然存在各种问题，在很多案件中双方当事人对裁判结果均不满意，纷纷提出上诉。因此，从实证的角度来探求违约金变更规则运行中存在的问题，对于理解民法典合同编中违约金制度与司法适用内容有着重要的意义。

此外，随着我国城镇化的发展，房地产市场需求不断增加，二手房交易逐年攀升。然而，由于房产价格一路走高、二手房市场交易不规范、政府监管缺乏以及追逐利益的人性等多方面的原因导致二手房在交易过程中违约现象频发，违约金变更成为二手房合同纠纷中的常见问

---

[*] 本章系与徐黎明合作完成，感谢徐黎明在本书撰写过程中的贡献。

题。由于缺乏统一的规范和裁判规则，法院裁判偶尔会出现"同案不同判"的现象，此类现象的出现不仅不会解决当事人之间的纠纷，同时也损害了司法权威。因此，违约金变更的司法裁判问题亟须解决，以化解纠纷，实现司法权威。基于此，本书选择以二手房买卖合同的裁判文书作为样本，对违约金变更规则进行深入剖析，试图更直观地分析目前违约金变更在实践中存在的问题，进而结合法经济学的效率违约理论提出完善的建议。

第一节 违约金变更问题概述

一 违约金变更问题起源与变迁

违约金是一项古老的制度，起源于罗马法中的"要式口约"。早期的罗马法中并没有关于违约金变更的规定，违约金变更理论起源于教会法对金钱债务利息的限制。教会法禁止高利贷行为，认为金钱债务的利息若超过实际损失则被视为不当得利，强调对债务人的保护。其关于金钱债务利息限制的法理对违约金变更的产生及其演进产生了重要的影响。其中，主教霍斯丁西斯提出了违约金司法酌减思想，由此开启了法院变更违约金的大门。

大陆法系国家普遍支持法院变更违约金。法国支持法院对违约金进行变更，但在早期，尽管违约金具有预定损害赔偿功能的观点被包括波蒂埃在内的法国大多数学者所接受，但受"私法自治"和"合同自由"这些自由主义信条的影响，法国民法典的起草者反对这个旧法传统，反而采纳了禁止法院干预约定违约金的原则。后来法国民法的修改对这一现状做出了改变，其规定司法权可以限制违约金，赋予了法官依职权增加或减少不合理的违约金的权利，体现了对案件实质公平的价值追求。但由于对合同自由的追求，违约金变更在司法实践中的适用非常严格。在违约金变更的启动程序上，法国采用法院依职权启动的模式，拒绝当事人自行申请，直接由法官衡量是否需要变更违约金。

德国民法比较支持法院干预违约金，《德国民法典》第343条确立了违约金的司法酌减规则。德国违约金酌减采用的是依债务人申请启动方式，即只有在债务人申请法院变更的前提下才允许司法介入合同关系。通常认为此项权利是债务人的形成诉权，是债务人针对违约金酌减的实体权利，称为酌减权。司法介入合同将违约金是否应当酌减、酌减的幅度和变更内容纳入规范考察范围。德国民法没有规定通过向法院申请增加违约金数额来弥补实际损失，而是配置损害赔偿制度使得当事人能够获得完整的救济。在约定的违约金不足以弥补实际损害时，当事人面临这两种选择，一是请求支付违约金和损害赔偿并用，二是放弃约定的违约金直接请求损害赔偿。这种操作排除了当事人受限于约定的违约金而得不到完整救济的现象，损害赔偿和违约金的选择性竞合关系使当事人的利益获得了完整保护。

司法权干预违约金的主张被我国《合同法》采纳，其中第114条规定了违约金变更增减并举的思路，同时采用依照当事人申请的模式启动违约金的变更程序，即司法机关在当事人的申请下有权进行干预，变更不合理的违约金，包括增加和减少不合理的违约金。但《合同法》的规定过于粗略，无法准确地指导司法实践，为此，《合同法解释（二）》第27、28、29条进一步细化了违约金变更的具体规则。其中第27条明确了当事人请求变更违约金的方式包括反诉或者抗辩，第28条规定了"增加违约金与损害赔偿不得并用"，第29条规定了法院或者仲裁机构变更违约金的数额标准和考量因素，第28条和第29条进一步凸显了违约金的损害赔偿功能。

即将实施的《中华人民共和国民法典》第五百八十五条规定，当事人双方约定的违约金低于造成的损失的，人民法院或者仲裁机构可以根据当事人的请求予以增加；约定的违约金过分高于造成的损失的，人民法院或者仲裁机构可以根据当事人的请求予以适当减少。《民法典》的规定说明，我国的违约金变更需要当事人进行提出变更请求，然后人民法院或仲裁机构才予以介入。

二 违约金变更问题的价值分析

违约金的变更以实际损失为基础进行调整，包括调高和调低两种方式，这两种方式体现了不同的价值追求：调高违约金体现的是对合同实质正义的追求，调低违约金体现的是对效率的追求。尽管这两种价值侧重不同，但并不是泾渭分明，而是彼此联系交织在一起。因此，在矫正过分合同自由实现公平的基础上兼顾与效率的统一是变更违约金的价值选择。

(一) 矫正合同自由，实现合同实质正义

合同自由原则是民法的基本原则，是民法的核心原则，也是每个主体进行民事法律行为必须遵守的准则。合同自由原则最大的特点是充分尊重合同主体的选择，是合同主体平等参与市场竞争的基础，对促进市场经济的发展具有不可撼动的作用。但随着市场经济的不断发展，由于信息的不对称，合同双方的主体也向实质不平等方向发展，这不仅破坏了合同自由原则，也使得民事法律行为脱离了实质正义，仅仅存在于形式正义之上。因此有必要矫正合同自由原则，实现合同的实质正义。

正如德国法学家海因科茨等所说："私法最重要的特点莫过于个人自治或其自我发展的权利。"违约金作为合同内容的重要条款，其订立、履行全过程都是当事人意思自治的结果，是对合同自由原则的遵守。合同主体是否在合同中订立违约金条款、违约金的数额、违约金条款的形式、违约金条款的适用情形等诸多方面都是当事人意思自治的结果。合同自由原则是意思自治的集中表现，它使得平等、自由成为现实，鼓励了市场交易。

但自由不是绝对的，它是有边界的。正如孟德斯鸠所说："自由不是无限制的自由，自由是一种能做法律许可的任何事的权力。"自由的界限是法律，超过法律的范围就无所谓自由了。市场经济的快速发展和交易信息的不对称导致合同缔约主体的不平等，一项交易中的强势者往往会利用双方间不平等的地位强迫弱势者妥协以换取自己的利益最大化，合同已不再是双方的自由，自由成了强势者的专属物，而弱势者没有自由。[①] 在二手房买卖合同中，处于强势的一方主体在缔约过程中通

---

① 黄修启：《合同自由原则及限制研究》，硕士学位论文，江西财经大学，2012年。

常会利用自己的强势地位约定过高的违约金,即违约金的数额明显超过了合同履行中可能发生的违约行为带来的损失。对当事人基于对合同自由原则的遵守与违约金的担保合同履行功能所合意约定违约金的效力是值得肯定的,但如果绝对地贯彻合同自由原则,对当事人意思自治达成的违约金条款不予以任何限制,则会导致合同不自由:当约定的违约金数额过高时,为追求自己的利益最大化,强势方会设置障碍促进弱势方违约以获取高额违约金,当约定违约金数额过低时则会出现恶意违约金的现象,违约金条款则会沦为强势一方主体获取利益的工具。这显然是违背了合同正义原则,会导致市场秩序严重失衡,也就无所谓合同自由了。

合同正义和合同自由相互作用,限制自由是为实现正义,实现正义也为保证自由。[①] 变更违约金的价值在于过分强调合同自由原则会造成合同形式正义,无法体现合同对实质正义的追求与向往,为此需要矫正合同自由原则,以最大可能地在实现合同正义的基础上也对合同自由原则进行一定的限制,进而弥补合同主体地位不平等,使合同实质正义落于实处,真正实现合同自由。

(二) 实现公平与效率的有机统一

市场经济的不断发展对法律提出了更高的要求,变更违约金不仅仅要求实现合同正义,更要求在正义的基础上追求效率,即实现公平与效率的有机统一。

从法经济学的视角来看,违约金变更符合效率违约理论,能够实现社会资源的优化配置,提高市场交易的效率。法经济学理论以社会财富的最大化为目标,主张以效率为标准代替传统意义上的公平正义,来研究一项法律制度的制定和实施等问题。在违约制度中其主张效率违约,即若违约方为违约行为所导致的社会成本小于履行合同所导致的社会成本,那么违约就是有效率的,是应该被允许的。

效率违约主张以损害赔偿来救济守约方的利益,这与我国强调以继

[①] 李永军:《合同法》(第一版),中国人民大学出版社2005年版,第39页。

续履行作为优先的救济方式并不冲突。效率违约理论并非主张损害赔偿是最有效率的，而是对违约救济方式提出了顺序要求，其主张以一个理性人的角度综合考量各种相关因素，从而选取最有效率的救济方式。效率违约并非只追求效率枉顾公平，与民法公平原则不相背离，其追求的是成本最小下的利益共赢。效率违约并非在鼓励当事人违约，而是在描述当事人在合同交易中乃至整个社会生活中的行为选择规律。[1]

具体到违约金变更制度中，违约金作为当事人对履约风险的预先约定，由于自身思考的局限性和信息的不对称性，可能无法全面准确预估未来合同履行过程中的风险。当违约行为发生时，预先约定的违约金不可避免地与实际损失产生偏差，法官在判断违约行为给双方带来损益的基础上，判定变更违约金的请求是否符合效率原则，并作出对各方有利的判决，平衡双方之间的利益，进而实现公平。法官作为司法权力的行使者，以司法权力变更违约金，加大了当事人违约成本，抑制了约定过高违约金状态下当事人的恶意违约行为，激励当事人积极履行合同，规制了当事人的市场交易行为，强化了当事人之间的信任，有利于诚实信用的树立与巩固，实现社会资源的优化配置，提高了民事交易的效率。

第二节 合同违约金变更问题的实证分析

一 数据来源及统计分析

本书实证分析的数据来源于中国裁判文书网，检索条件设置为：案件类型为民事案件，案由为房屋买卖合同纠纷，文书类型为判决书，裁判期间为 2014 年 1 月 1 日至 2019 年 12 月 31 日，关键词为"二手房和违约金调整"。通过对平台所收录的裁判文书进行全文检索，共检索到 267 份裁判文书。本节对这 267 份裁判文书进行了整理和实证分析，来研究违约金变更司法适用问题。

---

[1] 唐清利：《效率违约：从生活规则到精神理念的嬗变》，《法商研究》2008 年第 2 期。

（一）案件数量

初次检索出 395 个案例，其中商品房房屋买卖合同案例共 121 个，重复案例有 7 个，在排除不符合条件的案例和重复出现的案例，有效案例共 267 个。其中如图 8-1 所示，一审的案件数量是 110 件，二审的案件数量是 157 件。二审的案件数量比一审案件数量多出 47 件，由此可以看出此类案件很多都进入了二审审理程序。

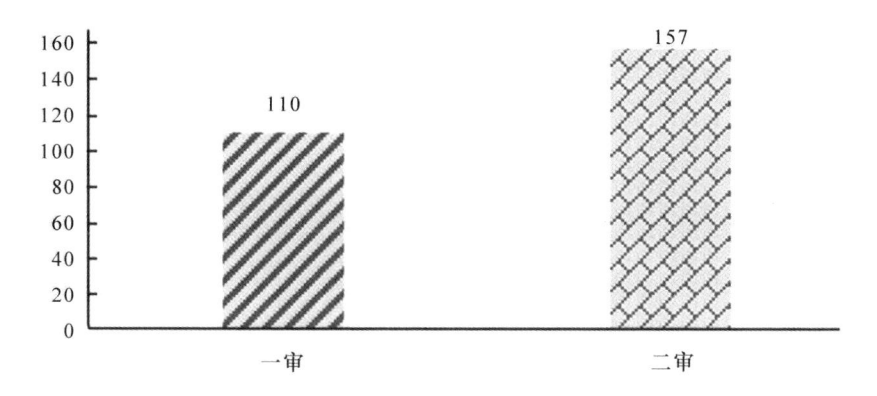

图 8-1 案件数量

（二）地域分布

本节对样本裁判文书进行了地区分布统计分析，统计结果如图 8-2 所示。其中，广东地区二手房房屋买卖合同的司法裁判案件数量较为

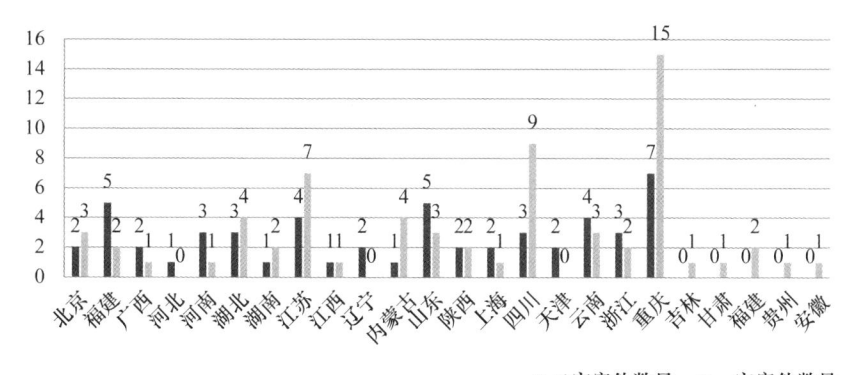

图 8-2 广东以外的样本的地域分布

突出，一审案件数量44件，二审案件数量104件，远远高出其他地区的案件量，除广东外的其他地区相对比较均匀。

（三）法院层级

从样本裁判文书来看（见图8-3），基层法院受理的案件数量为110件，与一审案件数量相一致，中级法院受理的案件数量与二审法院的案件数量相一致，这表明了一审案件均在基层法院。究其原因，一方面与我国民事诉讼的级别管辖相一致，另一方面二手房房屋买卖合同涉案标的额不符合中级法院一审案件的管辖范围，只能由基层法院审理。

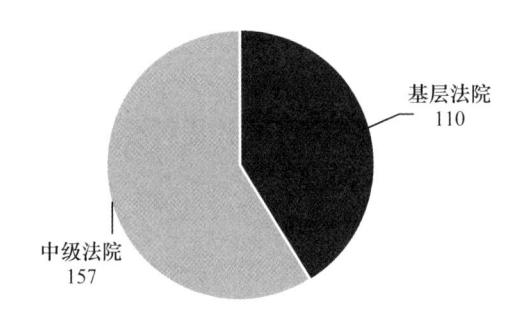

图8-3 法院层级

（四）合同状态

通过对样本裁判文书中合同最终状态的数据统计分析得知（见图8-4），在267个案例中，一审解除合同的数量为83件，二审解除合同

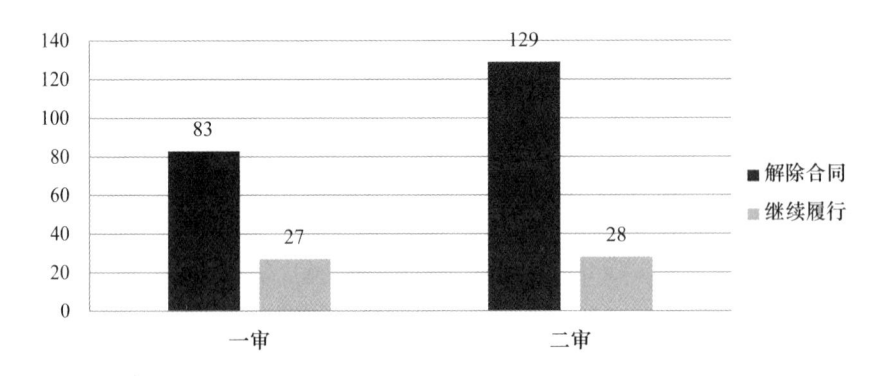

图8-4 合同的继续履约情况

的数量为129件，共有212件案例解除了二手房房屋买卖合同，仅有55个案件法院最终判决继续履行合同，合同的解除率达到79%。

（五）变更状态

图8-5为关于样本裁判文书违约金变更状态的统计分析。结果显示，样本中有253例案件变更了违约金，仅有14例案件没有变更违约金，绝大多数案件的当事人选择变更违约金。进一步研究发现，变更违约金数额的253例案件均将数额降低。

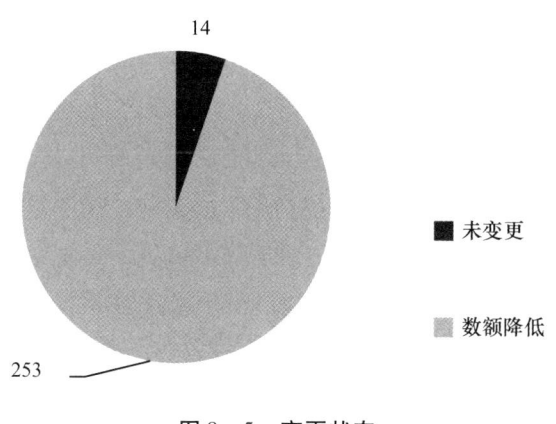

图8-5 变更状态

二 司法实践中合同违约金变更存在的问题

（一）合同解除率高

依据上文的统计分析，二手房房屋买卖合同的解除率达到79%，但这一数据并不表明法律鼓励当事人进行违约，而是体现出对公平效率的追求，符合效率违约的理念。从效率违约的角度来看，在二手房房屋买卖合同继续履行下去会给双方造成更大损失的情况下，解除合同是最有效率的，是最优的选择。

效率违约并不是一味地鼓励违约，而是站在合同整体的立场上对各种情况综合考量、对比分析，从而选取对双方损害最低的方式。在无法继续履行或者继续履行所耗费的成本巨大时，违约能够终结这种严重浪费社会资源的状态。同时效率违约与我国优先适用继续履行的损害救济规则并不矛盾,效率违约认可违约金的补偿性,在违约行为发生后对当事人予以一定的救济,补偿一方因另一方的违约行为造成的损失。但效率违约理论并非主张损害赔偿是最有效率的,而是对违约救济方式提出了顺序要求,其主张以一个理性人的角度综合考量各种相关因素,从而选取最有效率的救济方式。因此从整个社会的角度出发,在继续履约有障碍的情况下,违约或许造成了个体利益的损害,但避免了因必须继续履行造成的资源无法继续流转的现象,促进了资源的高效流转,增加了社会财富。

(二) 法官未依当事人申请调整

我国《合同法》第114条第2款进行了明确的规定:"约定的违约金过分高于造成的损失的,当事人可以请求人民法院或者仲裁机构予以适当减少。"从此条法律规定来看,《合同法》明确规定了违约金变更的申请主体只能是买卖合同的双方当事人,法律并未赋予法院对当事人约定的违约金主动进行调整的权力。本书通过样本裁判文书发现,在审判实践中存在法官依职权变更违约金的现象,而这类案件主要体现在缺席审判的案件中。

在整理的案件中,法院缺席判决的案件有5件,在这5件案例中有3件均是法院主动变更违约金。依职权变更的主要理由是守约方未举证证明自己的实际损失,法院从维护守约方利益和公平的原则出发,结合双方对违约金数额的约定、合同的履行程度、守约方的损失情况以及具体案情,酌情变更违约金。

本书认为在被告未出席的缺席审判的案件中,法官无权依职权变更违约金。首先,依职权变更违约金侵犯了当事人的民事诉讼权利。当事人在民事诉讼中享有答辩、质证与辩论的自由,被告未出席的后果视为放弃其享有的当庭质证和辩论的权利。依据证据裁判原则,法官应当依据原告提供的证据进行裁判,在原告没有申请变更违约金的情况下,法官无权依职权变更违约金。其次,法官依职权变更违约金与我国依当事人申请的违约金变更启动方式不相符合。依当事人申请的启动方式是指只有当事人主动提出变更违约金的,法院才有权力干预违约金,否则将会被视为对当事人合同意思自治的干预。

法官依职权进行变更不仅仅是对合同意思自治的违反，同时也无法体现公平原则。因为法官依职权调整违约金在一定程度上必然会损害守约方的利益，打破合同双方当事人对合同履行过程中风险分配的预先约定。守约方的利益在被削减后很有可能会不服法院判决，在一定程度上会增加案件的审判程序，损害司法的公正性与权威性。

（三）释明不恰当

本书对样本裁判文书中被告的抗辩理由进行了统计分析，将其划分为五种类型，如表8-1所示。

第一种类型是被告抗辩自己不构成违约并同时主张原告存在违约行为或者原告违约在先；第二种类型是被告承认自己存在违约行为，同时主张买卖双方在二手房房屋买卖合同中约定的违约金过高，申请法院变更违约金；第三种类型是被告反诉的，有的被告在提起反诉的同时也主张了违约金过高，所以这种类型的抗辩包括仅提起反诉的和提起反诉且主张违约金过高的；第四种类型是关于合同效力的抗辩；第五种类型是其他原因的抗辩，主要包括自己的违约行为未给原告造成实际损失，驳回原告诉讼请求等。这五种类型中，被告主要的抗辩理由是前三种类型的抗辩，大约占到样本裁判文书的95%，而关于合同效力的抗辩和其他类型的抗辩仅占到5%。

《最高人民法院关于适用〈中华人民共和国合同法〉若干问题的解释（三）》第27条规定，法院在被告仅以自己未违约进行抗辩时，法院应当对当事人可以申请变更违约金进行释明。根据上文对抗辩类型的分类，法官应当对第一种类型的抗辩予以释明。但是通过分析样本裁判文书发现，在第一种抗辩类型的案件中存在法官未释明的现象。比如在赵某香与白某英房屋买卖合同纠纷二审民事判决书中，白某英仅以自己未违约进行抗辩而未申请变更违约金，在法院没有支持其抗辩理由的前提下，没有进行必要的释明，没有在裁判文书中支持原告的诉讼请求，加之说理不够透彻，导致原告在收到裁判文书后上诉至二审法院。一审法院未对白某英享有申请变更违约金的权利进行释明使得纠纷未得到一次性的解决,在一定程度上浪费了司法资源。若一审法官在诉讼中对当事人享有申请变更违约金的权利进行释明,则会加强当事人对法院判决结果的理解与支持,能够一次性化解纠纷,提高审判效率,节约司法资源。

表 8-1　　　　　　　　　　　抗辩类型

被告抗辩	自己违约	原告违约或有过错	违约金过高	反诉	合同效力	其他
1	×	√	—	—	—	—
2	√	—	√	—	—	—
3	—	—	—	√	—	—
4	—	—	—	—	√	—
5	—	—	—	—	—	√

（四）举证责任分配混乱

我国民事诉讼法关于证据制度的一项重要原则是"谁主张,谁举证",因此主张权利的一方当事人应当提供证据证明自己的主张。但是在司法实践中关于违约金变更举证责任的分配呈现出相对较为混乱的状态。

违约金不合理的举证责任的分配主要呈现出以下三种状态:第一种是由主张违约金不合理的一方当事人承担举证责任。在周利军与周国良房屋买卖合同纠纷二审民事判决书中,法院认为被告周国良作为卖方在违约后主张违约金过高申请法院予以变更,但没有提供证据予以证明,应当承担举证不能的后果,判决被告支付约定数额的违约金。第二种是由主张违约金不合理的对方当事人承担举证责任,即由守约方承担实际损失的举证责任,若守约方无法证明实际损失与约定违约金数额相符,则法院会变更违约金。在样本裁判文书中,有85%的案件将实际损失的证明责任完全分配给守约方。第三种是由申请变更违约金的一方当事人承担违约金不合理的初步证明,由因违约行为遭受损失的一方当事人承担实际损失与违约金数额相符的证明责任,若无法证明违约金的合理

(五) 裁判满意度低

我国民事诉讼法规定,当事人不服一审判决可以上诉。本书对一审和二审的裁判文书进行了整理,并将一审、二审的上诉情况整理为图8-6与图8-7。如图8-6所示,在110件一审案件中,有23件案件启动了二审程序。图8-7表明,在二审案件中,双方当事人均提出上诉的案件数量为30件。上文的数据可以大体反映二手房房屋买卖合同违约金变更案件的上诉情况,在一定程度上能够说明当事人对于裁判结果存在一定的不满。

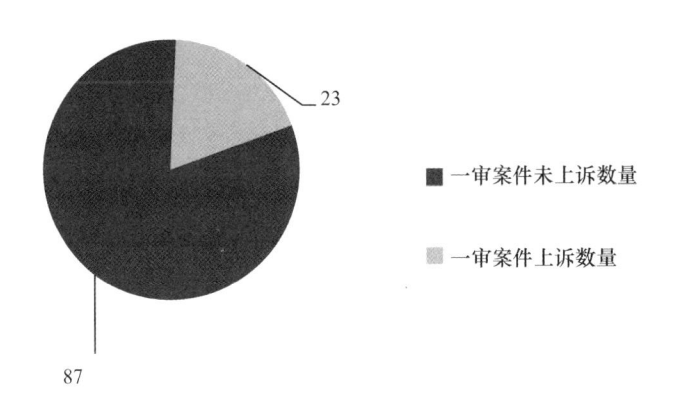

图8-6 一审案件上诉情况

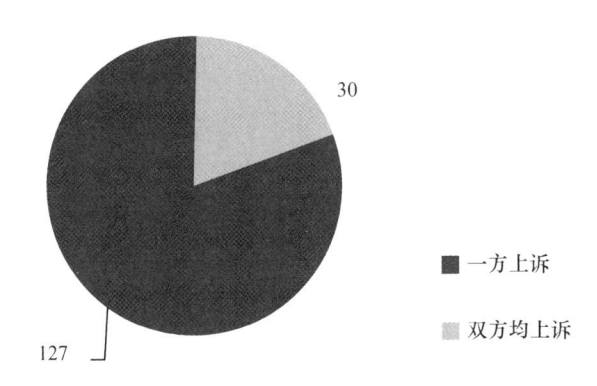

图8-7 二审上诉方情况

当事人主要的上诉理由是法院变更的违约金不当，违约方认为变更后的违约金依然过高，超过了其违约行为造成的实际损失，违反了民法损害赔偿的填平原则；而守约方则持相反的观点，其认为违约金是双方当事人自愿真实的意思表示，理应受到法律的保护，法官不应当干预当事人之间基于意思自治达成的合同，法院变更违约金侵犯了其意思自治。在王某燕、刘某与房屋买卖合同纠纷二审民事判决书中，买方无法继续履行付款义务构成根本违约，法院综合考虑双方的履约情况、过错程度，将违约金变更为10万元，双方当事人均不服，均以违约金变更不当提起上诉。法院从公平的角度出发，以判决的形式变更违约金，肯定了司法权力对违约金的干预；而守约方以法院变更违约金违背了合同的意思自由原则进行上诉，体现出司法干预与合同意思自由的冲突问题。司法干预与意思自治存在一定的界限，司法干预的触角过长则会侵犯意思自治原则。从总的数据来看，在由于违约金调整不当进而上诉的案件中，二审法院维持原审的案件有54件，二审法院的维持率达到71%。

第三节 合同违约金变更实践中存在问题的原因分析

一 法律规定不完善

众所周知，我国的法律体系目前正处于建设与完善阶段，在充分借鉴国外优质经验并结合我国客观实际的基础上，尽管很多制度已经初步形成体系，但很多细节并没有进行相关的完善，比如关于违约金变更启动方式、法官释明权的行使、举证责任的分配等问题的规定都比较笼统。法律规定的不完善导致法官在适用法律审理案件的过程中，由于主体理解的差异性，对类似案件得出不同的审判结果。

（一）启动方式适用错误

《合同法》第114条规定依当事人申请是变更违约金的唯一启动方式，法院无权主动干涉当事人的选择，变更违约金，但是法院通常会基于公平正义的角度变更违约金。虽然我国民事诉讼模式开始向当事人主义转变，但依然带有职权主义的色彩。在职权主义的影响下，法院对自身角色的定位是定分止争，维护公平正义。如果所约定的违约金数额与实际损失明显不符，法官会认为合同双方当事人预先违约金不恰当，若不进行变更会影响实质公平。但是违约金是双方当事人对合同可能存在履行风险的一种预先规划，目的是为了促进合同的正常履行，我们假设合同主体在订立合同时双方均是具有完全民事行为能力且自愿的，如果法院可以随意地对违约金进行变更，会让当事人的合意变得毫无意义，合同法中意思自治的理念就被束之高阁，另一方面法院随意对违约金进行变更也增加了风险分配的不确定性，让原本的风险分配方案变得更加有风险了。因此违约金变更应当更加强调契约自由，这有助于平衡和化解当事人之间的矛盾，加快民事诉讼模式向当事人主义转变。

（二）释明不规范

释明，起源于大陆法系国家诉讼的立法和实践，我国民事诉讼法将其解释为释明或阐明。释明是指在诉讼的过程中法官对当事人不明确的事项予以解释说明，以便当事人理解，加强法官和当事人之间的沟通，保障当事人诉讼权利和实体权利的实现，高效、彻底地解决双方之间的纠纷。

释明权在我国司法实践中的应用缺少具体的规则，目前尚未形成统一完备的体系，这也为自由裁量权的滥用提供了土壤。缺乏具体的裁判规则使得法官自由裁量权受到的限制颇为有限，这不仅损害当事人的合法权益，影响案件的审判，同时也会产生累诉的结果，不利于纠纷的一次性解决，浪费司法资源，司法权威也在一次次的诉讼中被降低，因此规范违约金变更具体情形下的释明规则尤为重要。

在违约金变更范畴内，当事人以合同无效、不成立、不存在违约事实等抗辩时已经包含对约定违约金不当的抗辩了。学界争议的焦点在于，在当事人已经暗含对违约金不当的抗辩时，法官能否不予以释明，直接变更违约金。《合同法司法解释（三）》第27条规定："买卖合同当事人一方以对方违约为由主张支付违约金，对方以合同不成立、合同未生效、合同无效或者不构成违约等为由进行免责抗辩而未主张调整过高的违约金的,人民法院应当就法院若不支持免责抗辩,当事人是否需要主张调整违约金进行释明。"依此规定,违约金释明应当由三个要件构成:一是在诉讼过程中一方请求违约金,另一方以合同不成立、未生效、无效或者不构成违约金进行抗辩;二是当事人援引以上事由进行抗辩,但未主张违约金过高并请求法院予以调整;三是法院在经过审理之后对当事人援引的抗辩事由不予以支持。只有同时具备这三个要件,法官才可以对当事人释明。但是也有学者认为关于违约金不当的相关抗辩不能认为暗含违约金过高的申请,当事人应当明确提出违约金过高的申请,同时法官向当事人释明可申请变更过高违约金会影响法官中立地位。① 尽管法律明确规定此种情况下法官应当释明,但不同观点的存在和主体差异化理解导致了法官对法律理解与适用的不统一,进而导致了司法实践中法官释明的不规范。

(三) 法官滥用自由裁量权分配证明责任

举证责任,也称为证明责任,是指在诉讼中当事人对自己提出的诉讼主张提供证据加以证明和不能证明时应当承担的法律后果。在我国民事诉讼法的规定中,只有第 64 条是关于举证责任分配的一般规定的表述,即当事人对自己提出的主张,有责任提供证据,这是"谁主张,谁举证"原则的基本体现。由于其过于笼统的表述导致在司法实践中难以具体运用和操作,无法指导具体的司法实践活动。针对这一情况,最高人民法院在 2015 年出台的关于适用《中华人民共和国民事诉讼法》的解释中第 90、91 条对举证责任作出了进一步阐释,当事人对自己提出的诉讼请求所依据的事实或者反驳对方诉讼请求所依据的事实,应当提供证据加以证明,但法律另有规定的除外。此外,《合同法》、《侵权责任法》等民事实体法中相继规定了民事诉讼证明责任的分配,为了查明案件事实解决纠纷,环境侵权致人损害、高空抛物致人损害等

---

① 石冠彬:《民法典合同编违约金调减制度的立法完善——以裁判立场的考察为基础》,《法学论坛》2019 年第 6 期。

类型案件适用举证责任倒置，对"谁主张，谁举证"原则做出了调整。

就我国目前的立法情况看，民事实体法中对证明责任的分配往往不够重视，或者说是在立法时没有意识到证明责任分配实质上是实体法的问题，故很少从证明责任分配的角度对条文的表述进行考量，从而导致证明责任规范的配置带有一种实用性的随意和混乱，部分法律条文在证明责任的配置上面临适用和解释论上的困境。[①] 为解决具体案件中证明责任的分配问题，在司法实践中赋予法官在证明责任分配的实体法律规范缺位时合理分配双方的举证责任，实现案件的公平审判。同样在违约金变更范畴内，并没有关于证明责任分配的实体法规范，因此证明违约金过分高于或低于实际损失的证明责任分配要适用一般性的规定，而面对二手房房屋买卖合同中复杂的情况，适用"谁主张，谁举证"证明责任分配规则会加重一方的证明责任，导致案件的实质不公平。

法官在证明责任分配领域的自由裁量权是指法官综合考虑公平原则和诚实信用原则从而对双方的证明责任进行分配的权力。法官对于举证责任分配的不同认知和自由裁量权的适用会导致裁判的差异化。在二手房房屋买卖合同的司法裁判中，通常情况下，违约方主动申请变更违约金或者在法官释明后变更违约金。法官对于实际损失的证明责任的分配呈现出两种观点：一种观点认为，违约方系主张权利的一方主体，并且"实际损失"是对违约方因违约行为所遭受的损失，依据举证责任分配的难易程度，或者依据双方当事人取得证据的便利，应当由非违约方就违约方的违约行为给自己造成的实际损失承担举证责任；另一种观点认为，在对实际损失进行认定时，违约方如果提出要求对违约金进行调整，就应当承担举证责任，但考虑到违约方难以对非违约方的全部损失都提出证据加以证明，因此违约方仅需承担让法院对违约金的公平合理性存疑程度的证据即可，这时法官可以对举证责任进行分配，将对实际损失或违约金合理性的举证责任分配给非违约方来承担。

---

① 翁晓斌、郑云波：《〈民法典〉编纂背景下的证明责任分配规范配置》，《浙江社会科学》2019年第11期。

正是由于证明责任分配法条的抽象性与具体规范的缺乏以及对如何理解和适用对举证责任进行分配没有统一的裁判标准,导致二手房房屋买卖合同纠纷案件中违约金变更裁判中举证责任分配适用出现了极大的分化,同案不同判的现象显著。

二 司法干预界限模糊

当事人以违约金变更不当为理由上诉,表面原因是法院裁判说理不充分或未恰当释明,更深层次的原因是司法干预的界限与尺度问题。在违约金变更领域,法官干预违约金的价值目标在于通过司法权力矫正过分的合同自由造成的实质不公平,因此司法干预处在保障当事人意思自治与实现公平正义之间,界限十分模糊,无论偏向哪一方均会引发当事人对判决结果的不满意,降低司法权威。

意思自治是私法中最重要的原则,其尊重当事人的选择,提高了市场交易的效率。意思自治原则也被称为自愿原则,即民事主体以自己意愿为基础设立、变更或解除民事法律关系。意思自治原则在合同法中具体体现为合同自由原则,主要包括是否缔结合同的自由,选择合同相对人的自由,确定合同内容的自由,选择合同形式的自由。[1] 法律具有预测的作用,即公民通过法律的预先规定能够确定自己的行为是否为法律所允许或为法律所禁止,民事主体通过民法中意思自治原则自愿地创设法律关系是法律所允许和鼓励的。但随着社会的快速发展与市场交易的便利性、信息的广泛性和真假混淆性造成合同主体辨别的困难,增加了信息的不对称性,动摇了合同主体的平等地位。如果任由双方当事人按照合同的约定行使权利履行义务,违约金条款异化为强势方压榨弱势方的工具,合同正义将会受到挑战,意思自治将会束之高阁。[2] 因此司法权力介入违约金的变更并不是对意思自治的肆意践踏,而是站在更高立场上协调"意思自治"与法律的"公平正义""诚实信用""秩序"

---

[1] 王利明:《论合同自由原则》,《法制现代化研究》1996 年第 00 期。
[2] 韩世远:《违约金的理论问题——以合同法第 114 条为中心的解释论》,《法学研究》2003 年第 4 期。

"效率"等价值的冲突。意思自治与司法干预分别代表合同正义的不同方面，双方的界限非常模糊，干预过少会影响实质正义的实现，过多则会侵犯双方当事人之间的意思自治。

第四节 效率违约视角下的违约金变更规则的完善

通过上文对违约金司法裁判的分析，笔者认为违约金司法裁判中暴露的问题是相互联系、交织在一起的，最本质的问题在于没有深入理解效率违约的内涵和制度价值。

一 效率违约的内涵

效率违约是指当履行合同的社会成本超过履行合同产生的社会收益时，不再追求继续履行，而是接受违约发生的一种状态。效率违约起源于19世纪末普通法系的司法实践，并随着法律现实主义的崛起而逐渐发展起来。特别是现代法经济学在美国兴起之后，以理查德·波斯纳法官为代表的法经济学学者进一步进行了完善与发展。效率违约不论从理论层面还是实践层面都对普通法系，尤其是美国法产生了重要影响。

合同的目标在于促进交换的效率，它有助于资源由评价较低的主体向评价较高的主体转移，因而合同得到实际履行是合同双方的直接目标。但是很多合同签订后，由于各种原因导致合同签订时追求的目标不能实现，如果继续履行，带来的不是资源配置效率的提高，反而是降低。此时，违约是社会所期望的。效率违约所界定的就是这样一种状态。

效率违约是从社会角度界定的违约决策，是一种理性选择的结果，但不是任何一种违约行为都可以界定为效率违约。效率违约的界定要满足以下两个条件：首先，违约方的违约预期收益超过履约预期收益，这是效率违约的基本前提；其次，效率违约要求合同当事人双方的违约预期收益之和超过履约的预期收益之和。这是效率违约的关键，也是最容易被人忽视和误解的地方,很多人对效率违约的误解就在于没有理解效率违约不仅是指违约方的收益分析,而且是对双方整体的收益之和的判断。

效率违约的价值首先在于效率的改进。效率违约的出现一方面在制度层面体现了普通法法律规则演进的效率性,另一方面合同本身是一种社会效率的提升。其次,效率违约能够影响合同当事人的信任投资,通过相应的制度安排可以实现最优信任投资。效率违约要求违约方要赔偿非违约方的损失,不同的损害赔偿责任规则会影响当事人履行之前的信任投资。预期违约赔偿规则给予了合同当事人进行效率违约的恰当激励,而基于最优信任投资水平的预期违约赔偿,不仅能实现效率违约,而且能实现最优信任投资,进而解决当事人履约之前投资过度或不足的问题。最后,效率违约能够促进合同法实现合同风险的最优分配。

二 效率违约视野下的违约金变更规则的完善

在合同订立与履行的过程中,当事人将面临一系列风险,这些风险可能会使合同无法履行。效率违约要求履约与违约决策的最优化,同时也将促进合同法实现风险的最优分配。如前文所述,违约金的数额是判断违约预期收益的重要影响因素。如果违约金的数额可以被随意变更,则难以发挥合同法实现最优履约及最优信任投资的作用。因此,有必要在现有的规则框架内,对违约金变更的启动方式、释明权的行使、举证责任分配和司法干预界限四个方面进行调整,以完善违约金变更制度。

(一) 禁止依职权启动

启动违约金变更程序意味着公权力对私权利干预的开始,是违约金变更的第一步。通过上文对违约金变更的比较研究得知,违约金变更的启动方式分为两种:法官依职权启动和当事人依申请启动。法院依职权启动,是法官有权力启动违约金变更程序。在具体案件诉讼过程中,法官可以在不经由当事人申请的情况下,直接根据每个案件的实际情况,变更违约金。依当事人申请是指只有在当事人提出违约金变更请求时,法院才可以审查违约金并决定是否变更违约金。我国采用了依当事人申请的启动方式,这种方式能够最大限度地尊重当事人的意思自治,兼顾公平,因此应当限制法官依职权变更违约金,尤其是在缺席审判案件中应当明确禁止依职权启动违约金变更程序。当合同中约定的违约金出现明显违背公平原则时,法官可以直接依据民事行为效力规则撤销或否定违约金条款的效力,没必要依职权变更违约金。在缺席审判的案件中,法官应当尊重当事人的意思自治,在违约金条款不违反效力规则的情况下,应以当事人的申请决定是否变更违约金,不宜径行适用违约金变更条款。

任何一项规则的有效实施均离不开相关的配套机制,为保障依当事人申请的启动方式,禁止法官依职权启动违约金变更程序,也应当配置一定的机制。为规制法官依职权变更违约金,应注意以下几点:第一,法律明确禁止依职权启动,对违反规定配置相应的惩罚机制,以促进行为规范化;第二,在存在法官依职权启动的案件中配置充分的救济手段,允许当事人权益受到侵犯时获得充分的救济,维护自己的合法权益;第三,允许法官对违约金变更启动予以释明,保障当事人知悉自己的权利。

(二) 规范释明规则

释明能够探知当事人的真实意思,保证当事人处分权和辩论权的充分行使。无论是以合同不成立、合同未生效、合同无效或者不构成违约等为由进行免责抗辩还是主张调整违约金的抗辩均是针对原告要求被告承担违约金这一相同诉讼请求,在免责抗辩无效时仍可以主张违约金过高抗辩,构建被告二元化抗辩防御体系,既能通过赋予被告主张违约金过高调整的机会来避免法官直接裁判对其造成的裁判突袭,又能有效实现原、被告之间纠纷的一次性解决,提高诉讼效率。[1] 因此,若不释明,当事人可能无法获得二元化抗辩防御体系的保护,导致审判不公。

依当事人申请的违约金变更启动方式与法官释明权行使有密切联

---

[1] 张海燕:《论法官对民事实体抗辩的释明》,《法律科学》(西北政法大学学报) 2017年第3期。

系。在我国依当事人申请变更违约金的方式下,释明是法官的义务。在当事人主张免责抗辩的情况下应予以释明,若法院不予释明径行判决,则违反了民事诉讼的处分原则与辩论原则,违反程序保障。释明是必须的,但应当遵守适度释明的原则,相关立法与司法解释应尽快细化违约金变更的释明规则,完善违约金变更的法律规范,为违约金变更司法裁判提供明确的指引。

释明权的行使应当遵循审慎、适度释明的原则。首先,审慎释明是指法官在充分了解案件情况、依据双方当事人之间的约定充分探究当事人本意的基础上,对是否释明进行判断,而非任何情况一律予以释明。违约金条款是当事人意思自治的产物,其是当事人对双方合意过程、履行能力以及交易信息等各方面的综合考量的结果,只有当事人最清楚合同各种状态的利弊得失。在当事人未进行免责抗辩或不主张变更违约金的前提下,法官对是否变更违约金进行释明应当采取审慎的态度,根据具体的案件情况具体分析,避免当事人认为释明损害意思自治与处分权,引起当事人对裁判结果不满意。其次,释明应当被限制在一定的尺度范围内,释明权的适用范围应保证法官不至于取代当事人来决定实体内容的形成。[①] 释明的价值目标应当定位于诉讼便宜,是司法权力对诉讼中的实体和程序性权利的告知,以便当事人知悉相关的权利,有针对性地主张诉讼请求和抗辩。法官对当事人是否变更违约金的释明会使得对方当事人认为法官偏袒被释明的一方主体,影响法官在案件中保持中立的形象。法官在释明的过程中要注意语言的准确、简洁与规范化,不可过分释明,不可滥用自由裁量权。过分的释明会导致双方当事人的诉讼地位的实质不平等,产生由诉讼本身带来的二次纠纷,损害司法的权威。

(三) 公平分配举证责任

法谚说:"举证责任之所在,败诉之所在。"举证责任与诉讼结果相联系。在违约金变更中,违约金与实际损失不符的证明责任由违约方

[①] 张卫平:《转换的逻辑——民事诉讼体制转型分析》,法律出版社2004年版,第349页。

或守约方一方承担会加重一方的举证责任，造成举证责任的分配不公平。因此举证责任的分配应当以公平原则为基础，同时提高效率。之所以要作出如此的分配是基于对双方利益的衡量，降低违约方的证明难度，尽可能公平地分配举证责任，发挥违约金简化证明责任的功能，提高诉讼效率。

以二手房房屋买卖合同为例，违约行为的发生会使得合同主体走向相对立的境地。在约定高额违约金的情况下，违约方很难获得其违约行为造成损失的实际信息。若将违约金不合理性的证明责任分配给违约方会导致其承担举证不能的法律后果，即不予变更高额违约金，高额违约金会造成实质不公平，违反民法公平理念。相反，将违约金合理性的证明责任由守约方承担能够大大降低举证难度，因为守约方最清楚利益损失，为了维护自身利益，会积极地提供证据予以证明违约金的合理性，同时也减轻了违约方的证明责任。因此，法官应当公平分配举证责任，即由主张违约金过分高于实际损失的一方承担初步的证明责任，证明标准要达到不能使人产生合理怀疑的程度。之后的证明责任将转移到合同的另一方主体，由其证明违约行为造成的直接和间接损失，论证违约金的合理性，若没能提出证据则应承担举证不能的法律后果，法官则依据现有的真实有效的证据予以裁判。同理，在违约金低于实际损失的情况下，由主张增加违约金的一方承担初步的证明责任，由另一方主体承担违约金合理性的证明责任。公平分配举证责任对解决案件纠纷起到事半功倍的效果，因此有必要合理分配举证责任，发挥违约金简化损害证明责任的功能。

（四）掌握司法干预的界限

在违约金变更范畴内，意思自治与司法干预是保证合同正义的不同方面。意思自治代表形式正义，而司法干预则代表实质正义，双方是一种互补共生关系。可以从两个方面来理解二者的互补共生关系：互补关系是指当意思自治与司法干预一方均不足以实现公平正义时，另一方会予以补充；共生关系意味着双方共同规制违约金行为的内在的价值目标是一致的，即实现公平正义。司法干预是司法权力对意思自治的调整，干预的尺度尤为重要，尺度把握不当会侵犯意思自治原则，损害公平正义。司法干预能够弥补完全的意思自治带来的问题，实现真正的合同正义。但司法干预的本质是公权力对私人领域的涉足，是公权对私权的限制，过度干预合同自由是对意思自治的侵犯。因此应当注意干预的界限，应当遵循适度干预的原则，限制自由裁量权，维护私人的合法权益。

如何确定干预的界限，需要做到以下几点：首先，立法上应当细化违约金司法干预的界限。实现合同实质正义是司法干预的法理基础，但是我国法律中缺乏司法干预的具体条款。原则与笼统的规定使得司法实践面临巨大的困难，仅仅依靠原则性规定会产生同案不同判的结果，严重损害司法权威。因此，要确定违约金变更范畴，制定具体的变更细则，类型化具体案情，构建并完善司法干预的模型框架。其次，司法干预应当遵循被动介入的原则。被动介入是指法官在当事人申请的情况下介入违约金变更中。在违约金变更案件中，应当由合同双方当事人就违约金是否合理进行判断，在违约金条款不违背法律、行政法规的强制性规范的条件下，法官不宜主动干预违约金的变更，这也与我国以当事人申请启动违约金变更程序相适应。此外，司法干预应当遵循适度的原则。目前我国司法干预缺乏具体规则，法官有较大的自由裁量权。自由裁量权是一把双刃剑，一方面能够调整法律避免其僵化，另一方面若不合理地控制自由裁量权同样会侵犯私权。因此，法官应当保持中立的立场，遵循基本的法律价值和法律原则，适度干预违约金，引导当事人规范自己的行为，激励市场交易行为。

第九章 农村土地经营权抵押的现实困境与对策[*]

第一节 问题的提出

随着中国农业现代化和城镇化的发展，农村承包地"两权分置"的产权结构已经越来越不能满足农业规模化生产与融资的需求，农地"三权分置"政策应运而生。[①]"三权分置"是指在原来的土地所有权和土地承包经营权的基础上，将土地承包经营权分置为土地所有权、土地承包权、土地经营权三权并行的权利结构。[②] "三权分置"政策的重点在于盘活土地经营权，赋予其应有的法律地位与权能。

土地经营权的担保融资功能是"三权分置"的核心功能。2015年8月，国务院启动土地经营权抵押贷款试点，并在全国232个地区开展了试点工作。[③] 国务院专门出台了文件进行部署，明确赋予土地经营权抵押融资的功能，并在试点工作原则、金融产品创新、抵押物处置、试点地区、试点条件、配套措施、法律授权等方面进行了要求。试点工作取得了良好的实践回应，为"三权分置"政策的最终法律化提供了充分的理论与实践支撑。试点结束之后，"三权分置"法律化被提上日

---

[*] 本章系与李腾飞合作完成，感谢李腾飞在文章撰写过程中所作出的贡献。
[①] "两权分置"指农村土地所有权属于集体，农户通过承包土地享有土地承包经营权。
[②] 中共中央办公厅、国务院办公厅印发《关于引导农村土地经营权有序流转发展农业适度规模经营的意见》。
[③] 《国务院关于开展农村承包土地的经营权和农民住房财产权抵押贷款试点的指导意见》（国发〔2015〕45号）。

程。2018年12月29日,《中华人民共和国农村土地承包法》(以下简称新承包法)修正案表决通过,"三权分置"正式入法。在新承包法中,新增"土地经营权"专节,规定了土地经营权的产生、流转、担保融资等内容。新承包法新增第四十七条规定了土地经营权的担保融资功能,突破了以往《物权法》规定的农村承包土地不能抵押的禁止性条款。[①] 至此,农地担保融资有了法律层面上的支持。

但是,因为新承包法修订时间紧、任务重,在修订过程中回避了土地经营权法律属性的争议,仅从土地经营权的产生与权能方面进行了规定。随着农村土地制度改革进一步加快加深,农村土地流转加快、农业经营主体的资金需求逐步扩大,日渐复杂的实践对土地经营权的权利体系产生了更高的需求。诸如农村土地经营权的性质到底是债权还是物权、土地经营权与其他土地权利在法律上的逻辑关系是怎样的、土地经营权的抵押权如何实现等问题成为困扰土地经营权大展拳脚的桎梏。因而,对土地经营权抵押的现实问题进行研究,进而完善相关立法,是一项紧急而有意义的任务。

现有的文献大多是对农村土地经营权抵押进行规范分析,仅从法理角度进行了较为全面的分析,在农村土地经营权的性质问题上的争议较大。为探求真实情况,本书通过选取2019年331份有关农村土地经营权抵押问题的法院裁判文书进行实证研究,从一个全新的角度观察农村土地经营权抵押在实践操作、法律适用中存在的问题,并在规范分析的基础上,借鉴法经济学的理论与方法,探究其深层原因,试图为进一步的立法完善和法律适用给出建议。

第二节　土地经营权抵押担保的实证分析

一　研究样本的来源

研究案例来自"聚法案例"网站,检索时间为2020年2月20日。

[①] "承包方可以用承包地的土地经营权向金融机构融资担保,并向发包方备案。受让方通过流转取得的土地经营权,经承包方书面同意并向发包方备案,可以向金融机构融资担保。"

为了观察新法施行后的试行现状以及当前存在的问题,本书选取了审判时间在2019年的判决书,通过以"土地经营权"和"抵押"为关键词检索司法案例,共计得出3304篇法律文书。通过图9-1可以看出,与土地经营权抵押有关的案件数量分布与制度变迁具有同步性,近些年纠纷数量不断增加。2015年,国务院提出"两权"试点的构想,同年全国人大常委会通过《关于授权国务院在北京市大兴区等232个试点县(市、区)行政区域分布暂时调整实施有关法律规定的决定》调整《物权法》与《担保法》的部分内容,在试点地区暂停实施有关法条。随后,央行的《农村承包土地的经营权抵押贷款试点暂行办法》出台,以此办法来指导各银行业金融机构开展业务。而对应案件的数量,自2016年开始有了大幅度的增长。随着2019年"三权分置"正式入法,案件数量在2019年达到顶峰。

进一步地,在案由中选取"合同、无因管理不当得利纠纷"项下的"借款合同纠纷"进行检索,然后选定"金融借款合同纠纷"这一具体案由,去除重复样本后,最终得到331篇裁判文书。

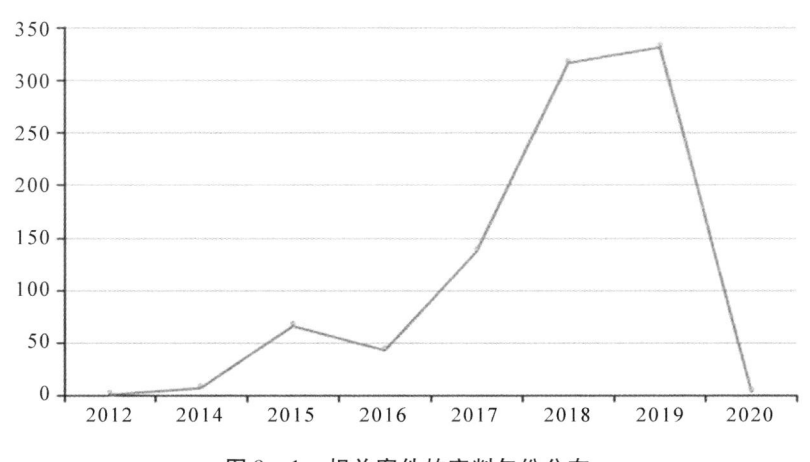

图9-1 相关案件的审判年份分布

二 研究样本的基本特点

(一)样本来源区域较为集中

在检索到的判决书结果中,判决书的地域分布比较集中。尽管国务院规定的"两权"贷款试点县市区多达232个,遍布全国的各省市自治区,但是如图9-2所示,本研究所采集的裁判文书主要集中在黑龙江省,数量为182份,占比达到了55%。之所以出现这一情况,可能是因为黑龙江省作为农业大省,地广人稀且规模化农业经营数量多,因而与之相关的土地经营权纠纷相对较多。

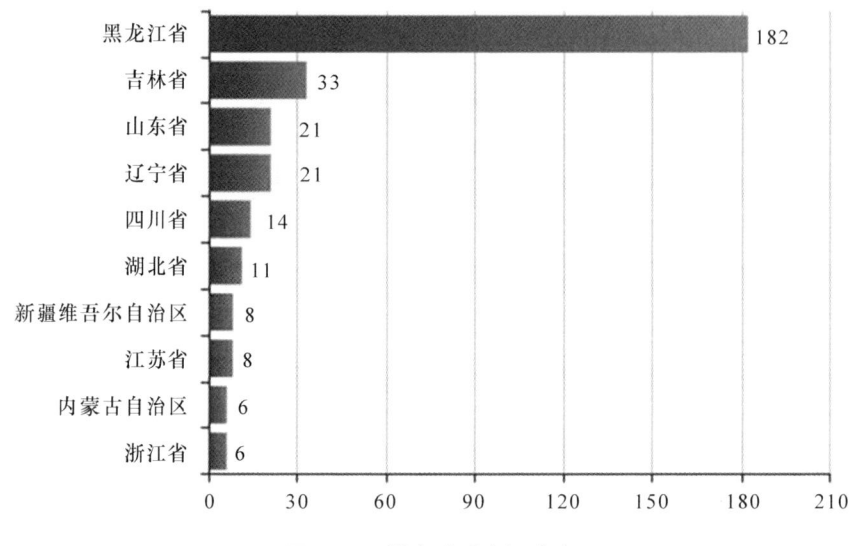

省份	数量
黑龙江省	182
吉林省	33
山东省	21
辽宁省	21
四川省	14
湖北省	11
新疆维吾尔自治区	8
江苏省	8
内蒙古自治区	6
浙江省	6

图9-2 样本地域来源分布

(二)缺席判决率较高

在选取的331份案例中,被告缺席判决的案件达96份,占比29%。缺席判决是指在法院开庭审判时,一方当事人经传票传唤无正当理由拒不到庭,只有一方当事人到庭,法院依法做出的判决。在司法实践中,一般被告拒不到庭的情况比较多,而选取的样本中被告主要是农民。样本中大多数案件的双方当事人对抵押担保借款的事实争议不大,被告对于自己的程序权利缺乏重视,同时也反映了农民存在着厌诉心理。

(三)审理法院多为基层法院

通过整理发现,样本案件的审理法院大部分为基层法院,占比为96.68%;中级人民法院比例为3.32%。审理程序方面,一审程序所占比例为97.58%,案件进入到二审的比例仅为2.11%,案件进入到再审阶段的比例为0.3%。通过分析可见，涉及土地经营权抵押的金融借款纠纷案件事实大多比较简单，在基层法院通过一审程序就能解决问题。

三 现实中土地经营权抵押存在的问题

（一）土地经营权担保融资形式不明确

在研究的案件样本中，采用土地经营权抵押形式融资的情况占据了绝大多数，有328例案件采用了此种方法，占比高达99%。而采用土地经营权或土地的收益权质押的案件有3例，其占比仅有约1%。

（二）抵押物称谓在判决书中使用混乱

2019年1月1日起施行的新承包法已运行一年有余。但是，实践中土地经营权抵押的抵押物称谓在判决书中仍存在着使用混乱的现象。

首先，金融机构对于抵押物的称谓存在矛盾与冲突。在承包农户使用其承包地中的经营权设立抵押担保时，一部分金融机构在起诉书中将抵押物称作"土地承包经营权"，然后在提交证据时又提交了"土地经营权抵押他项权登记证书"，前后矛盾。

其次，法院在判决中对抵押物的称谓存在矛盾与冲突。在一些案件中，法院判决"土地承包经营权变卖或转包后所获价款优先清偿"。此时的抵押物并非土地承包经营权，而是承包地的经营权。抵押权人在实现抵押权时是处置承包土地的经营权，承包户与发包方的承包关系不变。但判决中的称谓是"变卖和转包土地承包经营权"，此种表达把土地承包经营权和土地经营权及其相对的流转方式混杂使用。一方面，与新承包法的规定存在冲突，新承包法规定"土地承包经营权"的流转方式为"转让与互换"，没有"变卖与转包"，而"土地经营权"才可以出租（转包）；另一方面，如果把"土地承包经营权"当作抵押物进行处置，则会造成承包关系的破坏，不仅违法，也与"稳定土地承包权"的政策精神不符。

最后，在一部分判决书中，还存在着一些抵押物的非规范性称谓。通过表9-1可以看出，即使是在2019年的判决书中，大部分的法官和当事人还是对于土地经营权的抵押物存在认知不清楚或者称谓使用错误的现象。在一定程度上体现出部分法官对土地经营权法律属性的认识存在模糊。

表9-1　　研究样本中法官对于抵押物称谓的使用分布　　（单位：次;%）

抵押物称谓	出现次数	出现次数占比	试点地区占比
土地经营权	223	67.3	45.7
土地承包经营权	74	22.4	25.7
土地承包经营收益权	6	1.8	33.3
土地承包流转经营权	4	1.2	0
土地流转经营权	15	4.5	28.6
土地使用权	9	2.7	25

数据来源：基于本章研究样本统计得来。

司法作为社会公平的最后一道保障，必须要严谨与公正，否则就会对社会造成不良的影响。抵押物标准称谓的使用不仅是裁判文书行文规范的问题，也体现了法官在该领域的专业程度。研究结果表明，法官对于土地经营权法律性质与抵押物定位的认知混乱，法官作为专业的法律人尚存在认知不清的状况，农民或者金融机构从业人员则更有可能对此理解不清，混乱的抵押物称谓可能会造成不必要的损失甚至纠纷。

（三）抵押权登记及登记机构混乱

新承包法中第四十七条规定了土地经营权的担保物权自融资担保合同生效时设立。当事人可以向登记机构申请登记，未经登记，不得对抗善意第三人，即抵押权的成立采用的是登记对抗模式。在实践中，抵押登记与未登记的情况同时存在。表9-2反映的是样本案例中抵押权的登记情况。

表9-2　　　　研究样本中抵押登记的情况　　　　（单位：件;%）

抵押登记情况	数量	比例	试点地区数量	比例
抵押登记	210	63.4	87	41.4
未抵押登记	102	30.8	51	50
未知	19	5.7	6	31.6

数据来源：基于本章研究样本统计得来。

在所研究的裁判案例中，大部分的案例无论是抵押权登记还是未登记，法院都对抵押权的成立予以支持。但是也有一小部分的法官认为，抵押权的成立以登记为前提。

表9-3为未登记抵押权法官裁判抵押权不成立的三份判决的情况统计。在这三份判决中，法官的判决与法条、其他类似案例出现了相互矛盾的地方。这三份判决书认为：抵押合同生效应以办理抵押登记为前提，而抵押合同的生效与否，又关系到了抵押权的成立。根据《物权法》第十五条的规定，物权的效力与合同的效力应区分对待，物权的变动自合同成立时生效，物权登记与否不影响合同效力。而此三份判决与法律规定是相违背的。

表9-3　　　　　　　　抵押未登记抵押权不成立的案件

案号	裁判要点	试点地区
（2019）川1621民初745号	双方未就土地经营权办理抵押登记，抵押权不成立	否
（2019）辽1224民初2048号	未办理抵押登记，抵押合同尚未生效，抵押不成立	是
（2019）辽1224民初1491号	未办理抵押登记，抵押合同尚未生效，抵押不成立	是

数据来源：基于本章研究样本统计得来。

关于抵押权登记的规定问题，2016年央行颁布的《暂行办法》第十四条规定的是借贷双方要按照试点地区的规定进行登记，而新承包法赋予了当事人以选择权。现在试点已经结束，央行发布的文件是否还对金融机构具有指导效力，关于登记的规定是依据当时的部门规章还是新承包法的规定是需要明确的问题。

抵押登记机构存在多头登记的情况。本书通过整理发现金融机构选择的土地经营权抵押登记机构并不统一，这无疑增加了第三方查询的难度，并且减弱了公示的效力。从实践中看，登记机构主要包括表9-4所列出的几类。

表9-4　　　　　金融机构选择的土地经营权抵押登记机构

登记机构名称	登记机构概况
不动产登记中心	国土局下属单位，主要负责不动产财产的登记、管理
农村经济管理中心	事业单位，隶属于政府，负责农村的经济管理工作
农业局	现称农业农村局，分管"三农"工作的政府工作机构
土地流转服务中心	隶属于农业局或者农村经管站，负责为土地流转提供平台服务工作
农村产权交易中心	政府设立的事业单位，负责提供农村产权交易的服务工作
乡政府	我国基层国家行政机关，全面负责乡镇、农村工作

（四）抵押权实现方式模糊

在整理的判决书中，几乎所有关于最后抵押权人的抵押权实现路径仅为通用性的宣告语言，缺乏具体可行的实施方法。其中，大多数是根据《物权法》第一百九十五条之规定，对抵押物进行拍卖或者变卖。例如，在"中国邮政储蓄银行股份有限公司西安市高陵区支行与李胜利、陈小利金融借款合同纠纷"一案中，法官对抵押物的处置方式的判决是"原告中国邮政储蓄银行股份有限公司西安市高陵区支行就被告李胜利、陈小利提供的他项权证号为高农土他项（2016）第5号的位于高陵区××村七、八组113.34亩农村土地经营权拍卖、变卖所得价款在被告李胜利、陈小利不能清偿的上述债务范围内享有优先受偿权"，而在"山东莘县农村商业银行股份有限公司董杜庄支行与董山停、董随生金融借款合同纠纷"一案中，判决就显得更加简单："原告山东莘县农村商业银行股份有限公司董杜庄支行对被告董山停、董随生抵押的承包土地经营权依法行使优先受偿权。"

在类似以上判决中对抵押物的处理方式与抵押权的实现方式并未进行专门阐述，仅以《物权法》中不动产抵押权实现的通用性语言描述，无法对抵押权人的利益充分保障。

（五）法官审理土地经营权抵押贷款案件时类案不类判

本书选取的样本是2019年的判决书，包括在2019年内立案、审判、审结的案件。鉴于从2019年1月1日起，土地经营权融资担保权

已经立法确认,所以理论上对于抵押权的确认标准应该比较统一。然而,在实践中仍有类案不类判的问题存在,举例如下:

第一,法官适用土地经营权抵押时的法律。例如,在"黑龙江方正农村商业银行股份有限公司与杨宪军金融借款合同纠纷[(2019)黑0124民初940号]"中,法官认为被告用土地承包经营权抵押时,我国法律禁止用耕地、宅基地、自留地、自留山等集体所有的土地使用权抵押,据此原告农商银行不得行使对抵押物的优先受偿权。本案2019年3月21日立案,2019年6月21日审结。原、被告签订抵押合同的时间是2014年1月,彼时土地经营权抵押试点的确尚未开始,如果严格按照法律,当时对于农地使用权的抵押确实是违法了法律的禁止性规定。并且,在本案中,抵押财产的用词几经改变。在原告诉称中,抵押财产是"土地承包经营权",在原告答辩提供的证据中,其提供的是"农村土地经营权抵押他项权登记证书",而原告在陈述事实和理由的时候,其用词又变成了"土地承包经营权"作抵押。在法院的"本院认为"部分,其用词也是"土地承包经营权"。值得注意的是,该院所在地方正县为国务院确定的试点地区之一。

虽然土地"土地承包经营权"和"土地经营权"只有两字之差,但是含义却不一样。前者是包含承包权的物权法明确规定的用益物权,具有一定的身份权属性,权利证书是红色的;而后者是市场化的权利,仅仅包含土地的使用权,没有成员权属性,证书是绿色的。前者在《物权法》没有修改的情况下,直至今天也是禁止抵押的。

第二,法官适用审判时的法律。在"依安县农村信用合作联社与乔凤玉金融借款合同纠纷[(2019)黑0223民初2399号]"中,法院适用了审判时的法律,承认了抵押权的成立。本案也是在2019年内立案、审结,但是诉讼双方签订抵押合同是在2013年12月,此时全国范围的试点尚未开始,人大还未授权调整《物权法》的部分条款效力,并且此案中的依安县还不属于试点地区。如果按照上文案件的法律适用方式进行审判,此处的抵押权应该是不成立的。在本案的担保财产用词中,也产生了一些混乱。原告提交的证据中有《农村土地经营权抵押登记证》，在"本院查明"部分，法院查明的被告贷款方式为：土地经营权抵押。而在后面的判决结果中，这样写道："被告乔凤玉在其抵押财产坐落于黑龙江省齐齐哈尔市依安县××××村（面积220亩）的农村土地承包经营权价值范围内承担抵押担保责任。"这明显与前面的"本院查明"和法律相悖。虽然是这样，但是金融机构的抵押权仍然被确认。这个判决结果与第一个判决明显存在矛盾。

第三节 土地经营权抵押担保问题的反思

裁判文书中显现出的土地经营权抵押担保的现实问题，主要原因在于以下几个方面。

一 农村土地制度公平与效率价值的冲突

目前，土地经营权抵押担保面临的问题，究其深层原因在于制度设计者对于农村土地制度公平与效率价值的权衡不定。立法机关在相当长的一段时间内对农民承包地的抵押权行使持一种否定的态度，即便现在允许土地经营权的抵押融资，亦有许多限制存在。这不仅仅是一个法理问题，而是跟我国农村土地制度的历史背景有关。

在我国，农村的社会保障体系处于相当不完备的状态，农村土地在长时间内扮演着一种兜底的角色。我国农村土地为集体所有，在承包地的流转被严格管制的背景下，农民在无外出从事非农工作的情况下还可以在农村满足其基本的生存需要。另外，从政治层面上来说，农村土地的稳定性与敏感性也体现在国家粮食安全的保障上。如果设定于耕地上的抵押权一旦实现，那么农民不仅会失去对土地的经营收益的权利（至少在流转期内），也可导致农村土地非农化、非粮化问题的产生，从而导致农村土地的社会保障功能被侵蚀。立法者的矛盾在于如何在实现农村土地制度为农民提供基本保障的同时，激励农民对承包的土地进行长期有效的投入，进而优化土地、人力资本、资本等要素的配置。我们欣喜地看到土地经营权及其融资功能的确认，促进了土地的流转，可以逐步产生规模经济，进而优化资源的配置。然而，在没有建立起完备的农村社会保障体系之前，农村土地的社会保障功能就不能完全丧失，因而立法者、司法者、执法者在制度设计和适用法律时出现犹疑，甚至偏颇。

二 立法中土地经营权的法律性质不明确

土地经营权抵押存在诸多问题的直接原因就是土地经营权的法律性质不明晰，土地经营权法律性质的不确定则进一步使得担保融资制度产生了不同实践效果。

立法者在设计土地经营权的制度时，一方面想要保护农村土地对于农民的基本保障利益，另一方面又试图激发土地经营权对资源配置的效率。于是，为了推进立法任务，在两难中对土地经营权定性的问题进行了妥协。妥协的结果是法条所体现的土地经营权既像物权，又像债权，或者将一部分物权和一部分债权的功能全部体现其中，造成了土地经营权法律性质的模糊不清。

首先，新承包法中部分法条体现了土地经营权的债权属性。比如，在第三十六条中，出租规定为土地经营权的产生方式；第四十三条、第四十六条以及第四十七条都规定了承包方具有"同意权"。土地经营权之受让方如需要投资改良土壤、土地经营权再流转、土地经营权担保融资时，都需要承包户的同意。这些规定实际上减弱了承包户的独立性，使土地经营权体现出强烈的债权属性。

其次，新承包法中部分法条体现了土地经营权的物权属性。比如，在第四十一条中，规定了流转时间五年以上土地经营权可以向土地登记机构申请登记，未经登记的，不得对抗善意第三人。此种登记并非一般行政法意义上的确权登记，而是一种具有物权效力的不动产登记。并且，从法条的措辞看，即便是土地经营权不登记，也是具有普遍的对抗第三人效力的，只不过不能对抗善意第三人，对抗能力有一定的差别。除此之外，新承包法第五十六条中规定：任何组织和个人侵害土地承包经营权和土地经营权的，都应承担侵权责任。此处法条将侵害土地经营权的后果纳入《侵权责任法》的保护范畴。物权是一种绝对权,债权是一种相对权。因为我国的《侵权责任法》只对绝对权进行保护,因而此条规定也暗含着土地经营权具有物权属性。

三 土地经营权抵押中对不同主体的利益保护失衡

抵押权的实现是抵押制度的核心问题,但是在目前的法律中针对土地经营权的抵押权实现未有明确之法律规定。由于农村土地的特殊性,具有市场与自然两种风险的存在,使得抵押权的实现不能按照一般不动产的法律规定进行套用,即不宜采取拍卖、变卖的方式进行规定。丁淑娟等(2017)认为抵押品的找寻及实现难易程度对意愿融资期限有显著的正向影响。[1] 抵押权的实现影响着农民融资的意愿。现行法律中只规定了土地抵押权可以进行抵押,而未详尽规定如何实现抵押权,不利于抵押权人的利益保护,进而可能导致对贷款人经营此类业务的激励不足。

在目前土地经营权的权利义务配置上,对于抵押人的限制较少,且其法律规定具有一种保护的倾向。承包地农户只需要满足完全民事行为能力、土地权属无争议、发包方备案制度等基本条件就可以申请贷款。而对于抵押权人来说,对于土地经营权流转的限制规定成为处置抵押物的一大障碍。《农村承包土地的经营权抵押贷款试点暂行办法》第二条明确规定了抵押权人目前只能是银行业金融机构。而银行业金融机构基于其性质与能力所限,不可能成为土地的实际经营权人,只能就流转价款优先受偿。但银行业金融机构在处理抵押物时又受到法律的种种限制。例如,抵押人在选择土地经营权的受让方时需要寻找具有农业经营能力或者资质的受让人;对流转土地的农业用途和生态环境要进行维持与保护;土地经营权的受让人将土地经营权进行抵押或者再流转还需要取得承包方的同意并向发包方备案。另外,我国目前还尚未建成健全的农村土地流转市场,这样就使得抵押权人手中的抵押财产的变现能力大

---

[1] 丁淑娟、陈宗义、陈祖胜等:《期限匹配、交易成本与农户意愿融资期限——来自山东省近万农户调研的证据》,《中国农村经济》2017年第11期。

幅下降，造成无法吸引优质的银行业金融机构进入该领域，从而影响土地经营权抵押融资的服务质量。

四 土地经营权抵押的配套制度不健全

土地经营权抵押制度的顺畅实现，首先要求在法律上有完善的顶层设计，然后同时也需要有相关的合理配套措施的跟进。相关的配套措施不健全，才导致了现实中困境重重。

首先，抵押物价值评估配套措施不健全。对土地经营权的价值估值分为两个阶段，第一是贷款申请之时，银行会对土地经营权的预期价值进行评估，确定合理的放贷金额。第二是在借款人违约之后，处理抵押物之前，要对土地经营权进行价值评估，确定合理的流转价格。银行业金融机构一般缺乏对土地经营权的价值评估能力，这就要依靠外部专业评估机构的介入。但是实际上并非所有的金融机构都会引入专业的土地价值评估机构，这就造成了在价值评估中的一些问题。例如，很多银行业金融机构利用申请贷款时的土地价值来衡量违约时的土地价值。而且，就算是第三方的评估机构，我国目前的发展水平也是良莠不齐。政府主导的评估机构往往存在专业能力不足、专业人才缺乏等问题。

其次，土地流转服务平台尚处于建设阶段。现阶段我国农业的发展形态还处于"小农经济"阶段，虽然机械化程度较以往有较大的提升，但是以家庭承包经营为主的经营模式没有改变。在这种土壤下，很难孕育出完善的土地产权流转市场。在本书所研究的判决案例中，有相当一部分是来源于黑龙江省，占比高达55%，这主要跟黑龙江的农业发展状况有关。黑龙江的土地承包经营权贷款开展较早，早在2008年，央行出台《关于加快推进农村金融产品和服务方式创新的意见》选中东北三省与中部六省作为试点省份。意见指出要创新土地经营权的担保形式，探索扩大担保物的范围。但是，在指导意见中没有具体说明如何创新担保方式，而是笼统性地进行了原则性的规定，这为各省的试点创新留下了空间。在意见中规定"各省选择2至3个有条件的县市进行试点"，这说明当时的试点范围与规模是比较小的。土地承包经营权贷款试点规模较大,在国务院发布"两权"抵押贷款指导意见之前,黑龙江的土地承包经营权抵押贷款就已经初具规模了。同时,作为传统的农业大省,黑龙江地多人少,适合规模化经营、合作化经营,省内相关政策支持到位,土地经营权业务开展的规模大也就不足为奇了。完善土地流转市场的过程中催生出许多土地经营权抵押贷款的制度问题。

第四节　完善土地经营权抵押问题的建议

一　明晰土地经营权的权利生成路径

即将实施的《民法典》没有单独明确规定土地经营权的性质。土地经营权权利生成路径应该是"土地所有权—土地承包经营权—土地经营权"。[①] 在新承包法中出现的"土地经营权"不应该是一种独立的权利,其权利的内涵应该与土地承包经营权一致。根据权利的生成法理,前一种权利派生出后一种权利之后,前一种权利的名称不会发生必然的变化,只是在前权利人行使权利时加之必要的限制即可。因此,土地承包经营权由土地所有权派生,而土地承包经营权派生出了市场化的土地经营权。在这种情况下,土地承包经营权人的权利不会必然剩下所谓的土地承包权,其对于土地的占有、使用转化为间接的占有、使用,而基于承包土地的收益权转化为对土地经营权人的流转价款的请求权。因此,土地经营权并非由土地承包经营权拆分而来,实际上是对土地承包经营权加以限定而产生的一种权利。

二　土地经营权的法律属性应为用益物权

土地经营权的物债之争在学界其实已经由来已久,因为对其权利性质的界定结果会直接导致融资担保形式以及其他相关配套法律的修订,所以对于此问题的讨论一直是学界热点。关于学术上的物债之争的讨论各有其合理之处,因此在这种情况下参考实践中的具体做法可能会更有

---

① 刘云生:《土地经营权的生成路径与法权表达》,《法学论坛》2019年第5期。

价值。在研究的 331 份样本中，约有 99% 的融资担保形式采用了抵押这一形式，且基本上都被法院所确认；而采用质押这一担保形式的案件中，所涉及的担保物权都被法院所否定。与其说这是金融机构、借款人和法院的无奈之举不如说是这些主体的策略性选择。

因为将土地经营权定位于用益物权有利于促进"三权分置"的政策目标实现，可以达到稳定土地经营权人的经营信心以及保证其合法权益的效果。随着城镇化、农业规模化和集约化的发展，越来越多的家庭农场和农业合作社如雨后春笋般出现，传统的小农经济正在向集约的现代农业演进。但是由于我国的国情所限，农村的土地所有权属于集体，使用权属于农户，针对新型经营主体对土地的大量需求，不可能通过土地所有权转让的方式来实现，并且土地承包经营权的转让只针对集体经济组织内的成员，这肯定是不能完全满足目前的经营需要，因此完全市场化的"土地经营权"应运而生。

农业是一个需要长期投入的行业，因此将土地经营权定性为用益物权有利于稳定土地经营权人的经营信心，有利于扩大投资规模，易于针对土地经营权设定抵押权以求融资。所以，在日后的法律修改当中将土地经营权定性为用益物权无疑为妥当之举。

三 完善抵押权实现方式的同时引入强制管理制度

我国法律对于土地经营权抵押的具体实现方式没有明确的规定，现行《物权法》的第一百九十五条是处理抵押物的一般性规定，只是给当事人提供一种参考，实际上不具有强制性，因此各地基于当地情况进行了许多处置办法上的创新。在《农村承包土地的经营权抵押贷款试点暂行办法》的第十五条中，人民银行规定了几种抵押物的处置办法以供银行业金融机构参考。

除了常规的转让土地经营权的抵押权实现方式，还可以采取"强制管理"的制度达到实现抵押权的效果。[1] 强制管理是一种收益执行

---

[1] 高圣平：《农地金融化的法律困境及出路》，《中国社会科学》2014 年第 8 期。

制度，其执行的标的并非土地经营权本身，而是其收益。换句话说，土地经营权仍为债务人享有，但在强制管理模式下，债务人享有的模式为间接享有，一旦债务还清，土地经营权又复为债务人直接享有。强制管理模式的优势是尽可能地在维护抵押权人的利益的情况下维持土地经营权的稳定。具体而言，在通过拍卖、变卖、土地产权中心流转等一般方式寻找受让人失败时，抵押权人可以向人民法院起诉，由人民法院指定符合条件的受托人经营抵押土地，以其取得的经营收益作为偿债来源。具体而言，实现土地经营权的强制管理，需要满足以下条件与特征：

第一，强制管理关系实际上是土地信托关系。[1] 土地新的经营权人相当于是受托人，由执行机关指定，而非由债务人委托。信托关系的受益人是抵押权人，在土地承包经营权抵押贷款关系中即银行业金融机构。强制管理的标的是土地的经营和收益权能，并非土地承包经营权，土地的承包权仍然属于债务人。

第二，强制管理不同于一般的土地流转，它是由法院裁判以后基于非自愿行为形成。正常的土地流转是基于当事人意思的自愿行为，而强制管理下的原土地经营权人与新土地管理人之间的关系是一种非自愿的信托关系，这是公权力介入之后形成的一种关系。土地经营后所获取的收益要根据法院的裁判结果进行分配，而非基于当事人的意思自治。在这个强制管理关系中，法院并非土地信托关系的当事人。

第三，受托人应该具有一定的准入条件。新的土地经营人的主体可以是多种多样的，如专业的土地信托机构、农业合作社、农业经营企业、农业经营大户、农村集体经济组织，其应该具有优秀的农业经营能力、能够在所受托的土地上制造一定的经济效益来满足偿债的需要的能力。其次，土地经营权的受托人亦应该具有良好的信誉。

第四，明确界定土地信托关系当中的受益人。在强制管理模式下的

---

[1] 刘福临：《"三权分置"下我国农村土地信托法律问题研究》，硕士学位论文，华中农业大学，2019年。

土地信托关系中,受益人可能不止一个,明确其中的受益人对于提高各方的积极性,圆满地实现抵押权的目标具有重要意义。首先,土地经营权的受托人有权获得一定的报酬,并且这部分报酬应首先从土地经营收益中扣除。其次,抵押权人作为受益人。强制管理的目的是实现抵押权,所以银行自然是土地信托关系的受益人之一,但是需要注意的是银行的收益具有有限性,以债权金额为限。最后,债务人从某种情况下来说也是受益人。当债权债务关系消失时,经营土地的剩余收益理应由债务人所享有。

强制管理制度虽然在目前的国情下具有一定的优势,但是基于民事法律关系的自治性,需要经抵押权人起诉和法院判决之后才能启动。若无须强制管理制度抵押权人就能实现抵押权,则法院不可以主动介入。换言之,强制管理制度是实现抵押权的兜底性制度。

四 完善土地经营权抵押融资流转的配套制度

(一) 明确与统一土地经营权抵押的登记机构

登记作为不动产产权交易的重要组成部分,对产权抵押、流转具有重要意义。尽管法律并未强制规定以土地经营权设立的抵押贷款需要登记,但是从实践层面看,银行业金融机构与借款人签订贷款合同时,大多数都采取了抵押登记措施。抵押登记机构管理不健全,不利于抵押权的公示公信,亦会加重当事人的负担,因此,应该尽快明确土地经营权的抵押登记机构的资质,规范登记机构的行为。

目前来看,我国《担保法》第四十二条第一款规定了土地使用权证的发证部门。[1] 同时,《中华人民共和国农村土地承包经营权证管理办法》第四条规定了土地承包经营权证的发证与登记工作细则。[2] 根据

---

[1] "以无地上定着物的土地使用权抵押的,为核发土地使用权证书的土地管理部门。"
[2] "实行家庭承包经营的承包方,由县级以上地方人民政府颁发农村土地承包经营权证。实行其他方式承包经营的承包方,经依法登记,由县级以上地方人民政府颁发农村土地承包经营权证。县级以上地方人民政府农业行政主管部门负责农村土地承包经营权证的备案、登记、发放等具体工作。"

以上法条以及农村土地承包经营权证样本,我们可以知道土地使用权证书的核发部门为县级以上地方人民政府农业行政主管部门,在实践中往往是县级农村经济管理局负责。在实际操作中,县级农村经管局应利用大数据技术,建立统一的、可查询的登记库,为方便当事人登记,可以将登记工作授权给下一级经管站,符合条件的土地流转、产权交易中心等机构代为办理,数据要保持一致,做到在任意指定机构可登记、可查询。

(二) 完善风险补偿机制、创新担保模式

为了更好地推动农村土地经营权抵押业务的开展,激活土地的财产属性,有必要建立农村金融风险补偿机制,对借款人或者银行进行一定程度的风险补贴,提高其参与的积极性。同时,强化农村社会兜底保障制度,保障失去土地经营权的农户的基本生活需要。

具体而言,可以建立由政府主导的风险补偿基金,对于金融机构开展土地经营权贷款产生的坏账予以一定比例的补偿。在实践中已经有许多地方采取了此措施,如在重庆,当贷款人出现坏账时,银行和政府按比例承担损失。具体而言,银行承担65%,市级财政承担20%,县级财政承担15%。各地的比例可以根据各地的经济发展水平与财政能力进行制定。同时,完善风险防控还可以采取引进第三方担保公司、反担保,增加人保与物保相结合的方式来降低金融机构所承担的风险。此外,为保证土地流转后的农业用途和维护生态环境,可以"设立土地流转补贴,实施与效率挂钩的粮食适度规模经营补贴"和"与生态和环保指标挂钩的奖励性补贴",降低流转成本,提升土地经营权的实现效能,从而提高土地经营权作为抵押品的价值。[①]

农村土地问题之所以引人关注与思考,是因为其顶层设计的变动会实实在在地影响到亿万中国农民,进而关乎每一个人的切身利益。中国经济发展的一个重要原因在于农村土地制度的创新,土地承包经营权使

---

① 乔翠霞:《可持续发展背景下我国农业补贴社会绩效研究》,中国社会科学出版社2017年版,第244页。

得农户从集体劳动中解放出来,中国工业化的发展有了充足的劳动力。土地经营权制度的创新又赋予了农民更多的财产性权利与融资渠道,对于农业集约化发展、农民摆脱贫困、我国粮食安全,甚至是"两个一百年"目标的实现都具有重大意义。

现阶段农村土地经营权的抵押融资功能虽然得到了法律的确认,但是仍然面临着一些需要解决的问题。首先,应该解决的是土地经营权的法律定性问题,将土地经营权的法律性质、产生路径、权能等方面做系统修订,让土地经营权的规则设计融入中国民法体系,做到与民法典的有机衔接。其次,在土地经营权抵押贷款的抵押权实现程序方面,应尊重各地的制度创新,积极探索行之有效的抵押物处置方式,做到稳定土地承包关系的同时,维护银行业金融机构的合法权益。中国农村土地问题的改革与完善,需要兼顾农民、金融机构等各方利益,更要结合我国经济、社会、法治的具体国情,破除体制机制障碍,共同推进,才能让制度设计发挥最大的作用。

参考文献

中文专著

陈尧：《新时期农村土地问题的分析与研究》，辽海出版社 2019 年版。

国家法官学院案例开发研究中心：《中国法院 2019 年度案例土地纠纷》，中国法制出版社 2019 年版。

韩世远：《合同法总论》，法律出版社 2008 年版。

梁慧星、陈华彬：《物权法》，法律出版社 2015 年版。

林乐芬等：《农村土地经营权抵押贷款金融创新机制与绩效研究》，中国农业出版社 2019 年版。

乔翠霞：《可持续发展背景下我国农业补贴社会绩效研究》，中国社会科学出版社 2017 年版。

钱弘道：《经济分析法学》，法律出版社 2005 年版。

钱弘道：《法律的经济分析》，清华大学出版社 2006 年版。

曲振涛：《我国"公司法"的经济学分析》，中国财政经济出版社 2004 年版。

苏艳英：《三权分置下农地权利体系构建研究》，知识产权出版社 2019 年版。

汤维建：《美国民事诉讼规则》，中国检察出版社 2003 年版。

唐应茂：《法院执行为什么难——转型国家中的政府、市场与法院》，北京大学出版社 2009 年版。

魏建：《法经济学：分析基础与分析范式》，人民出版社 2007 年版。

魏建、黄立君、李振宇：《法经济学：基础与比较》，人民出版社 2004

年版。

魏建、周林彬:《法经济学》,中国人民大学出版社 2008 年版。

姚明斌:《违约金论》,中国法制出版社 2018 年版。

朱庆、汪莉、尤佳:《承包土地经营权与农房抵押登记问题研究》,法律出版社 2019 年版。

左卫民:《中国法律实证研究》,法律出版社 2017 年版。

中文译著

[美] 埃里克·A. 波斯纳:《法律与社会规范》,沈明译,中国政法大学出版社 2004 年版。

[美] 圭多·卡拉布雷西:《法和经济学的未来》,郑戈译,中国政法大学出版社 2019 年版。

[美] 赫伯特·A. 西蒙:《管理行为》,詹正茂译,机械工业出版社 2014 年版。

[美] 李·爱泼斯坦、威廉·M. 兰德斯、理查德·A. 波斯纳:《法官如何行为:理性选择的理论和经验研究》,[美] 黄韬译,法律出版社 2017 年版。

[美] 理查德·A. 波斯纳:《法官如何思考》,苏力译,北京大学出版社 2008 年版。

[美] 理查德·A. 波斯纳:《法律的经济分析(上)》,蒋兆康译,中国大百科全书出版社 1997 年版。

[美] 罗伯特·考特、托马斯·尤伦:《法和经济学》(第六版),史晋川译,格致出版社 2012 年版。

[美] 罗伯特·考特、托马斯·尤伦:《法和经济学》,张军等译,上海三联书店、上海人民出版社 1995 年版。

中文期刊

艾佳慧:《当法律经济学"遭遇"中国问题》,《南京大学学报》(哲学·人文科学·社会科学版) 2013 年第 3 期。

艾佳慧：《"禁"还是"不禁"，这是个问题——关于"禁放令"的法律经济学分析》，《中外法学》2007年第5期。

艾佳慧：《科斯与波斯纳：道不同，不相为谋？》，《法律和社会科学》2013年第2期。

艾佳慧：《司法知识与法官流动——一种基于实证的分析》，《法制与社会发展》2006年第4期。

艾佳慧：《制度环境、诉讼策略与民事上诉率变迁——理论模型与初步检验》，《法制与社会发展》2017年第5期。

白建军：《从中国犯罪率数据看罪因、罪行与刑罚的关系》，《中国社会科学》2010年第2期。

白建军：《基于法官集体经验的量刑预测研究》，《法学研究》2016年第6期。

白建军：《死刑适用实证研究》，《中国社会科学》2006年第5期。

白建军：《中国民众刑法偏好研究》，《中国社会科学》2017年第1期。

柏花、李燕凌：《中国法学研究中的实证分析法应用述评》，《湖南农业大学学报》（社会科学版）2015年第1期。

蔡立东：《股权让与担保纠纷裁判逻辑的实证研究》，《中国法学》2018年第6期。

蔡立东、姜楠：《承包权与经营权分置的法构造》，《法学研究》2015年第3期。

蔡立东、姜楠：《农地三权分置的法实现》，《中国社会科学》2017年第5期。

曹志勋：《论指导性案例的"参照"效力及其裁判技术——基于对已公布的42个民事指导性案例的实质分析》，《比较法研究》2016年第6期。

曹子东：《关于广东省南海、顺德两县推行治安承包责任制的调查报告》，《中国法学》1985年第1期。

常延龙、刘一鸣：《政府行政级别、司法干预能力和法院判决——来自行政案件判决书的证据》，《广东财经大学学报》2018年第2期。

常延龙、龙小宁、孟磊：《异地审理、司法独立性与法官裁决——基于广东省江门市司法制度改革的实证研究》，《经济学（季刊）》2020年第1期。

陈柏峰：《法律实证研究的兴起与分化》，《中国法学》2018年第3期。

陈岱孙：《现代西方经济学的研究和我国社会主义经济现代化》，《北京大学学报》（哲学社会科学版）1983年第3期。

陈刚、李树、陈屹立：《人口流动对犯罪率的影响研究》，《中国人口科学》2009年第4期。

陈刚、李树：《司法独立与市场分割——以法官异地交流为实验的研究》，《经济研究》2013年第9期。

陈瑞华、朱红梅、洪湖等：《人民法院办案成本研究——以构建办案成本分析模式为切入点》，《法律适用》2018年第13期。

陈思融：《论行政诉讼补救判决的适用——基于104份行政裁判文书的统计分析》，《中国法学》2015年第2期。

陈小君：《我国农村土地法律制度变革的思路与框架——十八届三中全会〈决定〉相关内容解读》，《法学研究》2014年第4期。

陈屹立：《严打政策的政治经济学分析》，《法制与社会发展》2012年第2期。

陈禹衡：《"控制""获取"还是"破坏"——流量劫持的罪名辨析》，《西北民族大学学报》（哲学社会科学版）2019年第6期。

陈运生：《规范性文件附带审查的启动要件——基于1738份裁判文书样本的实证考察》，《法学》2019年第11期。

陈运生：《行政规范性文件的司法审查标准——基于538份裁判文书的实证分析》，《浙江社会科学》2018年第2期。

陈志鑫：《"双层社会"背景下侵犯著作权罪定罪量刑标准新构——基于306份刑事判决书的实证分析》，《政治与法律》2015年第11期。

程金华：《当代中国的法律实证研究》，《中国法学》2015年第6期。

程金华：《迈向科学的法律实证研究》，《清华法学》2018年第4期。

程莹：《研究型大学开展学科交叉研究的问题、模式与建议》，《科学学与科学技术管理》2003年第11期。

褚红丽、孙圣民、魏建：《职务级别、法律制度设计与腐败惩罚扭曲》，《经济学（季刊）》2018年第3期。

褚红丽、魏建：《腐败惩罚的边际递减及地区差异：基于腐败金额的实证分析》，《广东财经大学学报》2016年第3期。

褚红丽、魏建：《刑期与财产双重约束下的腐败惩罚——2015年刑法修改的实证分析》，《社会科学战线》2018年第1期。

崔建远：《不可抗力条款及其解释》，《环球法律评论》2019年第1期。

崔永东、李振勇：《司法改革与司法公开、司法公信》，《江西社会科学》2015年第10期。

单平基：《土地经营权融资担保的法实现——以〈农村土地承包法〉为中心》，《江西社会科学》2020年第2期。

道格拉斯·G.贝尔德、吴晓露：《法经济学的展望与未来》，《经济社会体制比较》2003年第4期。

邓炜辉：《行政批示可诉性：司法图景与标准判定——基于我国法院相关裁判文书的规范考察》，《政治与法律》2019年第1期。

狄亚娜、宋宗宇：《宅基地使用权的现实困境与制度变革——基于三省（市）法院2004—2013年428件裁判文书的数据分析》，《农村经济》2016年第5期。

丁关良：《土地承包经营权上设定土地经营权的若干问题思考和质疑》，《天津商业大学学报》2019年第3期。

丁淑娟、陈宗义、陈祖胜等：《期限匹配、交易成本与农户意愿融资期限——来自山东省近万农户调研的证据》，《中国农村经济》2017年第11期。

丁文：《论土地承包权与土地承包经营权的分离》，《中国法学》2015年第3期。

丁以升、张玉堂：《法律经济学中的个人主义和主观主义——方法论视角的解读和反思》，《法学研究》2003年第6期。

董雪兵、朱慧：《计算机软件版权保护与专利保护的比较研究》，《制度经济学研究》2004年第3期。

房广亮:《利益衡量方法的司法适用思考——基于274份裁判文书的考察》,《理论探索》2016年第3期。

房绍坤、林广会:《解释论视角下的土地经营权融资担保》,《吉林大学社会科学学报》2020年第1期。

房绍坤:《〈农村土地承包法修正案〉的缺陷及其改进》,《法学论坛》2019年第5期。

冯健鹏:《我国司法判决中的宪法援引及其功能——基于已公开判决文书的实证研究》,《法学研究》2017年第3期。

冯玉军:《法经济学范式的知识基础研究》,《中国人民大学学报》2005年第4期。

冯玉军:《法经济学范式研究及其理论阐释》,《法制与社会发展》2004年第1期。

冯玉军:《法律的交易成本分析》,《法制与社会发展》2001年第6期。

冯玉军、方鹏:《〈劳动合同法〉的不足与完善——〈劳动合同法〉在中小企业适用的法经济学分析》,《法学杂志》2012年第2期。

冯玉军:《〈兰州市禁止燃放烟花爆竹的规定〉的成本效益分析》,《发展》1998年第8期。

冯玉军:《论当代美国法经济学的理论流派——以学术传统为视角》,《浙江工商大学学报》2014年第4期。

冯玉军:《权力、权利和利益的博弈——我国当前城市房屋拆迁问题的法律与经济分析》,《中国法学》2007年第4期。

冯玉军:《中国法律规范体系与立法效果评估》,《中国社会科学》2017年第12期。

高飞:《进城落户农户承包地处理之困境与出路》,《法学论坛》2019年第5期。

高飞:《农村土地"三权分置"的法理阐释与制度意蕴》,《法学研究》2016年第3期。

高丰美、丁广宇:《合同解除权行使"合理期限"之司法认定——基于

36 份裁判文书的分析》,《法律适用》2019 年第 22 期。

高海:《论农用地"三权分置"中经营权的法律性质》,《法学家》2016 年第 4 期。

高鹏芳:《"三权分置"背景下林地经营权法律适用问题研究》,《北京林业大学学报》(社会科学版) 2019 年第 4 期。

高圣平:《农村土地承包法修改后的承包地法权配置》,《法学研究》2019 年第 5 期。

高圣平:《农地金融化的法律困境及出路》,《中国社会科学》2014 年第 8 期。

高圣平:《土地承包经营权制度与民法典物权编编纂——评〈民法典物权编(草案二次审议稿)〉》,《法商研究》2019 年第 6 期。

高小刚、谷昔伟:《"三权分置"中农地经营权融资担保功能之实现路径——基于新修订〈农村土地承包法〉的分析》,《苏州大学学报》(哲学社会科学版) 2019 年第 4 期。

高小珺、孙长江、王卫波:《农村民间借贷纠纷探源——基于农村民间借贷纠纷案由裁判文书的数据分析》,《农业经济》2016 年第 8 期。

顾培东:《判例自发性运用现象的生成与效应》,《法学研究》2018 年第 2 期。

顾培东:《效益:当代法律的一个基本价值目标——兼评西方法律经济学》,《中国法学》1992 年第 1 期。

郭文利:《我国涉外民商事审判存在问题实证分析——以 757 份裁判文书为依据》,《时代法学》2010 年第 5 期。

何家弘、何然:《刑事错案中的证据问题——实证研究与经济分析》,《政法论坛》2008 年第 2 期。

胡昌明:《被告人身份差异对量刑的影响:基于 1060 份刑事判决的实证分析》,《清华法学》2018 年第 4 期。

胡昌明:《中国基层法院司法满意度考察——以民事裁判文书为对象的实证分析》,《山东大学学报》(哲学社会科学版) 2018 年第 5 期。

胡铭:《电子数据在刑事证据体系中的定位与审查判断规则——基于网

络假货犯罪案件裁判文书的分析》,《法学研究》2019 年第 2 期。

胡铭:《审判中心、庭审实质化与刑事司法改革——基于庭审实录和裁判文书的实证研究》,《法学家》2016 年第 4 期。

胡铭、自正法:《司法透明指数:理论、局限与完善——以浙江省的实践为例》,《浙江大学学报》(人文社会科学版) 2015 年第 6 期。

胡平仁、蔡要通:《部门法学领域的法律实证研究——基于文章和课题统计数据的实证分析》,《学术论坛》2017 年第 6 期。

胡若溟:《国家法与村民自治规范的冲突与调适——基于 83 份援引村民自治规范的裁判文书的实证分析》,《社会主义研究》2018 年第 3 期。

黄辉:《公司资本制度改革的正当性:基于债权人保护功能的法经济学分析》,《中国法学》2015 年第 6 期。

黄立君、杨芳:《3Q 之争:监管失灵与法律缺失情境下的企业行为选择》,《广东商学院学报》2011 年第 5 期。

黄立君:《中国法经济学发展概览》,《山东社会科学》2018 年第 10 期。

黄启辉:《行政诉讼一审审判状况研究——基于对 40 家法院 2767 份裁判文书的统计分析》,《清华法学》2013 年第 4 期。

黄少安、陈斌开、刘姿彤:《"租税替代"、财政收入与政府的房地产政策》,《经济研究》2012 年第 8 期。

黄少安、宫明波:《价格听证会的效率分析——以中国首次铁路客运价格听证会为例》,《消费经济》2002 年第 4 期。

黄少安:《交易费用理论的主要缺陷分析(上)》,《学习与探索》1996 年第 4 期。

黄少安:《交易费用理论的主要缺陷分析(下)》,《学习与探索》1996 年第 5 期。

黄少安、刘明宇:《公平与效率的冲突:承包制的困境与出路——〈农村土地承包法〉的法经济学解释》,《经济社会体制比较》2008 年第 2 期。

黄少安、刘明宇:《农地产权冲突、经济绩效与土地制度创新差异化原则——〈农村土地承包法〉的法与经济学分析》,《财经问题研究》

2008年第4期。

黄少安、王安:《对拾遗者定罪及其权利主张的法经济学分析》,《学术月刊》2010年第11期。

黄少安、阎晓莹:《供需双方信息不完全、交易费用差异与火车票市场扭曲——对"倒票"行为的交易费用分析》,《经济理论与经济管理》2018年第8期。

黄韬:《为什么法院不那么重要——中国证券市场的一个观察》,《法律和社会科学》2012年第1期。

黄文平:《法制转型、不平等与中国的经济增长——1952—2003中国法院诉讼的实证研究》,《当代经济科学》2007年第4期。

黄学贤、刘益浒:《权力清单法律属性探究——基于437份裁判文书的实证分析》,《法治研究》2019年第1期。

江平:《经济学的法律眼镜》,《法人杂志》2004年第5期。

江晓华:《农村集体经济组织成员资格的司法认定——基于372份裁判文书的整理与研究》,《中国农村观察》2017年第6期。

姜楠:《土地经营权的性质认定及其体系效应——以民法典编纂与〈农村土地承包法〉的修订为背景》,《当代法学》2019年第6期。

蒋大兴:《"法官言说":问题意识、特殊知识与解释技艺》,《法学研究》2011年第6期。

蒋惠岭:《"裁判文书上网"中寄托的司法期待》,《中国党政干部论坛》2013年第8期。

蒋兆康、田培炎:《作为一种法哲学的法律经济学——它的历史、基础和方法》,《中外法学》1992年第1期。

金海军:《我国知识产权经典案例统计分析——以〈最高人民法院公报〉(1985—2014)为据》,《知识产权》2015年第6期。

晋海、王颖芳:《污染环境罪实证研究——以中国裁判文书网198份污染环境罪裁判文书为样本》,《吉首大学学报》(社会科学版)2015年第4期。

李本森:《刑事速裁程序试点实效检验——基于12666份速裁案件裁判

文书的实证分析》,《法学研究》2017 年第 5 期。

李昌超、詹亮:《行政案例指导制度之困局及其破解——以最高法院公布的 11 个行政指导性案例为分析样本》,《理论月刊》2018 年第 7 期。

李长健、蒋诗媛、陈志科:《基于利益视角的小产权房中的博弈问题研究》,《华北电力大学学报》(社会科学版) 2008 年第 5 期。

李广德:《农地流转纠纷的类型构造与司法治理——基于承包经营权纠纷案件的实证展开》,《山东社会科学》2017 年第 4 期。

李国强:《论农地流转中"三权分置"的法律关系》,《法律科学》(西北政法大学学报) 2015 年第 6 期。

李辉:《腐败的两幅面孔:基于 7000 个司法裁判文书数据的描述分析》,《理论与改革》2017 年第 5 期。

李荣珍:《中国司法信息公开:实践、问题与对策》,《兰州学刊》2018 年第 1 期。

李睿鉴、陈若英:《对私募投资中"对赌协议"的法经济学思考——兼评我国首例司法判决》,《广东商学院学报》2012 年第 6 期。

李胜兰、冯玉军:《法律经济学方法论研究》,《兰州学刊》1996 年第 3 期。

李树:《行为法经济学的勃兴与法经济学的发展》,《社会科学战线》2008 年第 9 期。

李帅:《个人信息公法保护机制的现存问题及完善对策——基于 295 份行政判决书的定量研究》,《浙江社会科学》2018 年第 8 期。

李兴宇:《论农村土地经营权的权利塑造——以〈农村土地承包法〉的修改为中心》,《中国不动产法研究》2019 年第 1 期。

李拥军、周芳芳:《我国判决说理激励机制适用问题之探讨》,《法制与社会发展》2018 年第 3 期。

李永升、胡冬阳:《P2P 网络借贷的刑法规制问题研究——以我国近三年的裁判文书为研究样本》,《政治与法律》2016 年第 5 期。

李振贤:《我国司法判例研究状况的实证分析——以 211 篇学术论文为

样本》，《甘肃政法学院学报》2018年第4期。

李振宇、黄少安：《制度失灵与技术创新——农民焚烧秸秆的经济学分析》，《中国农村观察》2002年第5期。

梁成、韩小雨：《学生伤害事故案件司法诉讼现状及特征分析——基于517份民事判决文书的实证研究》，《教育学报》2018年第4期。

梁平、陈焘：《司法权力去行政化改革——基于H省某中院案件评查纠错与动态式主审法官负责制的调研》，《河北法学》2015年第10期。

廖永安、王聪：《路径与目标：社会主义核心价值观如何融入司法——基于352份裁判文书的实证分析》，《新疆师范大学学报》（哲学社会科学版）2019年第1期。

林虎：《"三权分置"背景下农村土地经营权融资担保面临的问题与对策》，《青岛农业大学学报》（社会科学版）2019年第4期。

林少伟、林斯韦：《中国商法学实证研究测评——基于2000年至2015年的法学核心期刊论文》，《法学》2018年第1期。

林遥：《民商事类型化案件要素式审判机制研究——以C市法院民事庭审优质化改革情况为样本分析》，《法律适用》2018年第15期。

林一民、林巧文、关旭：《我国农地经营权抵押的现实困境与制度创新》，《改革》2020年第1期。

刘大洪：《反垄断法的法经济学分析》，《华中师范大学学报》（人文社会科学版）1998年第4期。

刘大洪：《论经济法成本》，《经济评论》1999年第3期。

刘孔中、张浩然：《最高人民法院知识产权法见解及其作成方式的评价与反思》，《知识产权》2018年第5期。

刘锐：《〈民法典（草案）〉的土地经营权规定应实质性修改》，《行政管理改革》2020年第2期。

刘维：《我国注册驰名商标反淡化制度的理论反思——以2009年以来的35份裁判文书为样本》，《知识产权》2015年第9期。

刘云生：《土地经营权的生成路径与法权表达》，《法学论坛》2019年第5期。

龙卫球：《民法典物权编"三权分置"规范的体系设置和适用》，《比较法研究》2019 年第 6 期。

龙小宁、黄小勇：《公平竞争与投资增长》，《经济研究》2016 年第 7 期。

龙小宁、林菡馨：《专利执行保险的创新激励效应》，《中国工业经济》2018 年第 3 期。

龙小宁、王俊：《法治与改革——基于中国法院系统的历史与实证研究》，《经济社会体制比较》2016 年第 1 期。

龙小宁、王俊：《中国司法地方保护主义：基于知识产权案例的研究》，《中国经济问题》2014 年第 3 期。

卢建平、苗淼：《刑罚资源的有效配置——刑罚的经济分析》，《法学研究》1997 年第 2 期。

吕忠梅：《环境行政司法：问题与对策——以实证分析为视角》，《法律适用》2014 年第 4 期。

梅锦、徐玉生：《中国腐败犯罪状况的实证研究——以新型客观测量模式的引入为研究视角》，《北京理工大学学报》（社会科学版）2018 年第 1 期。

蒙柳、帅青：《"三权分置"下土地经营权抵押的法律困境与出路》，《社会科学动态》2019 年第 10 期。

孟融：《中国法院如何通过司法裁判执行公共政策——以法院贯彻"社会主义核心价值观"的案例为分析对象》，《法学评论》2018 年第 3 期。

苗妙、魏建：《知识产权行政执法偏好与企业创新激励——基于转型期"大调解"机制政策效果的分析》，《产业经济研究》2014 年第 6 期。

倪继信、任祖耀：《法经济学研究对象初探》，《现代法学》1983 年第 3 期。

宁静波：《法官与法院的产出效率：问题与对策——基于基层法院的实证分析》，《山东师范大学学报》（人文社会科学版）2013 年第 3 期。

宁静波：《基层法院法官激励因素与激励效果的实证研究——以 S 省部

分基层法官为例》,《山东大学学报》(哲学社会科学版) 2020 年第 5 期。

潘越、潘健平、戴亦一:《专利侵权诉讼与企业创新》,《金融研究》 2016 年第 8 期。

彭中礼:《司法判决中的指导性案例》,《中国法学》 2017 年第 6 期。

亓培冰、史智军:《京津冀协同发展背景下残疾赔偿金的裁判差异与趋同化研究——以京津冀三地样本法院的公开裁判文书为分析视角》,《法律适用》 2018 年第 3 期。

钱弘道:《法律经济学的理论基础》,《法学研究》 2002 年第 4 期。

钱弘道:《生态环境保护的经济分析》,《政法论坛》 2003 年第 4 期。

钱弘道、肖建飞:《论司法公开的价值取向——对〈人民法院报〉409 篇报道及评论的分析》,《法律科学》(西北政法大学学报) 2018 年第 4 期。

乔仕彤、毛文峥:《行政征收的司法控制之道:基于各高级法院裁判文书的分析》,《清华法学》 2018 年第 4 期。

曲振涛:《论法经济学的发展、逻辑基础及其基本理论》,《经济研究》 2005 年第 9 期。

冉昊:《反思财产法制建设中的"事前研究"方法》,《法学研究》 2016 年第 2 期。

阮致远:《"三权分置"背景下土地经营权的立法规制——以民法典的编纂为视角》,《湖南科技学院学报》 2019 年第 7 期。

桑本谦:《从经济学视角看非法获得证据的可采性问题》,《山东社会科学》 2003 年第 3 期。

桑本谦:《法律经济学视野中的赠与承诺——重解〈合同法〉第 186 条》,《法律科学》(西北政法大学学报) 2014 年第 4 期。

桑本谦:《法律控制的成本分析——以对通奸和黄色短信的法律控制为例》,《现代法学》 2007 年第 5 期。

桑本谦:《民间的社会保障——对山东农村互助合作规范的经济分析》,《山东大学学报》(哲学社会科学版) 2006 年第 2 期。

桑本谦：《疑案判决的经济学原则分析》，《中国社会科学》2008 年第 4 期。

沈满洪：《区域水权的初始分配——以黑河流域"均水制"为例》，《制度经济学研究》2004 年第 3 期。

沈满洪：《水权交易与政府创新——以东阳、义乌水权交易案为例》，《管理世界》2005 年第 6 期。

沈宗灵：《论波斯纳的经济分析法学》，《中国法学》1990 年第 3 期。

石冠彬：《民法典合同编违约金调减制度的立法完善——以裁判立场的考察为基础》，《法学论坛》2019 年第 6 期。

石冠彬、魏沁怡、单平基等：《民法典（草案）物权编修改笔谈》，《法治研究》2020 年第 1 期。

史晋川：《法律经济学：回顾与展望》，《浙江社会科学》2001 年第 2 期。

史晋川：《计算机软件盗窃案中厂商收益损失确定的经济学分析》，《经济研究》1996 年第 11 期。

史晋川、汪晓辉、吴晓露：《产品侵权下的法律制度与声誉成本权衡——一个微观模型补充》，《经济研究》2015 年第 9 期。

史晋川、汪晓辉、吴晓露：《缺陷监管下的最低质量标准与食品安全——基于垂直差异理论的分析》，《社会科学战线》2014 年第 11 期。

史晋川、吴晓露：《产品责任制度建立的经济学分析——对"三菱帕杰罗事件"的思考》，《经济研究》2002 年第 4 期。

史晋川、吴晓露：《法经济学：法学和经济学半个世纪的学科交叉和融合发展》，《财经研究》2016 年第 10 期。

史晋川、吴兴杰：《我国地区收入差距、流动人口与刑事犯罪率的实证研究》，《浙江大学学报》（人文社会科学版）2010 年第 1 期。

史晋川、姚如青：《所有权与先占行为的挂钩和脱钩——塔里木河流域水资源利用的案例研究》，《制度经济学研究》2006 年第 4 期。

侣连涛：《基于经济学家立场和法学家立场的法经济学研究进路》，《制度经济学研究》2019 年第 1 期。

宋连斌、张溪瑨：《我国涉外一般侵权法律适用的现状、特点及改进建议——基于 93 份裁判文书的实证分析》,《江西社会科学》2018 年第 2 期。

宋晓燕:《诉讼经济学研究动态评述》,《经济学动态》2009 年第 5 期。

宋志红:《再论土地经营权的性质——基于对〈农村土地承包法〉的目的解释》,《东方法学》2020 年第 2 期。

苏力:《"海瑞定理"的经济学解读》,《中国社会科学》2006 年第 6 期。

孙建伟:《土地经营权物权化规则构建路径》,《国家检察官学院学报》2019 年第 6 期。

孙圣民:《对国内经济史研究中经济学范式应用的思考》,《历史研究》2016 年第 1 期。

孙圣民:《国内经济史研究中经济学范式应用的现状——基于〈中国社会科学〉等四种期刊的统计分析》,《中国社会科学评价》2016 年第 1 期。

孙宪忠:《推进农地三权分置经营模式的立法研究》,《中国社会科学》2016 年第 7 期。

唐清利、何真:《公私权模糊领域社会治理的理论与路径——基于日常纠纷解决机制的法经济学分析》,《管理世界》2016 年第 12 期。

唐清利:《效率违约:从生活规则到精神理念的嬗变》,《法商研究》2008 年第 2 期。

唐伟、宋宗宇:《人工智能时代司法产品供给模式之变革——从法官知识管理的角度切入》,《贵州社会科学》2019 年第 12 期。

唐雯:《知识产权侵权诉讼中侵权人获利的证明——基于裁判文书的实证分析》,《大连理工大学学报》(社会科学版)2017 年第 4 期。

唐仪萱、聂亚平:《专利无效宣告请求中止侵权诉讼的问题与对策——基于 2946 份民事裁判文书的实证分析》,《四川师范大学学报》(社会科学版)2018 年第 2 期。

唐应茂:《司法公开及其决定因素:基于中国裁判文书网的数据分析》,《清华法学》2018 年第 4 期。

唐忠民、杨彬：《司法机关领导办案的形式化困局与制度性破解——基于媒体报道与裁判文书的实证研究》，《福建师范大学学报》（哲学社会科学版）2018 年第 5 期。

田开友：《环境影响评价政府信息公开的司法实践研究——以司法裁判文书（2013—2014 年）为分析样本》，《中南大学学报》（社会科学版）2015 年第 5 期。

田燕梅、魏建、白彩全：《原告诉求金额影响法院判决金额吗——基于著作权一审判决书的实证分析》，《广东财经大学学报》2018 年第 5 期。

汪青松：《土地承包经营权流转方式的制度效果分析——基于流转纠纷司法裁判文书数据挖掘的实证视角》，《农业经济问题》2013 年第 7 期。

王安、魏建：《法律执行与道路交通事故——对〈道路交通安全法〉实施效果的评价》，《浙江学刊》2012 年第 1 期。

王传丽：《中国反倾销法——立法与实践》，《中国法学》1999 年第 6 期。

王阁：《裁判文书网上公开保障机制研究——以 H 省三级法院为调研对象》，《学习论坛》2017 年第 8 期。

王阁：《裁判文书网上公开背景下的当事人信息保护制度——基于对 H 省三级法院的实证调研》，《社会科学家》2017 年第 6 期。

王徽、沈伟：《论外国法查明制度失灵的症结及改进路径——以实证与法经济学研究为视角》，《国际商务》（对外经济贸易大学学报）2016 年第 5 期。

王俊、龙小宁：《版权保护能够提升企业绩效吗——来自德化陶瓷企业的证据》，《经济学动态》2016 年第 6 期。

王雷、万迪昉、贾明等：《司法者激励对司法公正影响的模型分析》，《当代经济科学》2007 年第 6 期。

王庆芳、杜德瑞：《我国经济学研究的方法与取向——来自 2012 至 2014 年度 1126 篇论文的分析报告》，《南开经济研究》2015 年第 3 期。

王圣学：《建国以来我国经济学界对于政治经济学对象问题的讨论》，《中国社会科学》1983年第3期。

王铁雄：《土地经营权制度入典研究》，《法治研究》2020年第1期。

王一璠：《著作权权利"兜底"条款的解释适用——基于398份裁判文书的类型化》，《中国出版》2019年第23期。

王育才：《法律经济学初探》，《法学研究》1994年第5期。

魏建：《法经济学：效率对正义的替代及其批评》，《甘肃社会科学》2002年第1期。

魏建、黄少安：《经济外部性与法律》，《中国经济问题》1998年第4期。

魏建：《理性选择理论与法经济学的发展》，《中国社会科学》2002年第1期。

魏建、宁静波：《法经济学在中国：引入与本土化》，《中国经济问题》2019年第4期。

魏建、彭康、田燕梅：《版权弱司法保护的经济分析——理论解释和实证证据》，《中国经济问题》2019年第1期。

魏建、彭涛：《财产的最佳利用与遗失物制度的法律选择——遗失物制度的法经济学分析》，《广东社会科学》2008年第4期。

魏建、宋微：《财产规则与责任规则的选择——产权保护理论的法经济学进展》，《中国政法大学学报》2008年第5期。

魏建：《谈判理论：法经济学的核心理论》，《兰州大学学报》（社会科学版）1999年第4期。

温世扬：《农地流转：困境与出路》，《法商研究》2014年第2期。

翁晓斌、郑云波：《证明责任裁判的中国境遇：理论、规范与适用》，《社会科学家》2019年第3期。

吴元元：《信息基础、声誉机制与执法优化——食品安全治理的新视野》，《中国社会科学》2012年第6期。

武亦文、杨勇：《论土地承包经营权处分之限制性规范的科学配置——基于司法裁判文书的整理和分析》，《中国农村观察》2017年第6期。

夏锦文、徐英荣：《裁判文书法理依据蓄积深藏之缘由——以民事疑难案件的裁判为分析对象》,《法学》2012年第10期。

谢潇:《民法典编纂视野下土地经营权概念及规则的妥当构造》,《当代法学》2020年第1期。

谢晓尧、黄胜英:《格式条款的法经济学分析》,《学术研究》2001年第8期。

谢宇:《走出中国社会学本土化讨论的误区》,《社会学研究》2018年第2期。

熊谋林:《三十年中国法学研究方法回顾——基于中外顶级法学期刊引证文献的统计比较(2001—2011)》,《政法论坛》2014年第3期。

熊跃敏、梁喆旎:《虚假诉讼的识别与规制——以裁判文书为中心的考察》,《国家检察官学院学报》2018年第3期。

徐宏、陈颖:《侵犯著作权罪实证研究——以上海市近5年的裁判文书为分析样本》,《中国出版》2019年第2期。

徐剑:《网络版权侵权诉讼中的地方司法保护实证分析》,《现代传播》(中国传媒大学学报)2017年第1期。

徐雷、陶好飞:《公立高校教师人事争议诉讼现状及特征研究——基于134份裁判文书的实证视角》,《复旦教育论坛》2017年第4期。

徐昕、黄艳好:《中国司法改革年度报告(2018)》,《上海大学学报》(社会科学版)2019年第2期。

闫建华:《学校体育运动伤害事故的特征、法律归责及风险防控措施研究——基于对58例裁判文书的荟萃分析》,《成都体育学院学报》2017年第5期。

阎云峰:《法律经济学的历史、现状和展望》,《现代经济探讨》2008年第6期。

杨丹:《公司资本制度变革下抽逃出资"除罪化"的实证研究》,《法商研究》2016年第3期。

杨金晶、覃慧、何海波:《裁判文书上网公开的中国实践——进展、问题与完善》,《中国法律评论》2019年第6期。

杨凯:《论民事诉讼文书样式实例评注研究的引领功用》,《中国法学》

2018 年第 2 期。

姚明斌:《〈合同法〉第 114 条（约定违约金）评注》,《法学家》2017 年第 5 期。

姚子范:《制度经济学的对象与方法——与宏观、微观经济学的比较》,《教学与研究》1981 年第 1 期。

叶良芳:《P2P 网贷平台刑法规制的实证分析——以 104 份刑事裁判文书为样本》,《辽宁大学学报》（哲学社会科学版）2018 年第 1 期。

叶青、张栋、刘冠男:《刑事审判公开问题实证调研报告》,《法学》2011 年第 7 期。

叶卫平:《产业重组与反垄断法实施》,《法治社会》2017 年第 6 期。

叶燕杰:《司法政策执行视阈下刑事裁判文书"部分上网"问题》,《山东大学学报》（哲学社会科学版）2019 年第 2 期。

易宪容:《法经济学的思想轨迹与当前发展》,《江西社会科学》1996 年第 7 期。

易延友:《非法证据排除规则的中国范式——基于 1459 个刑事案例的分析》,《中国社会科学》2016 年第 1 期。

殷继国:《我国法经济学文献被引频次的统计分析与评价——以 CNKI 为数据基础的法经济学研究现状之考察》,《华南理工大学学报》（社会科学版）2013 年第 6 期。

殷继国:《中国法经济学研究本土化探析》,《湖南科技大学学报》（社会科学版）2010 年第 3 期。

应飞虎:《知假买假行为适用惩罚性赔偿的思考——基于法经济学和法社会学的视角》,《中国法学》2004 年第 6 期。

于飞:《从农村土地承包法到民法典物权编:"三权分置"法律表达的完善》,《法学杂志》2020 年第 2 期。

于立、冯博:《最高人民法院首个指导性案例的法律经济学分析——"跳单案"案例研究》,《财经问题研究》2012 年第 9 期。

于立深:《依申请政府信息公开制度运行的实证分析——以诉讼裁判文书为对象的研究》,《法商研究》2010 年第 2 期。

余斌：《论大数据人工智能时代司法裁判层级的适用——以商事裁判为例》，《学术研究》2018 年第 3 期。

余森杰、崔晓敏、张睿：《司法质量、不完全契约与贸易产品质量》，《金融研究》2016 年第 12 期。

余明桂、李文贵、潘红波：《民营化、产权保护与企业风险承担》，《经济研究》2013 年第 9 期。

於勇成、魏建：《当事人资源理论在中国司法实践中的变异——基于合同纠纷案一审判决书的实证研究》，《广东财经大学学报》2017 年第 1 期。

郁光华：《法律的经济分析——现代北美法学流派之一》，《法学评论》1994 年第 5 期。

曾婧婧、张阿城、童文思：《刑事重典对遏制不同类型犯罪效果的比较研究——对拐卖妇女儿童和集资诈骗案件裁判文书的实证分析》，《经济学动态》2018 年第 4 期。

曾耀林：《第三人到期债权保全研究——基于中国裁判文书网 214 份文书的分析》，《西南民族大学学报》（人文社会科学版）2020 年第 1 期。

占善刚、刘洋：《部分请求容许性的"同案不同判"及其规制——基于 107 份裁判文书的文本分析》，《华东政法大学学报》2019 年第 2 期。

张海燕：《督促程序的休眠与激活》，《清华法学》2018 年第 4 期。

张海燕：《论法官对民事实体抗辩的释明》，《法律科学》（西北政法大学学报）2017 年第 3 期。

张华：《论指导案例的参照效力——基于 1545 份已公开裁判文书的实证分析》，《甘肃政法学院学报》2018 年第 2 期。

张建伟：《新法律经济学：理论流派与反思性评论》，《财经研究》2000 年第 9 期。

张乃根：《论法—经济学研究》，《法学》1992 年第 9 期。

张青：《基层法官流失的图景及逻辑：以 Y 省部分基层法院为例》，《清华法学》2018 年第 4 期。

张青:《基层法官薪酬制度改革的现实困境及其因应》,《思想战线》2019年第5期。

张守文:《经济法学的法律经济学分析》,《法学研究》1992年第5期。

张维迎、邓峰:《信息、激励与连带责任——对中国古代连坐、保甲制度的法和经济学解释》,《中国社会科学》2003年第3期。

张维迎:《法律制度的信誉基础》,《经济研究》2002年第1期。

张维迎、柯荣住:《诉讼过程中的逆向选择及其解释——以契约纠纷的基层法院判决书为例的经验研究》,《中国社会科学》2002年第2期。

张文显、马新福:《关于改革我国理论法学的初步设想》,《吉林大学社会科学学报》1986年第5期。

张永健:《量化法律实证研究的因果革命》,《中国法律评论》2019年第2期。

张忠民:《环境司法专门化发展的实证检视:以环境审判机构和环境审判机制为中心》,《中国法学》2016年第6期。

张忠民:《环境与健康诉讼的困境与突破——以河南省高院公开的裁判文书(2009—2011)为样本》,《甘肃社会科学》2014年第6期。

张忠民:《生态破坏的司法救济——基于5792份环境裁判文书样本的分析》,《法学》2016年第10期。

赵凤梅、李军:《法经济学分析范式的历史性考察》,《山东大学学报》(哲学社会科学版)2008年第6期。

赵和旭:《当代西方经济分析法学原理简述》,《江淮论坛》1990年第6期。

赵骏:《中国法律实证研究的回归与超越》,《政法论坛》2013年第2期。

赵龙、阮梦凡:《土地经营权抵押的破产处置——以"浙江大唐生态农业公司破产案"为实践》,《法律适用》2020年第2期。

赵琦:《刑事审判公开实施效果实证研究——基于传统与信息化两个途径的考察》,《现代法学》2012年第4期。

赵永巍、梁茜:《〈民法总则〉显失公平条款的类型化适用前瞻——从中国裁判文书网显失公平案例大数据分析出发》,《法律适用》2018年第1期。

赵正群、董妍:《中国大陆首批信息公开诉讼案件论析（2002—2008）》,《法制与社会发展》2009年第6期。

种明钊、顾培东:《西方法经济学评介》,《现代法学》1985年第1期。

种明钊:《马克思主义法学的理论基础与法经济学的建立》,《现代法学》1983年第2期。

周林彬、黄健梅:《行为法经济学与法律经济学:聚焦经济理性》,《学术研究》2004年第12期。

周林彬、马恩斯:《数据财产归属的反思——基于卡尔多—希克斯模型》,《制度经济学研究》2018年第4期。

周林彬:《市场经济立法的成本效益分析》,《中国法学》1995年第1期。

周林彬、王佩佩:《试论商事惯例的司法适用——一个经济法学的视角》,《学术研究》2008年第10期。

周林彬、王睿:《法律与经济发展"中国经验"的再思考》,《中山大学学报》（社会科学版）2018年第6期。

周林彬:《中国法律经济学研究中的"非法学化"问题——以我国民商法和经济法的相关研究为例》,《法学评论》2007年第1期。

周尚君、邵珠同:《核心价值观的司法适用实证研究——以276份民事裁判文书为分析样本》,《浙江社会科学》2019年第3期。

朱春华:《行政诉讼二审审判状况研究——基于对8家法院3980份裁判文书的统计分析》,《清华法学》2013年第4期。

朱慧、史晋川:《版权保护悖论的经济学分析》,《浙江社会科学》2001年第6期。

朱金东:《农村集体成员撤销权制度的实证分析——基于107份裁判文书的整理》,《烟台大学学报》（哲学社会科学版）2013年第3期。

朱力宇:《关于法律的经济分析理论》,《中国人民大学学报》1991年第4期。

朱芒：《论指导性案例的内容构成》，《中国社会科学》2017年第4期。

朱全景：《法经济学：法律的经济分析和经济的法律分析》，《法学杂志》2007年第3期。

朱宪辰、高岳：《法律变迁的"主观知识"解释——以业主建筑物区分所有权为例的立法逻辑矛盾分析》，《制度经济学研究》2007年第3期。

朱宪辰、章平：《业主自治的可能性：基于复制动态的合作均衡条件》，《制度经济学研究》2005年第3期。

邹川宁、王雷：《审判组织治理的实证研究》，《人民司法》2008年第1期。

左卫民：《实证研究：正在兴起的法学新范式》，《中国法律评论》2019年第6期。

左卫民：《刑事诉讼的经济分析》，《法学研究》2005年第4期。

学位论文

黄修启：《合同自由原则及限制研究》，硕士学位论文，江西财经大学，2012年。

刘福临：《"三权分置"下我国农村土地信托法律问题研究》，硕士学位论文，华中农业大学，2019年。

魏建：《当代西方法经济学的分析范式研究》，博士学位论文，西北大学，2001年。

中文报纸

程金华：《奢侈的学术时尚：法律实证研究》，《中国社会科学报》2012年5月9日第7版。

外文专著

Herbert A. Simon, *Models of Bounded Rationality*, Cambridge: MIT Press, 1982.

Peter Cane, Herbert M. Kritzer, *The Oxford Handbook of Empirical Legal Research*, New York: Oxford University Press, 2010.

Steven Shavell, *Foundations of Economic Analysis of Law*, Boston: Harvard University Press, 2004.

外文期刊

Amy Farmer, Paul Pecorino, "Pretrial Bargaining with Asymmetric Information and Endogenous Expenditure at Trial", *Working Paper*, 2010.

Amy Farmer, "Pretrial Bargaining with Self-Serving Bias and Asymmetric Information", *Working Paper*, 2000.

Barry J. Nalebuff, "Credible Pretrial Negotiation", *The RAND Journal of Economics*, Vol. 18, No. 2, 1987.

Bruce H. Kobayashi, Jeffrey S. Parker, "Civil Procedure: General Economic Analysis", *Encyclopedia of Law and Economics*, 1999.

Cheryl Xiaoning Long, "Does the Rights Hypothesis Apply to China?", *Journal of Law and Economics*, Vol. 53, No. 4, 2010.

Cheryl Xiaoning Long, Jun Wang, "Judicial Local Protectionism in China: An Empirical Study of IP Cases", *International Review of Law and Economics*, Vol. 42, 2015.

Christine Jolls, Cass R. Sunstein, Richard Thaler, "A Behavioral Approach to Law and Economics", *Stanford Law Review*, Vol. 50, No. 5, 1998.

David S. Kaplan, Joyce Sadka, Jorge Luis Silva-Mendez, "Litigation and Settlement: New Evidence from Labor Courts in Mexico", *Journal of Empirical Legal Studies*, Vol. 5, No. 2, 2008.

Eric Langlais, "An Analysis of Bounded Rationality in Judicial Litigations: The Case with Loss/Disappointment Averse Plaintiffs", *Journal of Advanced Research in Law and Economics*, Vol. 1, No. 1, 2010.

Henry S. Farber, Max H. Bazerman, "Why is there Disagreement in Bargaining?", *The American Economic Review*, Vol. 77, No. 2, 1987.

George L. Priest, Benjamin Klein, "The Selection of Disputes for Litigation", *The Journal of Legal Studies*, Vol. 13, No. 1, 1984.

James W. Hughes, Edward A. Snyder, "Allocation of Litigation Costs: American and English Rules", *Journal of Law and Economics*, Vol. 38, No. 1, 1998.

James W. Hughes, Edward A. Snyder, "Litigation and Settlement under the English and American Rules: Theory and Evidence", *Journal of Law and Economics*, Vol. 38, No. 1, 1995.

John P. Gould, "The Economics of Legal Conflicts", *The Journal of Legal Studies*, Vol. 2, 1973.

Katharina Pistor, Cheng-Gang Xu, "Governing Stock Markets in Transition Economies: Lessons from China", *American Law and Economics Review*, Vol. 7, No. 1, 2005.

Kuo-Chang Huang, Kong-Pin Chen, Chang-Ching Lin, "An Empirical Investigation of Settlement and Litigation—The Case of Taiwanese Labor Disputes", *Journal of Empirical Legal Studies*, Vol. 7, No. 4, 2010.

William M. Landes, "An Economic Analysis of the Courts", *Journal of Law and Economics*, Vol. 14, No. 1, 1971.

Lewis A. Kornhauser, Richard L. Revesz, "Multidefendant Settlements: The Impact of Joint and Several Liability", *The Journal of Legal Studies*, Vol. 23, No. 1, 1994.

Lin Yu-Hsin, Chang Yun-Chien, "Does Mandating Cumulative Voting Weaken Controlling Shareholders? A Difference-in-differences Approach", *International Review of Law and Economics*, Vol. 52, 2017.

Lucian Arye Bebchuk, "Litigation and Settlement under Imperfect Information", *The RAND Journal of Economics*, Vol. 15, No. 3, 1984.

Lucian Arye Bebchuk, "Suing Solely To Extract a Settlement Offer", *The Journal of Legal Studies*, Vol. 17, No. 2, 1988.

Geoffrey P. Miller, "Some Agency Problems in Settlement", *The Journal of*

Legal Studies, Vol. 16, 1987.

Oliver Wendell Holmes, "The Path of the Law", *Harvard Law Review*, Vol. 10, No. 8, 1897.

Jeffrey J. Rachlinski, "Gains, Losses, and the Psychology of Litigation", *Social and Law Review*, Vol. 70, No. 1, 1996.

Jennifer F. Reinganum, Louis L. Wilde, "Settlement, Litigation, and the Allocation of Litigation Costs", *The RAND Journal of Economics*, Vol. 17, No. 2, 1986.

Richard A. Posner, "An Economic Approach to Legal Procedure and Judicial Administration", *The Journal of Legal Studies*, Vol. 2, No. 2, 1973.

Richard A. Posner, "A Theory of Negligence", *The Journal of Legal Studies*, Vol. 1, No. 1, 1972.

Richard A. Posner, Gary Becker, "The Future of Law and Economics", *Review of Law and Economics*, Vol. 10, No. 3, 2014.

Robert Cooter, "Maturing into Normal Science: The Effect of Empirical Legal Studies on Law and Economics", *University of Illinois Law Review*, Vol. 5, 2011.

Daniel L. Rubinfeld, Suzanne Scotchmer, "Contingent Fees for Attorneys: An Economic Analysis", *The RAND Journal of Economics*, Vol. 24, No. 3, 1993.

Shari Seidman Diamond, Pam Mueller, "Empirical Legal Scholarship in Law Reviews", *Annual Review of Law and Social Science*, Vol. 6, No. 1, 2010.

Stephen J. Choi, G. Mitu Gulati, Eric A. Posner, "Judicial Evaluations and Information Forcing: Ranking State High Courts and Their Judges", *Duke Law Journal*, Vol. 58, 2009.

后　　记

2004年，我第一次接触到"法经济学"，就有一种莫名的亲切感。当时我选修了冯玉军老师的《法经济学》，在课堂上，冯老师以"烟花爆竹禁放问题"为例，运用经济学的理论解释了是否该禁放烟花爆竹，让我大开眼界、茅塞顿开。法经济学不仅解答了我许多困惑已久的理论问题，同时为我的学习指明了一条出路，让我不再为自己不是法学院本科科班出身而自卑。

在法经济学领域，多元的学科知识背景成为了我的一种优势。于是，当我决定攻读博士学位时，我毫不犹豫地选择了法经济学专业，尽管很多朋友提醒我这是一个经济学学位，很难毕业。幸运的是，我最终考取了法经济学专业博士研究生。更幸运的是，我成为了魏建老师的学生。魏老师年轻有为、博学多识，三十出头便已是法经济学领域的翘楚，他为学做人的态度与精神永远是我人生的榜样。也正是在魏老师的鼓励和指导下，在学习法经济学十几年后对中国法经济学的发展进行梳理，期望寻找出中国法经济未来的发展路径。

与学生交流时常谈起这些过往，我告诉他们："所有的经历都是有价值的，要勇于尝试，善于总结。"若不是本科的经济学学习经历，我可能就无法接受并领略到法经济学的魅力。这么多年的学习让我越来越热爱法经济学。我无法放下自己幼年就开始的对法律梦想的追求，也难以割舍经济学带给我的所向披靡、横亘各学科的力量之美。于是，我只好继续跌跌撞撞地游走在法学与经济学之间，期待着有一天能游刃有余地游走于两者之间。

最后，我要特别感谢我的学生赵济鹏、李腾飞、许丽君、马晓金、徐黎明等同学在撰写本书过程中给予我的帮助。我很欣喜地看到他们的成长，也祝愿他们未来的人生灿烂、美好。还要感谢书中所有提到的法经济学研究领域的学者们，我从他们的研究中学到很多。中国法经济学在诸位学者的努力下，一定会有更灿烂的未来！